KB250204

우리
당구장이라도
해 볼까?

성공 창업과 성공 경영의 지침서

완전 개정판!!

우리 당구장이라도 해 볼까?

조창현 지음

글로벌콘텐츠

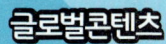

어느새 〈우리 당구장이라도 해볼까?〉 초판을 출간한 지 만 5년이 훌쩍 지났습니다. 그저 인터넷으로 알려진 많은 정보들을 취합하고 하나로 정리하자는 마음으로 시작했던 일이 하나의 책으로 나오고 알려지고 많은 분들의 사랑을 받았습니다. 그분들 중 필자와 함께 창업의 과정을 함께 하신 분들도 있고, 상담자의 역할과 조력자의 역할만을 제공한 분들도 있습니다. 그 모든 인연을 소중하게 생각하면서 이번 기회에 지면을 통하여 많은 독자 여러분과 인연을 함께한 모든 분들께 진심으로 감사를 드립니다.

이번 개정판의 집필을 위하여 자료조사를 하고 많은 분들을 만나면서 필자가 안타까운 점이 하나 있습니다. 그것은 5년 전의 창업 현실과 지금의 창업 현실이 형태적으로나 관념적으로나 그다지 바뀌지 않았다는 것입니다. 당구장을 비롯한 당구업계의 호황과 불황을 겪으면서 다시 5년 전, 아니 그 이전의 모습으로 모두가 돌아간 듯합니다. 당구업계는 다시 예전의 당구재료상의 모습으로 돌아가고, 당구장 사장님의 운영과 생각도 다시 돌아가고, 창업을 생각하고 준비하는 많은 분들의 생각도 다시 이전의 모습 그대로인 것입니다. 몇 년간 새로운 유통 방법과 남다른 당구장 영업의 방법에 대해 생각하고 시도한 많은 분들의 피나는 노력과 도전이 물거품이 되어 버리는 듯한 안타까움을 감출 수가 없습니다. 이러한 현실이 새로운 도전을 하는 창업자에게 당구업계와 당구장 영업에 대한 그릇된 고정관념으로 자리잡지 않기를 바랄 뿐입니다.

본 개정판은 이전 자료를 현재시점에 맞는 재정리와 함께 필자의 당구장 운영에 대한 생각을 덧붙였습니다. 또한 가급적 딱딱한 표에서 벗어나 실제 사례를 통한 많은 이야기를 하려고 노력했습니다. 독자 여러분은 에피소드를 편하게 읽는 것만으로도 부족하지만 당구장 운영의 현실에 대하여 간접 체험하는 기회가 될 것입니다.

2016년 인덕원 연구소에서

조창현

Contents

2부 당구장 창업 실무

Contents

우리 당구장이라도 해 볼까?

3부 당구장 운영 및 실무

Contents

우리 당구장이라도 해 볼까?

05. 손익관리

1부

당구장
창업
준비
과정

01

창업 실행 전에 생각하고
결정해야 할 것들

당구장 창업을 결심하셨나요? 아니면 지금 이 순간 '당구장 한 번 해 볼까?' 하고 가족과 함께 미래를 의논하고 있나요? 혹시, 손님이 끊임없이 밀려 들어오고 직원이 숨 쉴 틈 없이 뛰어다니는 상상과 함께 2호점, 3호점을 개업하는 꿈에 부풀어 있나요? 한국땅의 남자라면 아마도 가장 먼저 새로운 인생을 위한 창업의 종목으로 선택하기 좋은 업종이 분명합니다. 우리는 대학시절 30점, 50점, 80점으로 당구 실력이 올라갈 때, 이불 위 네모난 천장의 코너에서 당구공이 돌아나오는 상상을 하기도 했고, 멋있게 큐를 세워 찍어치기를 성공하는 상상을 했죠. 간혹 300점, 400점을 치는 예비역 선배와 당구 한 게임을 할 때면 선배의 현란한 손목의 움직임에 도취되기도 했죠. 비슷한 실력의 친구들과는 마치 전투를 하듯이 치열하게 승부욕을 불태우곤 했습니다. 이럴 때면 사랑하는 여자 친구와 어머니는 언제나 당구의 뒷전으로 밀려나 있었죠.

첫 직장에 들어선 우리는 직장 선배에게 "당구 몇 점 쳐?"와 "술은 좋아하니?"라는 말을 처음 들었습니다. 이렇듯 남자에겐 당구가 승부의 첫 시작이기도 했고, 성인으로서 자유표현의 대상이기도 했고, 사회구성원 간의 커뮤니케이션 도구가 되기도 했습니다. 이러한 연유로 우리가 직장을 그만두고 처음으로 '창업'을 생각할 때, 가장 먼저 떠오르는 것이 '당구장'이 된 것 같습니다.

필자가 창업상담을 하면서 '당구장 창업'에 대하여 상담자가 갖고 있는 생각과 태도들 중, 가장 많이 느낀 것은 '예비군 훈현을 가는 2년 차 예비역' 같은 마음가짐과 행동입니다. 예비군 1년 차는 낯선 훈련에 대한 궁금증과 기대감에 약간은 긴장된 그러나 익숙한 모습으로 훈련을 받게 되죠. 그런데 2년 차가 되면 "아, 이번 훈련도 뻔하겠군! 다 아는 건데, 뭐"라는 생각과 예비군훈련장으로 가는 버스에서 "오늘은 조교 동생들과 어떻게 잘 놀까?" 하는 생각을 하게 되죠. 훈련하는 내용은 다 아는 것이고, 훈련을 통제하는 군인은 친동생 같은 편안함이 있고, 밥풀을 세 개쯤 붙인 기간병 장교는 그저 만만하기만 하죠. 상담을 온 많은 예비 사장님들은 '당구장 창업'을 그렇게 바라보는 것 같았습니다.

학창시절 그리고 직장에서 우리는 수도 없이 당구장을 드나들었고, 어느 정도 고점자가 되고, 당구장에서 보내는 시간이 많아지면서 다니는 당구장의 주인 아닌 주인행세도 간접적으로 해 보았기 때문에 당구장의 특수한 환경에 익숙해져 있는 것 같습니다. 아마도 '당구공 주고, 당구대 잘 닦고, 서비스 음료 팍팍 주고, 당구장 주인 친절하고, 당구장 시설 좋으면 장사가 잘 될 거야'라는 그런 마음입니다. 그리고는 대부분의 창업자가 나름대로 좋은 자리를 알아보고 당구재료상에 물품의 견적과 인테리어에 대한 의논을 거쳐 일사천리로 개업을 하게 됩니다.

"사장님, 어떤 방법으로 장사를 하실 생각이세요?"

필자가 상담자에게 진지하게 물어봤습니다.

"뭐 특별한 게 있을까요? 음료수 팍팍! 그리고 친절하게! 하려고요."

상담자는 생각했던 서비스 음료의 종류를 이야기하기도 하며, 고객을 왕처럼 모시겠다는 이야기들을 합니다.

필자가 첫 눈에 반했던 어떤 여자에게 사랑을 고백했습니다.

"내가 잘해 줄게. 내 사랑을 받아줘!"

간절하게 그리고 서툴지만 진심을 담아서 이야기했습니다.

"뭘? 어떻게? 잘해 줄 건데! 명품가방이라도 사줄 거야? 아님 내가 좋아하는 예쁜 별이라도 따다줄 거야?"

그녀는 필자의 눈을 똑바로 쳐다 보고, 자신에게 잘해 줄 방법을 구체적으로 물었죠. 필자는 그 질문에 대한 명확한 해답이 없었습니다. 그저 '널 좋아해' 또는 '네게 관심이 있어'라는 감정을 '사랑해'라고 표현했을 뿐이었죠. 명품가방을 사줄 돈도 없었고, 그녀의 마음에 드는 예쁜 별을 따다 주는 방법도 그 별이 어떤 별인지도 몰랐습니다. 아니 저는 그런 방법은 생각조차 하지 않았으니까요. 일반적으로 당구장 창업에 대한 창업자의 생각이 제 서투른 고백과 같이 막연한 기대와 희망으로 상황에 대한 대처방법도 준비도 없는 무모한 도전을 하는 것과 별반 다르지 않은 것 같습니다.

잠시 장사가 잘 된다는 TV 속 음식점의 이야기를 하겠습니다.

최근 들어 성공한 맛집을 소개하는 프로그램이 많아졌습니다. 이들 프로그램을 보면 중국음식, 일식, 정통한식, 라면; 찌개 등 취급하는 요리가 다양합니다. 이 프로그램 속 창업자의 이야기를 유심히 들어 보면 '요리의 맛'보다는 요리의 맛을 내기 위해 주인이 행동하고 생각하는 것들에 집중되어 있는 것을 볼 수 있습니다. 즉, 된장은 1년간 장독에 보관하면서 그 장독의 뚜껑을 정성스럽게 닦는다든지, 라면에 스프를 정성스럽게 빻아서 손으로 솔솔 뿌린다든지, 접시에 담아낸 나물을 젓가락으로 한 가닥 한 가닥 모양을 내고 접시 주변에 묻은 양념을 닦아낸다든지 하는 행동들입니다. 제가 본 이들 주인은 나름의 음식에 대한 철학이 있었고, 그것을 고객에게 전달하는 방법에 집중했던 것 같습니다.

요리가 맛있는 식당은 참 많습니다. 시설이 좋은 식당도 참 많습니다. 맛도 있고, 시설도 좋고, 친절한 식당도 참 많습니다. 그런데 이들이 모두 성공하는 것은 아니라는 것은 지금 당구장 창업을 생각하는 우리 모두가 너무나도 잘 아는 사실입니다. 흔히 TV방송에 나오는 성공을 달리는 식당들은 몇 십 년 동안 전통을 이어가는 식당도 있고, 다른 식당에는 없는 나름의 특제 소스를 몇 년간 실패에 실패를 거듭하면서 개발하여 성공을 거둔 곳도 있습니다.

얼마 전 생활의 달인에 나온 '일본식 밥집'은 연어를 간장에 절이는 방법, 계란을 반숙으로 익히는 방법, 그릇에 담는 자신만의 방법, 연어를 회 뜰 때 칼날의 각도까지도 자신만의 방법이 있다고 이야기하면서, 그래야만 맛이 있다고 자신의 주장을 펼칩니다. 실제 그런지 아닌지 저는 잘 모르지만 믿을 수밖에요. 이렇듯 똑같은 음식을 만들고 팔아도 그들에게는 그들만의 장사에 대한 '방법'과 '절차'와 '철학'이 있습니다.

당구장 창업을 생각하는 우리가 지금 이들과 다른 것은, 음식을 파는 장사가 아닌 '당구대 시설'을 이용하면서 수익을 내야 한다는 차이뿐 다른 것이 없습니다. 다시 말해서 '당구장을 한다'라는 생각을 지우고 '장사를 한다'라는 의미를 깊이 새겨야 합니다.

다시 당구장 이야기로 돌아가겠습니다.

시설이 좋고, 친절하고, 서비스 좋은 당구장은 참으로 많습니다. 모두가 그렇게만 하면 성공할 거라 생각하고 당구장 창업을 준비합니다. '난 망할 거야'라고 실패를 단정지어 생각하는 당구장 창업자는 분명 아무도 없습니다. 그런데 왜? 이렇게만 하면 모두가 성공할 것이라고 생각하는지 모르겠습니다. 앞에서 언급했듯이 우리는 지금 '예비군 2년 차' 마인드로 '당구장 창업'을 너무나도 편하고 익숙하게만 접근하고 있는 건 아닐까요? 우리가 학창시절과 사회에서 당구를 치러 다니면서 어깨너머로 본 것이 '당구장 창업의 과정'과 '당구장 장사'의 전부일 것이라고 착각하고 있는 것은 아닐까요? 장사가 절대 그렇게 쉽지 않은 데 말이죠. 분명히 말씀드리면, 당구장 장사에도 창업자마다 나름의 '방법과 원칙'이 명확하게 서 있어야 합니다. 즉, 성공적인 창업을 위해서는 '어디서, 어떤 방법으로, 누구를 대상으로, 어떻게 장사를 할 것인가?'에 대한 설정이 필요하게 됩니다. 설정된 창업 과정과 장사의 방법 및 원칙은 창업 과정과 실전운영에 있어서 수많은 의사결정의 순간에 흔들림 없는 기준이 될 것이며, 과정 중에 발생되는 난관을 합리적으로 해결해 나가는 든든한 뼈대가 될 것이 분명합니다. 우리는 흔히 이것들을 정리하여 문서화한 것을 '사업계획'이라고 합니다.

지금부터 필자가 본격적으로 이 장에서 설명하는 것들은 당구장 창업과 운영에 있어서 필수적으로 생각하고 결정해야 할 것들입니다. 이 장을 잘 이해하고 실행한다면 당구장 창업이 처음인 초보 창업자 여러분이 성공적으로 당구장을 창업하고 장사를 하는 데 있어서 큰 뼈대를 만드는 데 기초가 될 것이라 확신합니다.

1. 장사의 방법 선택

당구장을 실제로 운영하기 위해서는 '당구장 형태'에 따른 '장사의 방법'을 구상해야 합니다. 장사의 방법은 기존 당구장의 운영 형태 중에서 창업자 자신의 여건과 맞는 것을 찾을 수도 있으며, 전혀 새로운 형태의 영업 방법을 선택할 수도 있습니다. 다시 말해서 당구장의 형태는 하드웨어적 구성이며 장사의 방법은 소프트웨어적인 디테일에 속하게 되는데, 창업자는 자신에게 적합한 당구장의 형태를 선택하고 그 형태에 유효한 다양한 장사의 방법을 강구해야 합니다. 반대로 장사의 방법에 최적화된 당구장의 형태를 찾을 수도 있습니다.

〈표 1〉 당구장의 형태적 분류

당구대의 구성 형태로의 구분		
일반 당구장		4구, 3구, 포켓이 설치된 일반적인 당구장의 형태
전용 당구장	3쿠션 전용 당구장	국제경기용 당구대(대대)를 중심으로 구성된 당구장
	포켓 전용 당구장	포켓당구대를 중심으로 구성된 당구장

* 참고: 2014년부터 급속도로 3쿠션 전용 당구장의 성장세가 두드러지게 나타나고 있다. 이는 2010년 당구붐이 형성되면서 매니아 계층의 급증과 함께 안정적인 3쿠션 경기력 향상을 위한 연구와 저변 확대와 매니아 계층의 안착으로 이해될 수 있다.

운영 형태로의 구분	
일반 당구장	당구장이 위치한 해당 상권을 이용하는 다수의 고객 또는 상권 내의 거주민 또는 상주 직장인을 대상으로 영업을 하는 전형적인 당구장의 형태
회원 전용 당구장	3쿠션 또는 포켓볼 중심의 월정액 회원제 당구장으로 강습과 게임을 병행하게 되며, 동호인과 매니아 계층을 대상으로 하는 특수한 당구장의 형태
금연 당구장	별도의 흡연부스를 설치하고 당구대 홀에서의 금연정책을 펼치는 당구장
복합 당구장	당구와 함께 커피, 맥주, 온라인게임 등의 복합적인 수익모델의 접목이 이루어진 당구장

그럼 우선 당구장의 형태에 대하여 알아보겠습니다. 당구장의 형태는 대표적으로 일반 당구클럽, 전용 당구클럽, 복합 당구클럽으로 나누어볼 수 있으며, 여기에 최근의 문화 트랜드에 접목된 '복합문화형 당구클럽'을 추가로 들 수도 있습니다.

당구장 창업을 실행하기에 앞서 우리가 당구장의 형태를 어느 정도 고민하고 결정해야 하는 가장 큰 이유는 '내가 할 수 있는 당구장인가? 아닌가?'가 결정되어야 하기 때문입니다. 예를 들어 '대대 전용클럽'을 운영한다고 가정할 때, 원활한 동호인 유치능력과 당구장에서의 1:1 매치능력과 당구대 컨디션 관리능력이 점주에게는 필요할 것입니다. 물론 기본적인 장사에 대한 마인드와 실행능력은 말할 것도 없습니다.

창업자 스스로의 판단에 이러한 기본적인 역량이 갖추어지지 않았다면, 이 창업은 성공할 수 있을까요? "실장님! 그런 건 배우면 되잖아요." 네 맞습니다. 운영을 위한 시스템적인 것들은 배우면 됩니다. 예를 들어, 동호인을 원활하게 유치하기 위한 다양한 방법들과 당구장 내에서의 접객과 매치방법 등의 것들은 준비기간 동안에 배우고 익히면 충분히 가능합니다. 당구대 관리는 어찌 보면 단순한 기능적인 것에 불과하기에 연구결과로 배포되고 있는 '당구대 표준화 관리법'에 의하여 쉬운 방법으로 배울 수가 있습니다.

충분한 준비기간 동안 창업자가 '내가 선택한 당구장의 형태'에 필요한, 예측 가능한 영업적인 상황과 필요한 역량을 갖춘다면 누구나 충분히 가능합니다. 그러나 여기서 중요한 것은 사전에 준비되고 대비되어야 한다는 점입니다.

그 결정의 처음은 운영하고자 하는 당구장의 형태에 대한 신중한 결정입니다. 〈표 1〉의 기준으로 운영할 당구장의 형태를 결정하였다면, 다음은 그 형태에 적합한 운영 모델 또는 운영(안)을 구성하는 것입니다. 앞에서도 잠시 언급했듯이, 형태에 맞는 운영 모델을 기존의 유사 당구장의 실제에서 찾고 적용할 수도 있으며, 이를 기반으로 나만의 독창적인 운영 방법을 수립할 수도 있습니다.

필자가 현업에서 상담을 오신 분들에게 하는 첫 질문은 "사장님 당구장을 어떤 방법으로 운영하시려고 하세요?"라는 질문을 합니다. 그럴 때면 80~90%의 상담을 오신 분들이 대게 다음과 같은 답변을 하죠.

"네, 저는 당구치기 좋은 당구장으로 만들려고 합니다! 깨끗한 인테리어에 좋은 당구대! 그리고 친절한 서비스로 말이죠!"라며 당구대의 종류는 이런 것이 좋겠다, 저런 것이 적당하지 않을까요? 서비스는 원두커피를 주고, 음료는 무한리필을 하고, 과일도 때때로 서비스하고… 등등의 이야기를 합니다.

"당구대는 중대 7대에 포켓볼 1대가 있으면 좋겠어요. 아! 대대도 한 대 있으면 좋겠네요~"

"그럼 그런 당구장을 운영하기 위해서 어떤 시설을 갖추고 어떤 접객방법을 실행하실 건데요?"

의아스럽게, 다시 질문을 던졌습니다.

"…"

상담 오신 분들 대부분은 여기에서부터 말문이 딱 막힙니다.

저의 질문에 구체적인 이야기를 못하는 이유는, 아마도 막연한 생각에 대한 구체적인 실행방안이 없기 때문일 것입니다. 대부분의 창업자가 당구장의 운영 형태를 간접 체험한 곳이 '내가 다니던 당구장'이 전부이기에 생각할 수 있는 경우의 수가 너무나도 적은 것이 당연합니다. 그것이 영업적으로 좋은 사례건 나쁜 사례건 말이죠.

당구장을 운영함에 있어서 우리는 〈표 2〉와 같이 세부적인 운영 방안을 세워야 합니다.

당구장의 손님을 어떠한 접객원칙으로 대할 것인지, 서비스는 어떤 것을 어떻게 할 것인지, 시설의 이용은 어떠한 원칙에 의하여 할 것인지 등에 대하여 말입니다.

예를 들어, 서비스로 제공될 음료가 있다고 생각해 보죠. 흔하게 할 수

〈표 2〉 당구장의 형태에 따른 운영 방안의 모색을 위한 기초 설정

기본 시설	당구장의 시설을 구성함에 있어서 필수적으로 필요한 시설을 정의한다.
접객의 방법	고객의 입장에서부터 퇴장할 때까지의 일련의 과정에서 직원 및 점주의 행동 요령을 정의하는 것으로 상황별 행동 요령을 정한다.
기본 서비스	고객에게 제공될 음료와 간식류들에 대한 제공 방식과 제공 방법을 정의한다.
부가 서비스	당구장 이용 고객을 대상으로 영업적으로 도움이 될 만한 다양한 시설물과 서비스들을 정의하고 이용 방법 및 서비스의 제공 방식을 정의한다.

부가 서비스		기본 서비스					기본 시설		
사물함	개인큐	원두커피	커피머신	믹스커피	콜라	캔콜라	국제식 대대	아스트로 고무	대기실
휴게실	FAX	물수건	물수건	냉커피	아이스티	캔사이다	일반 중대	3515 고무	실내 화장실
PC	안마기	큐홀더	개인용품	사이다	탄산음료	컵라면	포켓볼	열선	BAR
개인큐장	프린터	정수기	세면장 용품	간식류	한방차	캔커피	3·4구 겸용 당구큐	3구전용 당구큐	흡연실
비데	셀프바	종이컵	재털이	녹차	둥글레차	자판기	포켓볼 전용큐	4구전용 당구대	미팅룸

있는 생각은 '다양한 음료 중 손님이 선택하게 하고, 재떨이와 함께 쟁반에 담아서 제공한다. 그리고 손님의 추가 요청이 있을 시에 음료의 종류를 물어보고 제공한다'가 될 것입니다. 이를 좀 더 구체적으로 한다면, '고객에게 제공될 음료 무료서비스의 종류는 커피, 녹차, 한방 차, 탄산음료, 오렌지쥬스로 하며, 유료 음료는 원두커피, 캔 커피, 캔 콜라, 캔 맥주로 한다. 무료서비스의 제공시기는 손님의 요청 또는 정해진 시간에 제공하며, 유료서비스의 경우 정해진 상황에 따라서 무료로 제공한다.'의 형태로 생각할 수 있습니다. 〈표 3〉은 이러한 서비스 방법에 따른 매뉴얼의 사례입니다. 표에서 보듯이 서비스 방법에 대한 구체적이고 상세한 설정이 중요합니다.

〈표 3〉 서비스 매뉴얼 사례

·본 매뉴얼은 당구클럽의 운영에 필요한 고객서비스에 대한 기준이다.
·고객서비스는 기본 서비스, 셀프서비스, 계절서비스, 타임서비스 4가지로 구분한다.

기본 서비스			
기본 제공	선택 제공	제공 시기	제공 방법
맥심커피			커피잔 사용
한방차		입장시 최초 선택 및	한방전용 찻잔 사용
오렌지쥬스		고객의 추가요구 시	250ml 유리컵 사용, 얼음 제공
캔콜라			250ml 유리컵+얼음, 캔 개봉전으로 제공
탄산음료			250ml 유리컵 사용, 얼음 제공
	냉녹차	선택음료와 함께	2인 이하시 250ml, 3인 이상시 500ml 물병과 종이컵 제공
	물수건	국제식 대대 당구공 셋팅시	대대 기본 제공(1인 1개)
		중대손님의 요청시	

* 기본 서비스 품목의 제공은 '서빙자'가 직접 당구대 테이블로 이동하여(당구공 제공시점) 주문을 받는 것을 원칙으로 한다.

* 고객의 음료잔이 비워지는 시점을 상시 확인하여, '추가 주문 의사'를 확인하고 제공하는 것을 원칙으로 하며, 추가 요청이 있을 경우 제공한다.

셀프서비스			
기본 제공	이벤트 제공	제공 시기	제공 방법
사탕		상시비치	셀프바 또는 정수물통 윗 부분에 비치하여 제공
냉온수			
맥심커피			
녹차티백			
둥글래티백			
	스넥류	자유롭게	기본제공 셀프품목과 연계된 위치에 안내문구와 함께 비치
	컵라면	자유롭게	
FAX서비스		상시	받는 번호와 보내는 번호 표기, 받는 FAX 보관을 위한 요청전화번호 기재
WI-FI서비스		상시	WI-FI 로고 부착 및 비밀번호 안내
출력서비스		요청시	인쇄요청시 흑백에 한하여 제공(기본 1~5장 이내)

* 셀프서비스를 위한 제공품은 수시로 품목을 확인하여 채워 넣는 것을 원칙으로 한다.
* 이벤트제공 품목은 반드시 매일매일 해야 하는 것은 아니며, 그날그날의 날씨와 사회적 이벤트 등의 시기적인 것을 고려하여 유동적으로 운용한다.

타임서비스			
기본 제공	선택 제공	제공 시기	제공 방법
계절과일		5~6시 사이 입장고객	계절과일을 도기접시에 담아서 제공
	컵라면	오후 4시, 저녁 11시	취식의사 확인 후, 인원수에 맞게 제공
	삶은계란	오후 4시, 저녁 11시	취식의사 확인 후, 인원수에 맞게 제공

* 계절과일은 1일 소화량을 매일 수급하되, 해당서비스 시간에 소진이 안 될 경우는, 연장하여 소진시까지 제공한다.
* 컵라면, 삶은계란은 상시 타임서비스 품목으로 제공하며, 특별한 서비스 품목이 있을 경우는 운영자의 판단에 의하여 제공한다. 단, 특별한 서비스 품목의 제공시, 가급적 매장 내 고객 전체에게 혜택이 주어지도록 제공하는 것을 원칙으로 한다.

유료서비스			
품목	가격	제공 시기	제공 방법
웰치스	2,000	주문시	유리컵에 얼음과 함께 제공(캔 개봉하지 않음)
코카콜라 350ml	500		유리컵에 얼음과 함께 제공(캔 개봉하지 않음)
컵라면	1,000		컵라면, 나무젓가락 제공
맥주	2,000		맥주잔과 과자류 소량 제공
배달음식	싯가	주문시	1. 주문시 통합메뉴판 제공 2. 배달시 물병, 종이컵, 휴지 제공 3. 정리시 외부에 비치된 배달수거통으로 정리
대용량 출력	장당 100원	주문시	5매 이상의 대량출력시 기본출력수량 초과분에 대한 요금 징수. 이 경우, 출력비를 받는 것에 대한 상황적 양해의 말을 건네며, 프린터기에 요금징수에 관한 이해의 내용을 기재한다.

이벤트			
상시 이벤트	선택 이벤트	제공 시기	제공 방법
고객 감사의 날		상시	월1회 정기적으로 시행(상세 내용은 별도로 제공)
시니어 할인		상시	60세 이상의 팀 또는 1인 방문시 20% 할인 적용
가족 할인		상시	부자, 모자 등의 가족단위 방문시 20% 할인 적용
커플 할인		상시	커플의 방문시 20% 할인 적용+유료음료 1개 제공
	복날 이벤트	초복, 중복, 말복	초복, 중복, 말복 추첨을 통하여 추어탕, 삼계탕 쿠폰 제공
	달력 기념일 이벤트	매월	달력의 기념일에 해당하는 종사자 할인
	명절 이벤트	설날, 추석	기념선물 제공
	야구 이벤트		
	축구 이벤트	월 1회 또는 2회	계산시 메니져와의 가위보에서 승리시 30% 할인
	가위바위보 이벤트	상시 운영	1개월 단위로 운영되는 리그전 운영
	리그전 이벤트		

* 선택 이벤트는 시기를 고려하여 적절히 운영하되, 그 대상이 고객 전체에 해당하여야 하며, 1개월 전에 공지함을 원칙으로 한다.
* 상시 이벤트는 카운터를 비롯한 곳곳에 이벤트의 내용을 전시하여 고객에게 적극적으로 알리도록 한다.

우리 당구장이라도 해 볼까?

하나의 예를 더 보면, 우리가 당구장에 음악을 튼다고 가정해 보죠. 어느 당구장이나 보통은 인터넷 음악채널 또는 CD를 통해서 최신곡을 틀거나 합니다. '내 당구장에서는 손님들이 좋아하는 음악을 틀어야지!' 또는 '당구치기에 방해가 안 되는 조용한 음악을 틀어야지'가 일반적인 생각입니다. 다시 좀 더 구체적으로 설정을 해보면 '요일별 음악의 선택', '날씨별 음악의 선택' 등이 가능해질 것입니다.

이러한 형태로 〈표 2〉에서 제시된 것들을 구체적으로 작성함으로써 '할 수 있는 것'과 '할 수 없는 것'이 결정되고 결과적으로 '내가 할 당구장'의 운영 방법, 즉 '장사의 방법'이 결정됩니다.

당구장 개업을 완료하고 당구장의 형태에 맞는 영업 방법을 상황에 맞게 구성한다는 것은 정말 위험합니다. 개업 후 상황에 대한 변경과 대처는 기본적인 영업 방법이 설정되어 있는 상황에서 변화된, 또는 예측하지 못한 영업적 변수에 따른 대처가 되어야 함이 분명합니다.

장사 경험이 없는 초보 창업자분들을 위해서 장사의 방법을 선택하는 좋은 방법으로 첫 번째로, 다양한 많은 당구장을 방문하여 내가 할 수 있는, 하고 싶은 당구장의 형태를 샘플링하라고 추천해 드립니다. 당구장에 취미삼아 놀러다닐 때의 간접경험에서 벗어나 '내가 당구장 장사를 한다'의 개념하에 당구장들을 다니고, 형태와 영업 방법을 분석해 보시길 바랍니다.

두 번째로, 샘플링한 당구장의 장단점을 분석해 보시길 바랍니다. 이 당구장의 장점은 무엇이고 단점은 무엇인지를 판단해 본다면 '내가 운영할 당구장'의 모델이 분명히 설 것입니다. 〈표 4〉는 실제 창업 초기의 창업자 현장교육과정에서 작성된 경쟁 당구장의 장단점에 대한 기록입니다.

<표 4> 경쟁 당구장 장단점 조사

장점	단점
큐관리를 바로바로 한다(손님 나간 후 바로).	우울한 표정의 직원과 귀찮은 듯한 서비스가 부담스러웠다.
유리컵에 얼음과 함께 나온 음료가 좋았다.	바닥이 데코타일이라 소음이 좀 있었다(크게 지장은 없었음).
화려하진 않지만 왠지 안정감이 느껴지는 인테리어가 좋다.	전반적으로 깨끗하였으나, 세면장의 물때가 좀 심했다.
점주의 생글생글한 미소가 좋았다.	100원까지 다 받아서 좀 서운했다.
방금 바닥을 닦은 듯 깨끗한 당구장이 인상적이다.	서비스 음료가 딱 세 가지라 아쉬웠다.
계속되는 서비스 음료의 리필이 좋았다.	동호회가 있는 것 같은데, 그들이 점거하고 있는 당구장 상황과 분위기가 다소 위압감이 있었다.
곳곳에 붙어 있는 이용 안내에 대한 내용이 좋았다. 다 지켜질지는 의문이지만 그래도 괜찮은 관리방법인 듯하다.	
현관문을 열어주는 점주의 접객이 좋았다.	

참고하여 많은 당구장을 분석해 본다면 성공 창업으로 향하는 첫 시작의 지표가 되리라 확신합니다.

2. 당구장 시설의 수준과 구조의 결정

지금부터 이야기하는 당구장 시설의 수준과 구조는 '인테리어 비용'에 대한 이야기가 아닙니다. 당구장의 인테리어 비용은 시공업체와 마감재의 구성 형태에 따라서 그 비용이 천차만별이며, 현장의 상황과 설계 과정에서 당구장이 어떠한 구조를 갖느냐에 따라서 같은 모양의 인테리어를 시공하더라도 많은 차이가 발생합니다. 당구장 창업을 생각하고 무언가 결정하는 것은 지금 단계에서는 무의미합니다.

여기에서 이야기하고자 하는 것은 '내가 보아둔 상권에서의 유효한 시설의 수준과 형태'라는 측면에서의 접근입니다. 당구장을 창업해야겠다는 마음을 처음 먹은 지금, 자칫 당구장 인테리어 디자인과 공사비용에 집중된 성급한 선택은 장사를 함에 있어서 가장 큰 악수가 될 수도 있습니다. 이 부분은 모든 준비 과정, 즉 성공적인 당구장 창업과 운영을 위한 '사업계획'이 완료된 이후에 최종적으로 실행 단계에서 고민해야 할 부분입니다.

예를 들어, 40~50대의 3쿠션을 즐겨 치는 동네 상권에 20대 중심의 화려한 인테리어가 구성된다면 어떨까요? 또는 10~20대의 아이들이 주류를 이루는 상권에 우리가 흔히 보아 온 10년 전 당구장의 형태라면 어떨까요? 상권의 형태와 이용 고객 그리고 경쟁 상황이 고려되지 않은 '비용과 유행'에 의한 당구장 시설의 선택은 창업에 있어서 최대의 악수가 될 수도 있습니다. 물론 재수가 좋아서 '내가 선택한 패턴'이 상권과 고객에게 잘 맞아떨어질 수도 있지만, 그건 어디까지나 요행일 뿐입니다. 그 불확실한 요행에 내 전재산과 인생과 가족의 행복을 맡기는 우를 범하지 마시길 바랍니다. 다시 말해서 당구장의 시설과 수준은 상권의 형태와 상권에서 경쟁 상황과 당구장을 이용하는 고객의 주류 형태에 맞추어져야 한다는 이야기이며, 앞서 설명한 당구장의 형태와 운영 방안과도 매우 밀접한 연관이 있습니다.

이해를 돕고자 비용적인 측면에서의 예를 들면, 시골 읍내의 당구장에 서울 시내에서의 인테리어 형태와 같은 고비용의 투자가 과연 맞는 것일까요? 아마도 불필요하게 투자된 낭비가 맞을 것입니다. 반대로 서울 시내 한 복판에서의 당구장 인테리어의 형태가 시골 읍내에서와 같이 최저

비용의 형태가 맞는 것일까요? 분명 경쟁력에 문제가 발생될 것이 뻔합니다. 때문에 상권의 형태와 고객의 유형과 경쟁 상황에 따른 신중한 고민을 해보아야 할 문제입니다.

필자가 이야기하고자 하는 내용의 핵심은 '상권마다 위치마다 적절한 수준과 영업 방법에 따른 적절한 수준과 구조가 있다'입니다.

"실장님! 이 사진처럼 인테리어를 하는 데 필요한 예산을 구성을 해주세요!"

디자인과 분위기가 좋은 몇 장의 당구장 사진을 보여주면서 제게 예산 편성을 요청합니다.

"네, 우리 현장에 이 인테리어를 적용하여 예산을 구성하는 것은 어렵지 않습니다. 그런데 말이죠. 제가 생각하기에 우리가 설정한 '장사의 방법'에 적합한 구성을 위해서는 변경되어야 할 부분이 많은 것 같습니다."

보통의 경우, 창업자가 선호하는 패턴의 인테리어의 형태를 결정하는 경우가 많습니다. 당연한 것이며 맞습니다. 그러나 우리가 여기에서 한 가지 더 생각해야 할 것은 앞에서 설정한 '당구장의 형태와 장사의 방법'을 원활히 수행할 수 있는 구조를 생각해야 한다는 점입니다. 아무리 화려하고 고급스러우며 안정적인 인테리어라고 하더라도 '내가 하고자 하는 당구장의 형태', '내가 하고자 하는 서비스', '내가 하고자 하는 접객', '내가 하고자 하는 당구장의 분위기' 등 장사를 하기에 적합한 구조를 갖추어야 합니다. 이를 수행할 수 없는 구조의 인테리어라면 애당초부터 잘못된 설정이 됩니다.

간단한 예로, 우리가 '휴대폰 충전을 손님이 원활하게 각자의 당구대에서 할 수 있는 편의를 제공하자'라는 생각을 했다면, 우리가 필요한 시설은 각각의 당구대 테이블에 콘센트가 있어야 하며, 서비스 음료를 놓아 둘 테이블 위의 공간에 휴대폰이 손상되지 않을 정도의 여유공간이 있어야 합니다. 또한 우리가 주로 사용하는 삼성폰, LG폰과 호환되는 충전기와 아이폰에 호환이 되는 충전기가 필요합니다. (실제 당구장에 아이폰 충전기를 비치하는 당구장은 드물죠~)

하나의 예를 더 들면, 우리가 '당구장 손님이 세면장에서 마지막 만족감을 주자'라는 목표를 세웠다고 가정을 해보죠. 우리가 필요한 시설은 온수가 나오는 깨끗한 세면장과 함께 옷솔, 머리빗, 핸드크림, 깨끗한 손수건, 담배 냄세 제거용 방향제 등이 필요합니다. 더불어 제시된 비품들이 설치될 공간적인 여유도 반드시 필요하겠죠.

이렇듯 시설의 수준과 구조는 '내가 어떻게 장사를 할 것인가'에 대한 구체적인 방법과 매우 밀접한 관련이 있습니다.

〈표 5〉는 당구장의 형태에 따른 필수구조의 예시입니다. 여기에 내가 하고자 하는 당구장의 영업 방식에 따른 시설과 시설을 갖추기 위한 요건을 추가하여 설계와 시공에 반영한다면 내가 원하는 당구장의 구조가 결정될 것입니다.

당구장 시설의 수준은 투자비용의 기준과 고객만족도의 측면으로 나누어 생각해 볼 수 있습니다.

단순히 투자비용으로 살펴보면, 통상적으로 평당 30~40만 원 사이면 일반적인 수준이며, 50~60만 원 사이이면 고급스러운 형태로 구분이 됩니다. 이는 순수 내부 인테리어 비용으로 간판, 냉온풍기, 환기 시설, 디스플레이, 당구대 및 비품 등의 구성은 제외한 기준입니다. '당구장 인테리

〈표 5〉당구장의 형태에 따른 당구장 시설 기준 예시

기본 시설	당구장의 시설을 구성함에 있어서 필수적으로 필요한 시설을 정의한다. 국제식 대대, 포켓당구대, 일반 중대의 수량과 비율을 결정하고 당구장 내에서의 위치를 정한다.
접객의 방법	고객의 입장에서부터 퇴장할 때까지의 일련의 과정에서 직원 및 점주의 행동 요령을 정의하는 것으로, 상황별 행동 요령을 정한다.
기본 서비스	고객에게 제공될 음료와 간식류 등에 대한 제공 방식과 제공 방법을 정의한다.
부가 서비스	당구장 이용 고객을 대상으로 영업적으로 도움이 될 만한 다양한 시설물과 서비스들을 정의하고 이용 방법 및 서비스의 제공 방식을 정의한다.

* 만약 국제식 대대 전용클럽을 창업하려고 계획한다면, 기본 인테리어 구조물 이외에 '내가 하고자 하는 당구장'의 효과적인 영업을 위한 필수사항에 대하여 아래와 같은 방법으로 선택을 한다.

부가 서비스		기본 서비스					기본 시설		
사물함	개인큐	원두 커피	커피 머신	믹스 커피	콜라	캔콜라	국제식 대대	아스트 로 고무	대기실
휴게실	FAX	물수건	물수건	냉커피	아이스 티	캔 사이다	일반 중대	3515 고무	실내 화장실
PC	안마기	큐홀더	개인 용품	사이다	탄산 음료	컵라면	포켓볼	열선	BAR
개인큐 장	프린터	정수기	세면장 용품	간식류	한방차	캔커피	3·4구 겸용 당구큐	3구전용 당구큐	흡연실
비데	셀프바	종이컵	재털이	녹차	둥글레 차	자판기	포켓볼 전용큐	4구전용 당구대	미팅룸

* 선택이 완료되었다면, 각각의 선택된 서비스와 시설에 대한 구체적인 제공 방법을 가정하고 그에 적합한 당구장의 구조를 설계와 시공에 반영한다.

어를 위한 발주·설계·시공의 Check List'에서 보다 자세히 다룰 것이므로 지금은 '이 정도 비용이 드는구나'라고만 참고하면 됩니다.

고객만족도의 측면으로 살펴보면, 같은 시설이라고 하더라도 상권 내 당구장을 이용할 것으로 예상되는 고객의 형태에 따라서 '좋다', '나쁘다'의 상반된 반응으로 극명하게 나뉠 수 있습니다. 이는 인테리어의 화려함과 고급스러움과는 조금 거리가 있는 이야기입니다. 다시 말해서 고객의 입장인 '내가' 편하게, 용이하게 이용할 수 있는 수준이냐 아니냐의 문제로 접근하는 것이 바람직합니다.

40대 3쿠션 마니아인 내가 이용하기에 적합한 시설의 수준인가? 친구들과 포켓볼을 즐겨 치는 '20대 초반인 내가 이용하기에 적합한 시설인가?'의 기준에 의하여 '좋은 시설의 당구장' 또는 '나쁜 시설의 당구장', 두 가지의 선택으로 극명하게 나뉘게 됩니다. 어찌 보면 지금 필자가 이야기하는 당구장 시설의 수준은 '타깃 고객의 형태에 따른 당구장의 적합한 유효한 형태'와도 같습니다. 즉, 수준의 결정은 투자비용과 고객만족도를 기준으로 결정해야 한다는 결론에 도달하게 됩니다.

여기서 고객 만족도는 앞에서도 설명했듯이 상권 내 대상 고객의 형태와 당구장의 형태에 따라서 결정될 것입니다. 만약 결정된 당구장의 수준에 맞출 수 없는 창업자의 상황(자금, 운영 방식 등)이라면 검토하고 있는 창업 후보지를 과감하게 포기해야 하는 것이 맞습니다. 〈그림 1〉은 당구장의 수준을 결정하기 위한 순서의 예시입니다. 제시된 순서대로 특정한

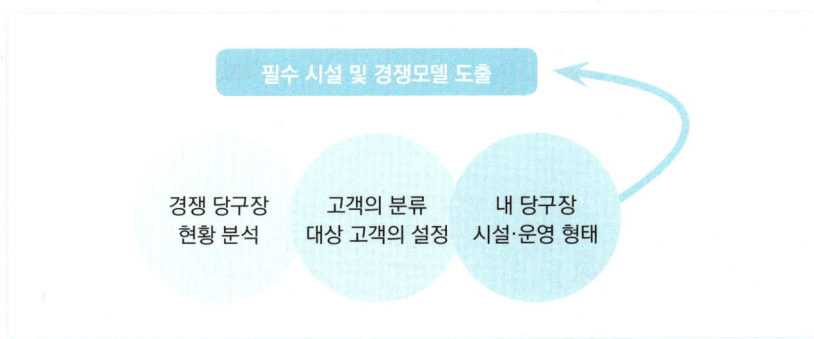

필수 시설 및 경쟁모델 도출

경쟁 당구장
현황 분석

고객의 분류
대상 고객의 설정

내 당구장
시설·운영 형태

〈그림 1〉 당구장의 시설 수준의 결정을 위한 과정

상권의 한 곳을 정하여 시뮬레이션을 해 본다면 창업 초기 시설의 수준과 구조의 결정에 많은 도움이 될 것입니다. 다시 한 번 당부드리면 반드시 비용적인 측면에서의 고민은 마지막으로 미루고 당구장의 형태, 당구장의 운영 방안, 고객의 형태, 경쟁을 중심으로 한 결정을 당부드립니다.

3. 창업의 형태 결정(인수 창업, 신규 창업)

창업자가 '당구장을 하겠다'라는 마음의 결정이 끝나게 되면 필수적으로 고민하게 되는 부분이 '인수를 할 것인가?' 아니면 '신설을 할 것인가?' 즉, 창업 형태의 고민입니다. 더더욱 장사에 경험이 없는 초보 창업자의 경우는 앞에서 설명한 '난 어떤 당구장을 운영할 것이다!'라는 장사의 방법과 당구장 시설의 수준 및 구조에 대한 구체적인 사업계획에 대한 고민 이전에 '창업의 형태'에 대한 고민을 제일 먼저 하게 됩니다.

이 결정을 위한 필자의 경험과 원칙에 의한 결론을 먼저 이야기해 보면, 인수 창업·신규 창업 모두 가능성을 열어두고 '자리가 좋다면 두 경우 모두 창업이 가능하다'입니다. 즉, 점포의 위치가 당구장을 하기에 '좋으냐', '그렇지 않으냐'에 따라서 1차적인 검토 대상으로 선정하고 → 현 위치에서의 기본적인 '경쟁 상황'을 분석하고 → 앞에서 우리가 이야기한 장사

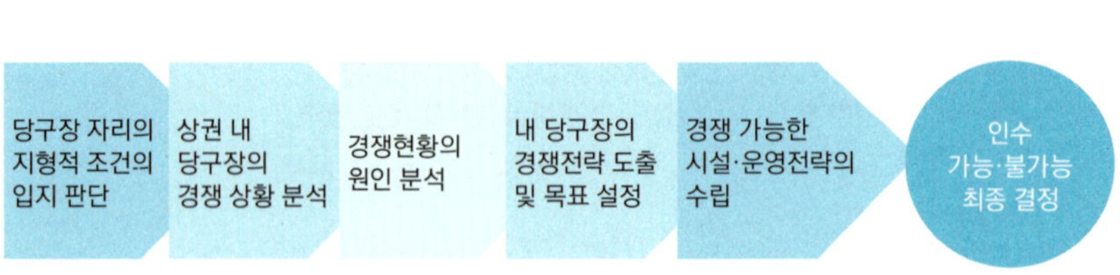

당구장 자리의 지형적 조건의 입지 판단 | 상권 내 당구장의 경쟁 상황 분석 | 경쟁현황의 원인 분석 | 내 당구장의 경쟁전략 도출 및 목표 설정 | 경쟁 가능한 시설·운영전략의 수립 | 인수 가능·불가능 최종 결정

〈그림 2〉 당구장 창업을 위한 기본 분석의 과정

의 방법, 시설의 수준과 구조를 반영하여 기존의 당구장과의 경쟁력을 분석합니다 → 다음으로 이 분석을 통하여 [초기에 구성된 사업계획(안)]을 현재의 현황에 적용하여 다양한 영업적인 상황에 대처할 수 있는 수정사업계획(안)으로 수정·변경하여 세부적인 실행(안)을 구성하면 됩니다. 만약 변경된 사업계획(안)이 창업자의 여러 가지 현실에서(자금, 출퇴근 거리, 운영 능력 등) 실행이 불가능하거나 경쟁자를 압도할 만한 경쟁력을 갖추지 못한다는 결론에 이르게 된다면, 검토한 현 위치에서의 창업을 포기해야 합니다. 물론 여러 곳의 후보지를 놓고 다각적 방면에서의 분석을 통하여 가장 가능성 있는 곳을 선정하여 창업을 진행해야 하는 것은 당연합니다.

참고로 필자의 경우도 하나의 창업 후보지만을 검토하거나 추천하지 않습니다. 몇몇 곳의 가능성 있는 후보지를 설정하고 각각을 분석하고 비교하여 창업자의 현실에 가장 적합한 곳을 선택하거나 추천하게 됩니다. 굳이 신설 후보지와 인수 후보지를 나누어 검토하지는 않습니다.

<표 6> 신규 창업의 예산 설계

품목		수량	예산	비고
임대 관련	보증금	1	30,000,000	
	부동산 수수료	1	2,070,000	보증금 3000만 원, 임대료 200만 원을 가정 / 0.9%
	전기증설	1	-	건물주와 협의사항
	소방시설	1	-	건물주와 협의사항
내부 시설	실내 기본 인테리어	1식	30,000,000~35,000,000	약 80평 매장의 중급의 인테리어를 가정
	당구대 및 당구재료	1식	30,000,000~35,000,000	일반 중대 9대~10대 기준으로 적용 (당구대의 종류에 따라 차이 있음)
	냉난방기기 (40평형)	2ea	5,000,000~6,000,000	천장형 40평대 2대 설치 시 (제조사/판매처마다 차이 있음)
	냉난방기기 설치비	2ea	1,000,000~2,000,000	기본 설치비 외 배관 추가로 인한 추가설치비
	환기시설	1식	4,000,000~5,000,000	함석관을 이용한 급배기시설 3line 기준
	디스플레이	1식	500,000~1,000,000	실내를 꾸미기 위한 각종 소품
가구류	휴게실용 테이블	2	100,000~200,000	개당 약 5~10만 원 소요
	휴게실용 소파	2	400,000~600,000	개당 약 20~30만 원 소요
	휴게실용 의자	6	300,000~600,000	개당 약 5~10만 원 소요
	당구대 비치용 테이블	10	1,000,000~1,500,000	개당 약 10~15만 원 소요
	당구대 비치용 의자	40	2,000,000~4,000,000	개당 약 5~10만 원 소요
외부 시설	돌출간판	1식	1,200,000	5m² 기준으로 산정
	전면간판	1식	1,200,000	10m² 기준으로 산정
	X베너	2ea	120,000	개당 약 6만 원 소요
	에어간판	1ea	400,000	개당 약 40~50만 원 소요
	창문LED광고물	1식	1,000,000	개당 약 10만 원의 제작/설치비 소요
	기타 부착물	1식	500,000~1,000,000	출입구 실사출력 및 창문선팅 등

비품	음료용 냉장고	1ea	350,000~500,000	음료수, 물 등의 비치
	고객용 PC	1ea	600,000	고객휴게실 비치용
	카운터 비치용 PC	1ea	600,000	카운터 비치용
	TV	1ea	1,500,000~2,000,000	
	정수기	1ea	렌탈	
	정수기(물통형)	1ea	렌탈	고객의 자유이용이 가능한 셀프바 비치용
	인터넷&유선방송	1ea	렌탈	
	오디오장비	1ea	500,000~1,000,000	
	분리수거용 쓰레기통	3ea	150,000	
	커피자판기	1ea	350,000~500,000	
	머그컵	50ea	200,000	
	유리컵	50ea	200,000	
	서빙용 쟁반	15ea	200,000	
	주방용품	1식	100,000	세제, 설거지 렉 등 주방용품
홍보용품	제공용 라이터	2000ea	500,000~600,000	
	배포용 전단지	1식	400,000~500,000	홍보용 전단지(개업 초기 배포용)
	배포용 쿠폰	1식	400,000~500,000	할인쿠폰(홍보용)
총계		116,000,000~135,000,000		

* 상기의 품목 및 가격은 일반적인 기준으로 실제 견적 및 구입시의 가격은 업체마다 다를 수 있다.
* 상기의 예산은 일반적인 기준에서의 창업시 필요한 필수 구성품이다. 창업자의 운영방안에 따라서
  추가 또는 삭제하여 활용하시기 바란다.

⟨표 7⟩ 인수 창업 예산 설계

1. 인수 후의 당구장의 운영(안)

당구대	객단가	당구대 게임비 매출				
		일반 중대 (10분 1,500원)				
일반 중대(8)	9,000	3회전 [A3]	4회전 [A4]	5회전 [A5]	6회전 [A6]	7회전 [A7]
		27,000	36,000	45,000	54,000	63,000
1일 소계(8대)		216,000	288,000	360,000	432,000	504,000
1개월 소계(30일)		6,480,000	8,640,000	10,800,000	12,960,000	15,120,000
		포켓볼 (10분 1,500원)				
포켓(1대)	9,000	2회전 [B2]	3회전 [B3]	4회전 [B4]	5회전 [B5]	6회전 [B6]
		18,000	27,000	36,000	45,000	54,000
1일 소계(1대)		18,000	27,000	36,000	45,000	54,000
1개월 소계(30일)		540,000	810,000	1,080,000	1,350,000	1,620,000
		국제식 대대 (10분 2,000원)				
국제식 대대 (2대)	12,000	2회전 [C2]	3회전 [C3]	4회전 [C4]	5회전 [C5]	6회전 [C6]
		24,000	36,000	48,000	60,000	72,000
1일 소계(3대)		72,000	108,000	144,000	180,000	216,000
1개월 소계(30일)		2,160,000	3,240,000	4,320,000	5,400,000	6,480,000

보수적 매출 상황(A4+B2+C3)	12,420,000
이상적 매출 상황(A5+B2+C5)	16,740,000
비관적 매출 상황(A3+B2+C2)	9,180,000

예상 손익					
매출내역			지출내역		
	항목	금액		항목	금액
1	게임비	23,220,000	1	임대료	3,500,000
2	동호회 클럽데이		2	부가세	350,000
3	유료 음료	2,250,000	3	관리비	1,200,000
4			4	전기요금/도시가스	1,000,000
5			5	인건비(매니저)	2,500,000
6			6	인건비(알바 여1)	1,200,000
	합계	25,470,000	7	인건비(알바 남1)	1,500,000
			8	인건비(알바 남1)	–

예상 손익분석			9	음료구입	1,000,000
			10	기타잡비	300,000
투자비 항목	투자비용	투자비용	11	직원 식대	500,000
임대보증금	–		12	정수기렌탈료	–
권리금	140,000,000		13	유선TV	
매장수리 및 리모델링	30,000,000		14	인테넷요금	
당구대 수리 및 큐교체	4,000,000		15	전화요금	
비품 추가	5,000,000		16	수도세	
투자비 합계	179,000,000		17		
월 당구비 순수익	9,998,000		18		
월 순수익	12,248,000		합계		13,222,000
ROA	14.23%				

2. 인수 후 신규 투자비 예상

보증금(1)	권리금(2)	인테리어(3)	당구대 및 관련 비품의 교체 및 추가구성(4)			
			항목	수량	단가	예상금액
50,000,000	90,000,000	30,000,000	골드프러스 (중고교체)	5	1,600,000	8,000,000
			포켓당구대 (신품교체)	1	2,100,000	2,100,000
*인테리어는 가변적인 상황으로 별도의 계획과 예산편성을 필요로 함.			당구큐 (한밭)-44호	84	40,000	3,360,000
*주판대 및 의자의 예산은 인테리어의 형태에 따라 별도의 구성과 예산편성을 필요로 함			당구큐 (한밭)-55호	30	43,000	1,290,000
			당구큐 (한밭)-66S	12	70,000	840,000
			당구큐(포켓)	6	30,000	180,000
			큐손질 큐맨기계	1	350,000	350,000
			공닦는 기계	1	440,000	440,000
			대대용 전자식 주판대	2	600,000	1,200,000

항목	수량	단가	예상금액
프로암(매각)	2	-1,000,000	-2,000,000
유로파골드 (매각)	3	-	
루치아노 국제 식중대(매각)	2	-600,000	-1,200,000
소계			14,560,000

간판보수(5)			
항목	수량	단가	예상금액
돌출간판(5M)	1	1,200,000	
전면간판 LED	1	2,000,000	
창문LED	1	1,000,000	
파나플렉스 판갈이	2	200,000	
부대비용 (크레인 외)	1	400,000	
소계			4,800,000

기타비품(6)			
항목	수량	단가	예상금액
유리컵/머그컵	50	4,000	200,000
홍보용 라이터	1,000	450	450,000
쟁반	12	18,000	216,000
휴게실 비치용 의자	10	70,000	700,000
소계			1,566,000

투자비 총 합계 (1+2+3+4+5+6)	190,926,000

3. 시설현황

구분	제조사	모델	수량	옵션		
				hitting	astro	astro-p
일반 중대	허리우드	골드프러스	7	0	2	0
국제식 중대			0			
국제식 대대	가브리엘		2			
	셰빌롯		1			
	허리우드	프로암v	2			
포켓	허리우드	6001	1			
			0			
*특이사항		당구대 천갈이 필요함.				

당구대 관련 기본 시설물 현황의 확인

구분	종류	수량	상태			비고
			양호	수리	교환	
큐대	한발큐	125			0	신품으로 교체 요함
	상대					
큐장	906주판대	15			0	신품으로 교체 요함
당구공	3구공		0			부분 교체 요함
	4구공		0			부분 교체 요함
	6구공		0			부분 교체 요함
	포켓공				0	부분 교체 요함
청소기		1	0			
기타						
*특이사항						

4. 내/외부 시설물 현황

구분	시설물	check	수량	특이사항
냉난방시설	천장형 냉/난방	☐	5	
	천장형 냉방전용	☐	0	
	천장형 온방전용	☐	0	
	스텐트형 냉/난방	☐	1	
	스텐트형 냉방전용	☐	0	
	스텐드형 난방전용	☐	0	
		☐		
공조시설	덕트시설(함석관)	☐	1	환기시설 매우 잘 되어 있음
	일반환풍기(천장)	☐	0	
	일반환풍기(벽부)	☐	4	보조환풍기
	기타	☐		
바닥재	카펫트	☐		
	데코타일	☐	O	전체 교체 요함
	카펫트+데코타일	☐		
	기타	☐		
화장실	공용사용	☐		
	소변기	☐	O	
	대변기	☐	O	
	남/여 화장실	☐	O	단독사용
당구대 조명	일반 형광등	☐	O	LED조명으로 전면 교체 요함
	LED 형광등	☐		
	매입등	☐		
등박스	기성품 등박스	☐	O	
	제작 등박스	☐		
	없음	☐		
주차시설	건물주차장	☐	O	건물에 20대 가량 주차 가능
	외부주차장	☐	O	인근 공영주차장 이용
	없음	☐		

우리 당구장이라도 해 볼까?

편의시설	내실	☐	O	내실 철거 후 공간확보 가능
	고객전용 휴게실	☐	O	
	고객전용 흡연실	☐	O	
	고객전용 PC	☐	O	
	창고	☐	O	
외부시설	전면간판	☐	O	교체 필요함
	돌출간판	☐	O	교체 필요함
	창문선팅	☐	O	교체 필요함
	계단 유도 간판	☐		추가 필요함
	외부 유도 간판	☐		추가 필요함

5. 비품/집기류 현황

품목	check	수량	특이사항
커피자판기	☐	2	
일반냉장고	☐	1	
얼음냉장고	☐	0	
음료용 디스펜서	☐	1	
음료용 믹서기	☐	0	
캔음료 자판기	☐	1	
커피머신	☐	0	
식기세척기	☐	0	
컵건조기	☐	0	
적립카드 시스템	☐	1	
카드단말기	☐	1	
공기청정기	☐	3	
개인큐 보관함/사물함	☐	1	30개 비치 가능
고객전용 PC	☐	0	
PDP/LCD TV	☐	0	
오디오시스템	☐	1	
안마의자	☐	0	
빔프로젝터	☐	0	

그럼에도 불구하고 당구장 창업이 처음인 대부분의 예비창업자 입장에서는 '인수 창업'을 먼저 생각하게 되는 것이 보편적입니다. 그 가장 큰 이유는 '안정적인 고객이 형성되어 있는 상권에서 안정된 매출·수익이 발생되고 있는 당구장을 운영하는 것이 실패를 줄일 수 있다!'라는 생각이 지배적이기 때문입니다. 이러한 가장 큰 이유는, 창업 초기에 비교적 안정적인 수입을 발생시키면서 창업자 자신이 구성한 다양한 영업적 구성을 실행한다면, 현재보다 더 높은 매출과 수익을 올릴 수 있다는 기대감과 최소한 현재 상태가 유지될 것이라는 확신 때문입니다. 즉, 신설 창법 시의 불안한 매출 고민으로부터 자연스럽게 해방될 수 있다는 생각입니다.

　더불어 매출이 잘 나오는 당구장을 권리금을 주고 인수하면 되는 간단한 선택 한 번으로 창업과 운영 중에 발생되는 모든 불안요소와 복잡한 창업의 과정들이 모두 해소될 것이라 생각하기 때문입니다.

　참고로 우리가 당구장을 인수한다는 것은, 매출로 표현되어 있는 '기존 당구장 주인의 노력을 권리금을 주고 산다'는 의미임을 명심해야 합니다. 합리적인 권리금을 제시해야 하는 것은 당구장을 팔고자 하는 사람의 권한이라면, 제시된 권리금이 합리적인지의 판단과 검증된 권리금을 인정하고 지불하는 것은 창업자의 의무입니다. 그러기 위해서는 '(권리금) 싼 가격에 시설 좋고 장사가 잘되는 당구장'을 사야지라는 생각부터 버려야 합니다. 장사가 잘되는 당구장을 인수하자니 권리금이 비싸고, 신설로 창업하자니 자리가 마땅치 않습니다.

　'이렇게 생각하세요.' 권리금은 기존 운영자의 자리를 찾는 노력과 장사를 잘 만들어낸 열정에 대한 대가를 지불하는 것이라고 말입니다. 창업자인 내가 신설을 하고 장사를 잘 만들어서 좋은 가격에 파는 것은 내 노력과 열정에 대한 대가를 받는 것이라고 말입니다.

다음은 흔히 창업자가 인수 창업 시에 갖게 되는 오해입니다.

첫째, '신규 창업에 비하여 창업비용이 적게 들 것이다.'

당구장을 인수하고 있는 그대로 몸만 들어가서 장사를 한다고 가정하면 아마도 대부분의 당구장이 신설 창법에 비하여 창업비용이 적게 들 수도 있습니다. 권리금이 그리 높지 않다면 말이죠. 인터넷에 올라온 매물들 중 총 권리금이 새로 신설하는 비용의 절반에도 미치지 못하는 당구장이 수두룩하니 이런 생각을 하는 것도 무리는 아닙니다. 그러나 다시 한번 생각해 보죠. 그 당구장이 인수할 가치가 있는지 말입니다. 만약 '자리'는 정말 좋은데 여러 가지 경쟁 상황으로 인하여 매출이 저조하여 싸게 나온 매물이라면 분명 인수할 가치가 있을 것입니다. 이러한 경우에 자리의 이점을 충분히 이용하여 정상적인 영업을 위한 경쟁력을 갖추기 위해서는 인테리어, 당구대, 당구 큐, 간판 등의 여러 가지 재투자가 이루어져야 합니다. 이러한 비용을 감안하면 대부분의 당구장이 '신규 시설비+권리금'의 투자비가 소요됩니다. 즉, 정상적인 장사를 만들기 위해서는 권리금만큼의 추가 투자가 불가피하게 됩니다. 이러한 경우가 아니더라도 정상적인 장사가 되고 있는 당구장의 경우는 시설권리금과 영업권리금이 합산하여 설정되기 때문에 시설에 대한 감가상각을 고려하더라도 결코 신규 창업에 비하여 낮은 수준이 아닙니다.

둘째, '매출이 좋으니 자리는 검증이 된 것이나 다름이 없다!'

우리가 인수 창업과 신규 창업 중에 선택하는 가장 큰 기준은 '자리'입니다. 다시 말해서 창업자가 원하는 상권에서의 자리의 '좋고', '나쁨'을 기준으로 선택되어야 한다는 의미입니다. 흔히 '매출이 좋으면 자리도 좋을 것이다'라는 생각과 '매출이 나쁘면 자리가 나빠서이다'라고 생각들을 합니다. 그러나 '장사가 잘되고 안 되고'와 '자리의 좋고 나쁨'은 반드시 비례하지는 않습니다. 자리의 나쁨을 장사의 방법으로 극복한 경우도 많으며, 반대로 잘못된 장사의 방법 때문에 좋은 자리에서 망하는 경우도 많습니다. 때문에 인수할 당구장의 현재 매출을 인수를 위한 절대적인 기준으로 삶는 것은 자칫 큰 낭패를 가져올 수도 있습니다. 그러나 당구장을 인수하는 과정에서 여러 매장을 둘러보게 된다면 높은 매출의 당구장에 마음이 쏠리는 것은 어쩔 수 없는 현실인 듯 합니다. 창업자의 시각에서는 '높은 매출=좋은 자리'라는 기준이 아니라 하더라도 당장의 높은 매출에 대한 운영의 안정성이라는 측면에서 충분히 가치가 있어 보이기 때문이며, 지금의 매출을 충분히 유지할 수 있다는 자신감이 있기 때문입니다. 참고로 창업자는 인수하고자 하는 당구장의 매출의 구성 형태를 잘 분석하여 '내가 유지가 가능한 매출인지? 아닌지?'에 대한 면밀한 검토가 반드시 필요합니다.

셋째, '최소한 당구장 사장님은 정직할 것이다.'

참 안타까운 현실이지만 세상에 믿을 사람은 아무도 없는 것 같습니다. 보통의 창업자는 '매매중개인은 자신의 이익을 위해서 창업자에게 거짓말을 할 수 있을지 몰라도, 최소한 당구장 주인은 창업자에게 거짓된 정보를 제공하지 않을 것이야!'라는 순박한 믿음이 있습니다. 그러나 현실은 꼭 그렇지만은 않습니다. 물론 대부분의 당구장 주인들은 잘 되면 잘 되는대로, 안 되면 안 되는대로 자신의 당구장에 대한 적절한 가격을 받길 원하고 그렇게 하고 있습니다. 문제는 매출이 저조한 당구장의 경우 '중간매매상'이 관련되어 있는 경우입니다. 당구장 주인의 입장에서는 손해를 최소화하여 팔아야 하기에 중개상에게 모든 것을 위탁하게 되고 그들이

우리 당구장이라도 해 볼까?

설정한 매도가격과 상황과 매수자에 대한 설명까지도 그들의 의견을 따라주어야 하는 상황이 됩니다. 의도했든 의도하지 않았든 경쟁 상황, 매출, 시설 투자비, 상권의 변화, 위치적인 특성 등에 대하여 실상과는 다른 이야기를 매수자에게 해야만 하는 상황에 놓이기도 합니다.

결론적으로 창업자는 중개인과 당구장 주인의 이야기를 잘 듣고 스스로가 객관적인 시각을 통하여 앞에서 나열한 경쟁 상황, 매출, 시설 투자비, 상권의 변화, 위치적인 특성 등에 대하여 면밀한 검토와 검증이 반드시 필요하게 됩니다. 그러나 이 검증 과정 역시도 초보 창업자에게는 그리 간단한 문제는 아닙니다.

더불어 많은 창업자가 〈그림 3〉과 같이 '매출이 좋다=좋은 당구장, 자리가 좋은 당구장, 손님이 많은 당구장, 지금의 매출이 계속 유지될 것이라는 착각' 등 큰 오류의 함정에 빠지곤 합니다. 필자는 이러한 창업자의 생각이 당연하다고 생각합니다. 어찌 보면 '매출' 이외의 인수를 위한 검증된 절차나 방식을 모르기에 인수하고자 하는 당구장에 대한 실제적인 분석을 할 수가 없기에 그 판단이 매출에 집중되는 것은 당연합니다. (〈표

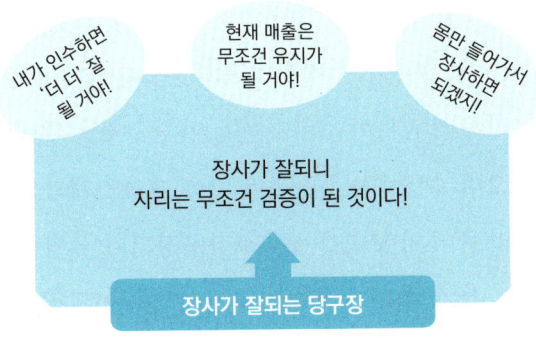

〈그림 3〉 매출이 좋은 당구장을 바라보는 창업자의 시각

8) '인수 창업 시 고려해야 할 사항'을 참고.)

좀 더 실전적으로 이야기하면, 우리가 기존 운영중인 당구장을 인수하게 될 경우, 보통은 매출에 근거한 인수를 결정하게 됩니다(필자의 당구장 인수의 결정 방식과는 다릅니다). 창업자는 인수하고 싶은 당구장의 매출 장부를 전산을 통하여 확인하기도 하며, 당구장에 들어오는 손님을 일일이 시간대를 나누어 가며 숫자를 세기도 하며, 당구장 내에 손님이 몇 시간 또는 몇 게임을 하는지의 상황을 세세하게 살피게 됩니다. 이러한 행동의 원인은 보통의 창업자가 인수를 최종 결정함에 있어서 '매출 상황의 확인'에 신경이 집중되어 있기 때문입니다. 매출이 좋은 당구장이 반드시 자리가 좋은 당구장일까요? 만약 그렇다면 거꾸로 자리가 좋으면 무조건 매출이 좋아야 하는데 현실은 절대 그렇지가 않습니다. 장사라는 것이 당구장 자리, 전략, 점주의 역량, 경쟁환경 등 모든 부분이 잘 조합이 이루어져야 한다는 것은 모두가 너무나도 잘 알고 있는 것입니다. 즉, 우리가 앞서 결정한 장사의 방법, 시설의 수준, 구조, 좋은 당구장 자리에서의 성공적인 결합의 결과로 보아야 하는 것입니다.

이해를 돕기 위해 매우 극단적인 예를 한 가지 들겠습니다.

당구장 장사의 경험이 많은 주인이 운영하는 D당구장이 있다고 가정해 보죠. 그리고 이 주인은 당구장 장사의 노하우도 완벽하고 당구대를 비롯한 시설물의 관리가 매우 뛰어납니다. 현재 이 당구장은 주변에서 1등의 매출을 올리고 있으며 주변에 비슷한 규모의 A, B, C 3개의 당구장이 더 있습니다. 당구장의 목이 가장 좋은 곳은 A당구장입니다. 영업의 순위는 1등 D, 2등 B, 3등 A, 4등 C입니다. 실제 이러한 영업적인 순위의 사례가 많으니 의심하지 않아도 좋습니다. 이러한 상황에서 우리가 분석해야 할 주된

우리 당구장이라도 해 볼까?

것은 D당구장의 매출보다는 D당구장이 위치적으로 우세한 A당구장을 제치고 1등 매출을 올리고 있는 이유를 분석해야 합니다. 더불어 D당구장과 각각의 당구장들에 대한 경쟁 상황(강점, 약점, 현황)을 분석해야 합니다.

또 한 가지 현재 주인이 운영하고 있는 영업의 패턴을 인수할 '내가' 유지할 수 있느냐 없느냐의 판단도 함께 하여야 하며, 우리가 앞서 논의한 장사의 방법, 당구장 시설의 수준과 구조에 적합한지를 판단해 보아야 합니다. 이 과정에서 인수를 하고자 하는 D당구장의 실제 모습이 명확하게 들어나게 되며 인수 결정의 중요한 근거가 됩니다.

그렇다면 신설 창업은 어떤 중요한 포인트가 있을까요? 신설 창업 역시 앞에서 이야기한 장사의 방법, 당구장 시설의 수준과 구조, 즉 내가 하고자 하는 당구장의 구체적인 사업계획을 실현할 '당구자 자리를 선택'하는 것과 '신규 시장을 개척하고 경쟁할 도전정신'이 가장 중요한 포인트가 됩니다. 어떤 업종이든 어떤 사업이든 무(無)에서 유(有)를 창조한다는 것은 두렵고 무섭기도 하지만 가슴 벅차게 심장이 뜀박질치는 설렘과 생동감을 갖는 일이기도 합니다. 신설로 창업을 하고 성공적인 수익 목표를 달성한다면 그 무엇과도 비교할 수 없는 만족감과 자신감을 얻게 되죠. 그리고 이 당구장을 적절한 권리금을 받고 매도했을 때의 수익은 내 노력에 대한 최대의 보너스와도 같습니다.

결론적으로, 사람마다의 성향의 차이일 수는 있겠지만 필자는 인수 창업보다는 신설 창업을 선호하는 편이기도 합니다. 그러나 선택은 어디까지나 창업자 각자의 결정에 맡겨져야 합니다. 창업자마다의 상황이 다르고 성향이 다르기 때문이기도 하며, 상황에 따라서 인수 창업이 유리할 수도 신규 창업이 유리할 수도 있기 때문입니다.

다만, 필자가 선택에 당부드리고 싶은 이야기는 그 결정의 과정에서 '신규 창업과 인수 창업을 단정지어 결정하지 말자'라고 말씀드리고 싶습니다. 두 가지의 창업 형태에 모두 가능성을 열어두고 신중하고 면밀한 검토가 이루어진다면 좋은 창업이 되리라 믿습니다.

〈표 8〉 인수 창업 시 고려해야 할 사항

매장 현황	인수할 매장의 임대료, 월세, 관리비, 권리금, 시설 현황 등에 대한 구체적인 조사와 인수 후 추가 조치 사항의 예측
수익 상황	현재 매출과 인건비, 서비스 비용 등의 세부적인 지출자료를 통한 수익률의 분석 매출의 구조, 즉 동호인과 일반인의 비율, 단골과 비단골의 비율 등의 매출구조의 실제적인 조사 분석
경쟁 상황	인수할 당구장과 직간접적 경쟁으로 예상되는 당구장들의 현황 조사
인수 예산	인수에 필요한 실제적인 예산의 편성(보증금+중개수수료+권리금+추가시설보수비 등)

1. 매출분석

매출 및 손익분석(1)-매출·수익 변화 추이

(단위: 원)

년	월	매출총액	전월대비	평균매출대비	지출총액	(월)수익	통계
2012	4	7,000,000		-5,000,000	6,000,000	1,000,000	1년간 매출 총액 144,000,000
2012	5	7,500,000	500,000	-4,500,000	4,500,000	3,000,000	
2012	6	9,000,000	1,500,000	-3,000,000	4,800,000	4,200,000	1년간 월평균 매출 12,000,000
2012	7	8,000,000	-1,000,000	-4,000,000	4,300,000	3,700,000	
2012	8	11,000,000	3,000,000	-1,000,000	6,200,000	4,800,000	1년간 일평균 매출 394,520.55
2012	9	15,000,000	4,000,000	3,000,000	5,000,000	10,000,000	
2012	10	16,500,000	1,500,000	4,500,000	5,500,000	11,000,000	최저 매출 7,000,000
2012	11	15,500,000	-1,000,000	3,500,000	6,800,000	8,700,000	
2012	12	17,000,000	1,500,000	5,000,000	6,500,000	10,500,000	최고 매출 17,000,000
2013	1	13,000,000	-4,000,000	1,000,000	5,500,000	7,500,000	
2013	2	12,500,000	-500,000	500,000	4,800,000	7,700,000	월평균 수익 6,650,000
2013	3	12,000,000	-500,000	-	4,300,000	7,700,000	
합계		144,000,000			64,200,000	79,800,000	수익율(ROA) 4%

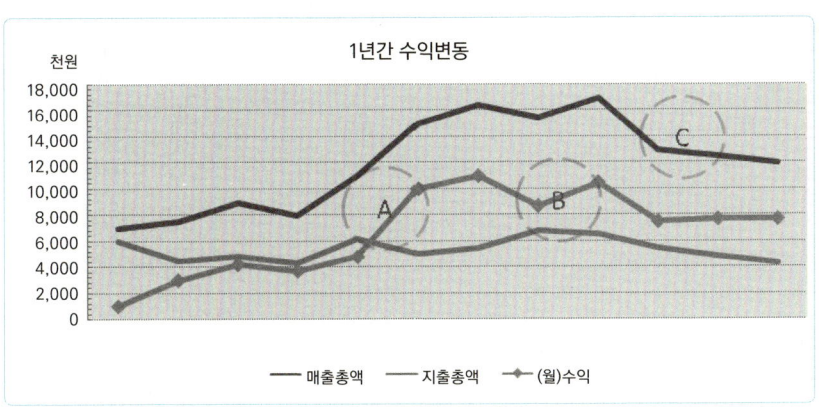

· A 지점: 매출과 수익이 급격히 상승
  원인: 인터넷 동호회 유치로 인한 단기 매출의 상승으로 판단

· B 지점: 월수익의 이상 감소
  원인: 인테리어 보수 및 시설 보강으로 인한 지출

· C 지점: 매출의 급격한 하락
  원인: 년초 비수기로의 진입과 인근 신규업체의 개설로 인한 고객층 분리로 판단

2. 경쟁 분석

경쟁대상 당구장 현황

3. 특징 및 주요 고객층

매출 현황		주요 고객 분포					PICK TIME
예상 매출 순위	예상 매출 (일평균)	연령대별 분포			형태별 분포		
		20대	30대	40대 이상	일반	동호인	
C업체	350,000	50%	20%	30%		없음	18:00~20:00
검증업체	280,000	10%	80%	10%		없음	20:00~24:00
B업체	150,000	50%	40%	10%		없음	18:00~20:00
A업체	1,000,000	50%	40%	10%	60%	상주클럽	낮시간, 18:00~24:00
특이 사항	·A업체의 경우는 경쟁 분석의 매출 순위의 대상에서 제외한다. ·C업체, B업체와의 경우 우위 전략을 목표로 구성한다.						

4. 경쟁 당구장 기본 시설 현황 비교

예상 매출 순위	면적	당구대(수)				인테리어 형태	큐(cue) 종류	시설물 관리 수준
		대대	중대	국제(중)	포켓			
C업체	80평	4	3	0	0	일반형(中)	한밧	上
검증업체	55평	0	8	0	0	일반형(中)	한밧	中
B업체	70평	0	8	0	1	카페형(中)	한밧	中
A업체	120평	4	10	0	1	일반형(中)	한밧	中

5. 인력 구성 및 서비스 비교

	접객 수준	인력 형태					특이 사항
		매니저	여직원	남직원	PRO	기타	
C업체	上	0	2	0	없음		여직원 HELPER
검증업체	中	0	0	0	없음		
B업체	上	0	0	0	없음		
A업체	上	1	2	1	상주		여직원 HELPER, 당구강습

6. 경쟁업체별 시설물 및 서비스의 특이 사항	
A업체	·인테리어 평이한 형태이나 대형 규모에 맞게 매우 안정적임 ·대대전용 용품들의 비치가 매우 특이함(개인 용품의 상시 제공) ·중대의 경우 C지(바닥)+특지(쿠션)로 구성되어 있음
B업체	·카페형의 화려한 인테리어 구성 A업체에 비하여 다소 산만함 ·바(bar)의 활용이 적극적이지 못함
C업체	·큐관리와 당구대 관리가 매우 좋음(당구대에 반점이 거의 없음, 큐는 항시 깨끗함) ·서비스용 음료의 컵이 매우 독특하고 큼(차의 종류별로 컵이 다르게 제공됨) ·외산(가브리엘과 샘) 대대의 구성, 대대의 경쟁력이 압도적임

4. 창업의 방법 결정(체인점, 독립 창업, 컨설팅 창업)

창업의 방법은 체인점 창업, 독립 창업, 컨설팅 창업으로 나누어 볼 수 있습니다. 이 분류는 창업 과정에서의 '역할' 구분으로 정의됩니다. 즉, 창업자와 체인점 본사, 창업자와 컨설턴트의 주된 역할과 책임의 구분으로 창업의 형태를 정의합니다.

간단하게 각각의 창업 방법과 장단점을 설명하면 다음과 같습니다.

첫째, 독립 창업은 창업자가 모든 것을 스스로 결정하고 실행하는 창업의 방법입니다.

창업자 스스로 점포를 알아보고, 인테리어 업체를 선택하고, 당구대 및 당구장 관련 용품을 구매하고, 장사의 방법을 구상하고 실행하는 모든 과정을 창업자가 실행하는 일반적인 방법입니다. 요식업, PC방, 스크린골프, 커피숍 등의 타 업종에 비하여 압도적인 창업의 방법입니다. 이는 현실적으로 당구업계에 전문화된 체인점이 없고, 실력과 전문성을 갖춘 전문가가 드물다는 의미이기도 합니다. 〈표 9〉에서 보듯이 독립 창업의 경우 의사결정과 정보의 취득 과정에 매우 큰 혼선을 빚을 수 있으며 창업

〈표 9〉 독립 창업과 체인점 창업의 비교

항목	체인점	독립 점포
상권 분석 및 점포 판단	본사 추천 및 개발 또는 창업자 수행	창업자 직접 수행
인테리어 패턴	본사의 정해진 패턴 수용	재료상 추천 또는 샘플링 후 작업 요청
인테리어 설계 및 시공	본사의 매뉴얼에 의한 설계 및 시공	설계 과정을 대부분 창업자 생략
영업·시설 전략의 구성	본사의 매뉴얼	전략적 접근 생략 또는 부분 수행
간판의 통일성(브랜드)	본사의 매뉴얼	없음
영업 방식의 통일성 또는 전략적 선택	본사의 매뉴얼	없음
전사적 마케팅을 통한 홍보 지원	없음	없음
브랜드 파워의 활용	없음	없음
운영 매뉴얼	없음	없음
운영과 마케팅 차원에서의 사후 지원시스템	없음	없음
직원교육 매뉴얼 및 관리시스템	없음	없음
정기적 비정기적 위기 관리 시스템	없음	없음

* 위에서 나열된 항목들은 일반적으로 체인점 본사가 갖추어야 할 창업자의 요구 사항이며 본사의 필수 역량일 것입니다. 그러나 현실적으로 당구업계의 체인점과 독립점의 차이점은 '의사결정의 주체가 체인 본사에 있느냐? 창업자에 있느냐?'의 차이에 따른 창업 절차의 과정에 있다고 해도 무방합니다. 현재 시점에서 당구장 창업의 경우 인테리어 패턴을 동일하게 구성하는 것 이외에 다른 차이점이 없다는 것이 안타까운 당구장 체인점의 현실입니다.

기간이 길다는 큰 단점이 있습니다. 결국 이러한 단점의 극복을 위해서는 창업자 스스로가 많이 알아보고 공부하는 시간의 투자가 필수적입니다. 필자가 자주 하는 이야기가 있습니다. '생각의 양과 생각의 깊이가 실력 차이다!'라는 말입니다. 하나의 업종에 또는 목표를 세우고 그것을 성공적을 실현하기 위한 '양'이 클수록 '질'이 향상되고 정제되는 것은 당연할

우리 당구장이라도 해 볼까?

것입니다. 곧 이러한 노력의 과정은 실력으로 입증될 것이 분명합니다. '성공적인 당구장 창업'이라는 우리의 목표를 이루기 위해서는 창업자 스스로가 당구장 장사에 대하여, 당구대에 대하여, 당구장 인테리어의 구조에 대하여, 당구장 입지 조건에 대하여 각각의 분야별로 많이 생각하고 많이 공부하길 당부드립니다.

창업의 과정 속 여러 가지 의사결정의 순간순간에 창업 과정의 시기별로 많은 고민이 찾아옵니다. 창업자는 독립 점포의 창업 과정에서 (a)자리를 알아보는 단계 → (b)인테리어를 생각하고 선택하는 단계 → (c)당구대 및 재료를 선택해야 하는 단계를 거치게 됩니다. 각 단계에서 창업자는 발생되는 궁금증의 해소와 선택을 위하여 유명 당구선수를 찾기도 하고, 당구재료상을 찾기도 하고, 당구매매상을 찾아 상담을 받기도 합니다. 목타는 애절한 심정으로 찾아온 창업자에게 진심을 담긴 조언과 상담을 해 주시는 분도 있지만, '당구대와 인테리어의 판매'에 집중된 모습에 창업자는 큰 실망을 하기도 합니다. 정말 창업 초기에 창업자가 필요한 단계별 고민을 말끔히 해소하기엔 무언가 개운치 않음을 느끼기도 합니다.

또 하나의 방법으로 창업자는 인터넷에 올라온 지식인 답변을 뒤지기도 하며 유명 블로그의 정보들을 취합하여 정보를 취득하기도 합니다. 그러나 이 또한 대부분이 단편적인 정보에 불과한 것들이기에 '그렇구나' 하는 정도의 만족도만 있을 뿐, 실상 창업자인 '나'의 궁금증과 고민을 말끔히 해소하기엔 부족함을 느낄 수밖에 없습니다.

이러한 원인은 그 누구의 잘못도 아니고 방법이 잘못된 것도 아닙니다. 우리가 당구장 창업을 바라보는 시각이 '당구장의 특수성'에 집중되어 있기 때문입니다. '무언가 특별한 것이 있을 거야!'라는 그 생각이 창업자의 머리와 가슴을 혼돈으로 빠뜨리고 잘못된 결정을 하게 되는 가장 큰 원인입니다. 단언컨대 그런 것은 없습니다.

자! 그럼 간단하게 생각해 보죠.

당구대와 당구 큐, 당구재료는 우리가 고객에게 제공하는 주요 장비입니다. 즉, 고객에게 수익 발생을 제공하는 주(主)서비스 제화가 됩니다. 당구장은 당구대 사용료를 받아서 돈을 버는(수익을 발생시키는) 업종입니다. 인테리어를 비롯한 부가 편의시설은 당구대를 사용하게끔 유도하는 부가장치로 이해하면 됩니다. 우리가 이 부분에서 어려워하고 혼선을 빚는 가장 큰 원인이 당구장을 '장사'의 개념으로 접근하지 못하기 때문입니다. '제화', 즉 당구대 시설은 손님이 좋아하는 제품을 선택하여 제공하는 '상품'입니다. 인테리어 및 부가 편의시설은 우리의 '상품'을 이용하는 고객에게 이용을 독려하는 '장사의 방법'이 됩니다. 우리가 집중해야 할 것은 바로 '장사의 방법'입니다. 내가 설정한 장사의 방법에 가장 잘 부합하는 적합한 시설과 구성, 그리고 그것을 운영하는 '나'의 설정으로 충분합니다.

둘째, 체인점 창업은 체인 본사의 주도하에 점포의 선정부터 개업을 위한 준비 과정과 개업 후의 영업 과정까지를 진행하게 되며 체인 본사의 브랜드네임을 사용하여 운영하게 되는 창업의 과정입니다.

현재 국내에는 4~5개의 체인점 브랜드가 존재합니다.

창업자가 주의해야 할 것은 우리가 생각하는 편의점, 커피 전문점 등과 같이 점포 개발에서부터 시설, 운영, 홍보, 사후 지원까지를 본사가 적극 개입하는 체인점의 형태가 아니라는 것입니다. 현재 당구장 체인점의 경우는 점포 개발과 시설까지의 과정으로 이해해야 합니다. 이러한 현실은 체인 본사가 가맹점을 운영·지원하면서 발생되어야 하는 수익 기반이 열악하기 때문에 발생되는 현상으로 이해해야 합니다. 때문에 당구업계의 체인점은 '운영 체인'이 아닌 '개설 체인'의 형태로 판단하고 본사의 역할을 창업 과정에서의 점포 개발, 인테리어, 당구장 시설, 기본 교육의 과정을 수행하는 One-Stop Service에 국한된 역할로 이해하고 선택하는 것이 바람직합니다.

필자는 당구업계에 '실제적인 당구장 체인점은 없다'라는 것이 견해입니다. 실제 우리가 체인 본사에 거는 기대는 안정된 장사의 노하우 전수, 검증된 인테리어와 시설, 안정된 운영 지원이 가장 클 것입니다. 우리는 이러한 안정된 장사의 기반을 제공받는 조건으로 또는 기대로 독립 창업에 비하여 고비용이 소요되더라도 체인점 창업을 선택하게 됩니다. 특히 '안정된 운영 지원'은 초보 창업자일수록 가장 큰 선택의 요인이 됩니다. 장사를 하는 과정에서 발생되는 당구대 관리, 큐 관리 등의 기능적 어려움의 해소에서부터 경쟁 당구장의 신규 개설에 대한 대책의 강구와 실행까지, 운영 과정에서 발생되는 많은 것들을 체인 본사와 함께 의논하고 대처하는 일련의 과정을 함께할 수 있을 것이라는 기대감이 체인점 창업을 선택하는 가장 큰 요인이 됩니다. 그러나 안타깝게도 당구업계에는 아직 이를 해소할 만한 역량을 갖추고 실행을 유지하는 곳이 없습니다.

〈표 10〉 당구장 체인점 본사의 현실

창업자가 체인점 본사에 거는 기대	현실
자본력 있는 튼튼한 본사	영세한 당구업계
전사적 마케팅의 지속적 지원	마케팅 능력의 부족(자금, 인력)
검증된 독창적인 운영시스템	사후 관리시스템 불투명
안정적·지속적 가맹점 지원 및 관리	본사의 투자 의지 부족
강력한 브랜드 가치	

* 당구장의 이름과 인테리어 패턴이 유사한 당구장일 뿐!
  창업자가 기대하는 체인점의 역할과는 거리가 있는 당구업계의 현실!

　이러한 당구장 체인점의 상황을 이해하고 당구장 창업을 하는 우리는 타업종과는 다른 기준에서 접근해야 합니다. 당구장 체인점 창업은 '하나의 검증된 영업 방법과 그에 적합한 인테리어'의 복제로 이해하면 되는데, '본사의 운영 방식을 얼마만큼 잘 이해하고 실행할 수 있는가'와 '본사의 패턴에 맞는 상권과 입지의 선택'이 성공의 핵심이 됩니다. 다시 말하면, 체인 본사의 하나의 성공적인 모델은 특정된 상권과 입지 조건에서의 장사의 방법, 당구장 시설의 수준과 구조, 운영자의 역량이 최적화되었다는 의미입니다. 이러한 체인 본사의 특정된 모델이 모든 창업자에게 공통적으로 적용되기란 불가능합니다. 창업자는 체인 본사의 모델과의 적합도를 반드시 점검한 선택이 되어야 합니다. 아무리 검증된 좋은 당구장 체인점 모델이라 할지라도 '내가' 할 수 없는 영업 방법과 시설 투자 내용의 본사라면 결국 '나와는 맞지 않는 체인점'입니다. 간혹 자금의 상황으로 인하여 '구조를 조금 변경해서' 또는 '조금 수준을 낮추어서' 개설을 해도 같은 효과가 있지 않을까 하는 의견도 있지만, 필자의 판단은 좀 다릅니다. 왜냐하면 우리가 장사를 하면서 구성하는 인테리어와 당구대 이외의 작은 소품들 하나하나까지도 실제로는 많은 영업 전략적인 디테일에 속하는 것들이 됩니다. 자금과 운영자의 역량이 체인 본사의 기준에 미치지 못하는 상황에서 이를 창업자의 자금 상황에 맞게 변경하는 것은 결국 체인 본사의 독창적인 운영 방식과 노하우를 포기하는 것과 같다는 생각입니다. 물론 '영업력 강화를 위한 개선'의 의미라면 체인 본사와의 협의를 통하여 무엇이든 시도하는 것이 타당하겠지만, 단순히 창업자의 자금 상황에 따른 변경은 아무런 의미가 없습니다.

⟨표 11⟩ 체인점 창업과 컨설팅 창업의 차이점

항목	체인점	컨설팅 창업
상권 분석 및 점포 판단	본사 추천 및 개발 또는 창업자 수행	컨설턴트의 판단 및 분석 또는 창업자
인테리어 패턴	본사의 정해진 패턴 수용	개별 매장에 대한 최적화 패턴 적용
인테리어 설계 및 시공	본사의 매뉴얼에 의한 설계 및 시공	개별 매장에 대한 설계 및 시공
영업·시설 전략의 구성	본사의 매뉴얼	개별 매장에 대한 전략 구상 및 실행
간판의 통일성(브랜드)	본사의 매뉴얼	없음
영업 방식의 통일성 또는 전략적 선택	본사의 매뉴얼	검증된 영업 방식 중 선택
전사적 마케팅을 통한 홍보 지원	있음	개별적 전략의 구성 및 실행
운영 매뉴얼	있음(통일된 매뉴얼)	있음(개별 매장 구성)
브랜드 파워의 활용	있음	없음
운영과 마케팅 차원에서의 사후 지원시스템	있음	없음
직원교육 매뉴얼 및 관리시스템	있음	없음
정기적 비정기적 위기 관리 시스템	있음	없음

* 체인점 창업과 컨설팅 창업의 가장 큰 차이점은 '체인 본사의 영업 방법에 의하여 전체 매장을 통일화하여 운영하느냐?' 아니면 '개별 매장에 적합한 독립적인 방식을 채택하여 운영하느냐?'의 차이입니다.

셋째, 컨설팅 창업은 체인점 창업과 유사한 방식의 창업 과정의 진행이며, 체인점 창업과의 차이는 브랜드네임을 사용하지 않고 독립적인 점포의 이름을 갖고 운영한다는 것과 체인점과 같이 정해진 창업 방법과 운영 방식에 국한되지 않은 유연성을 가지고 있다는 것입니다. 즉, 체인점 창업이 체인 본사의 운영 모델을 창업자가 받아들이는 방식이라면, 컨설팅 창업은 창업자의 현황(자금, 역량 등)에 맞는 적합한 운영 모델을 찾는 방식이라고 정의할 수 있습니다. 창업자에게 알맞은 운영 모델을 찾고 접목하는 과정에서 체인점 모델이 대상이 될 수도 있고, 독립 점포의 성공적인 모델이 대상이 될 수도 있고, 타 업종의 성공적인 사례의 접목이 될 수도 있습니다. 그리고 컨설턴트 개인의 당구장 영업 방식이 될 수도 있습니다.

우리가 컨설팅 창업 방법에서 가장 주의할 것은 '컨설턴트의 역량'입니다. 즉, 검증된 실력을 갖춘 컨설턴트인가? 도덕적으로도 신뢰할 수 있는가? 하는 것입니다. 창업 과정의 모든 것을 컨설턴트와 의논과 협의하여 진행하는 방법이기에 때로는 담당컨설턴트에게 진행 과정중 선택의 순간순간 심적 어려움을 많이 의존하게 되는 특성이 있습니다. 때문에 컨설턴트에 대한 창업자의 '신뢰' 또한 매우 중요한 요건이 됩니다. 현업에 종사하는 필자에 대한 객관적인 평가는 알지 못합니다. 충실할 뿐입니다. 당구업계는 타 업종에 비하여 모든 것이 열악하고 기반이 약한 것이 현실입니다. 컨설팅업을 하는 회사나 개인 역시도 그 열악함에서 크게 벗어나지 못하고 있는 것이 사실입니다. 그 기반을 강화하고 안정감 있는 서비스를 창업자에게 제공하기 위한 꾸준한 연구활동과 기반의 강화는 분명 필자와 같은 사람들의 사명이 되어야 할 것입니다.

다시 본론으로 돌아와서, 우리가 당구장 창업 컨설턴트의 범주를 어디까지 인정해야 하는지와 역할은 무엇인지에 대하여 논의할 필요가 있습니다. 그리고 정의된 범주 내 컨설턴트들의 현재의 실제적인 역할에 대하여 짚어보도록 하겠습니다.

당구장 창업 컨설턴트 역할을 하는 이들 중에는 창업컨설팅 전문업체 이외에 당구선수, 당구재료상, 매매상, 당구장주인이 있습니다. 이들 부류를 필자가 당구장 창업 컨설턴트로 범주 내에 들여 놓은 이유는 첫째, 실제 많은 창업자들이 이들의 조언을 통하여 창업을 하고 있으며, 둘째, 이들 역시 다년간의 경험을 통하여 자신만의 운영·시설의 노하우를 갖고 있기 때문이며, 셋째, 그들이 갖고 있는 경험과 노하우 역시도 창업자에겐 소중한 자료가 되기 때문입니다.

다만, 이들이 갖고 있는경험이 정형화되어 체계적으로고객에게 제공되지 못한다는 약점이 있지만 창업자에게 '조력자'의 역할은 충분하다 생각하기 때문입니다. 이들의 실력을 검증하는 것은 어디까지나 창업자의 몫입니다.

우리가 지금까지 분류한 창업의 방법 중에 한 가지 방법을 선택하여 최

〈표 12〉 당구장 창업과 관련된 컨설팅서비스 제공업체의 분류

당구선수	당구선수로 활동하면서 당구장 창업에 관여하는 형태의 개인 컨설턴트
당구재료상	지역 기반의 당구용품 판매 및 온라인 쇼핑몰을 운영하면서 부분적인 컨설팅서비스를 제공
당구장 매매상	당구장 매매를 전문으로 하는 업체로 주로 인수 컨설팅서비스를 중심으로 서비스 제공
포털창업 컨설팅업체	다양한 업종의 신규 창업과 인수 컨설팅서비스를 제공(당구장의 전문성 결여)
당구장 전문 컨설팅업체	당구장을 전문으로 신규 창업과 인수 컨설팅서비스 제공

종적으로 당구장을 개업을 하게 됩니다. 창업의 과정 중에 첫 번째 선택이 됩니다. 무엇이 되든 첫 선택에 대한 믿음과 신뢰로 창업 과정 전체를 진행한다면 반드시 좋은 결과가 있을 것이라 생각합니다. 체인점 창업을 결정하였다면 체인 본사를, 컨설팅 창업을 결정하였다면 담당 컨설턴트를, 독립 창업이라면 스스로를 굳게 신뢰하는 것이 창업 과정의 많은 심적 어려움을 극복하게 하는 원동력이 될 것입니다.

"그렇다면 어떤 방법의 창업이 가장 좋을까요?"

라는 질문을 던지는 독자가 있을 것이라 생각합니다. 필자의 개인적인 견해로는 '체인점 창업'이 향후 발전된 미래에는 매우 유리하다고 생각합니다. 편의점, 커피전문점, PC방 등의 타 업종의 사례를 보더라도 산업이 성숙하고 경쟁이 치열해질수록 체인 본사의 불합리한 가맹 조건을 감수하더라도 체인점의 영업력과 지역의 지배력에 대한 효과는 무시할 수 없는 강점이라 할 수 있습니다. 다만 현재의 당구장 창업업계의 현실로 볼 때 선택할 만한 시스템을 갖춘 브랜드가 없기에 선택을 당구장 창업자에게 현 당구업계 내의 체인점 시스템을 적극적으로 추천할 수는 없지만 언젠가 '체계화된 시스템과 운영 지원 프로그램, 마케팅 파워'가 갖추어진 브랜드가 등장한다면 추천할만 합니다. 결국 현재의 당구업계 현실에서는 창업자가 선택할 수 있는 방법은 독립 창업과 컨설팅 창업 두 가지 중에 한 가지가 될 것입니다.

〈표 13〉은 선택된 창업의 방법에 따른 창업 과정에서의 주요 역할을 각자 역할을 나열하였습니다. 기본적으로 독립 점포의 개설은 창업의 모든 과정을 창업자 스스로 고민하고 결정해야 하는 과정이 됩니다.

우리 당구장이라도 해 볼까?

〈표 13〉 창업 방법에 따른 창업 과정에서의 역할의 구분

단계	누가		어디서	주요 내용
	독립점창업	컨설팅창업		
진단 및 상담	함께	함께	ABBI연구소	창업자 기본상담: 창업자금, 환경, 적성 등의 전반적인 상담이 진행됩니다.
				희망지역, 창업시기, 일정 등의 세부 내용을 협의합니다.
창업계획(안) 제출	ABBI	ABBI	이메일 또는 홈페이지 게시판에 등록	고객님의 창업예산설계서와 진행 일정에 관한 전반적인 창업계획서(안)를 제출합니다.
입지개발	창업자	ABBI	후보지역의 부동산 컨설팅업체 활용 및 자체조사	넓은 범위에서의 창업 후보지역을 설정합니다.
				후보지역의 임대건물 기본정보 (임대조건, 면적, 당구대 가능설치 규모 등) 수집
				후보 건물에 대한 상권/입지분석
	창업자	ABBI	건축물관리대장 확인	건축물용도 확인
			건축사사무소 위임 및 관할구청, 소방서	건축물 용도변경 (2종근린 또는 운동장시설으로의 용도변경)
			관할구청	정화구역 확인 및 해지신청
성공모델 수립	창업자	함께	이메일 또는 홈페이지 게시판에 등록	지역의 분석을 통하여 목표고객을 설정합니다.
			ABBI연구소에서 고객님께 직접	투자대비 수익성 분석, 단계별 예상 수익현황 예측
			프리젠테이션을 합니다	성공모델(안) 작성
입점지 확정	창업자	함께	ABBI연구소	후보지별로 작성된 자료를 토대로 (2~3곳의 후보지 설정) 최종적인 결정을 하게됩니다.
				* 당구대 구입 확정시 독립점 창업자 분들에게도 입점지 결정 전에 사전의견서를 제공해드립니다.

임대차계약	창업자	함께	부동산사무소	임대차 계약서 작성 정화구역 해지 이전 계약시 "원인무효에 따른 계약소멸"의 조항을 명시합니다.
			* ABBI연구소로 내방하시면 계약에 따른 주의사항 및 점검 사항을 상세히 무료상담받으실 수 있습니다.	
레이아웃설계	ABBI	ABBI	설계팀에서 제작된 레이아웃 도면을 홈페이지 '배치도설계'란에 게재	입점후보지의 실측자료와 창업자의 당구장시설 구성에 적합한 당구대 및 기타시설물의 레이아웃 설계를 제공합니다.
실내인테리어 설계 및 시공	창업자	함께	유선 또는 내방상담	창업자와의 상담자료를 토대로 인테리어 컨셉과 예산을 설정합니다.
	외주업체	ABBI	현장	현장방문 및 현장실측을 통한 기본설계
	외주업체	ABBI	ABBI연구소 또는 현장	인테리어 설계도서 및 견적서 제출
	외주업체	ABBI	ABBI연구소 또는 현장	인테리어 설계도서 2차(안) 제출 및 세부협의
	외주업체	ABBI	ABBI연구소 또는 현장	시공계약
당구대 및 비품 의 결정	창업자	ABBI	ABBI연구소 또는 현장	수립된 성공모델(안)에 따른 당구대, 비품의 구성에 알맞게 선택
상호 및 로고 결정	창업자	ABBI	디자인회사 또는 간판제작 업체 의뢰	상호와 로고를 디자인 한다.
전단지 및 홍보 물 제작	창업자	ABBI	디자인회사 또는 간판제작 업체 의뢰	전단지 및 홍보물 제작(디자인에 따라서 인테리어 완료 후 제작하기도함)
간판 및 내외 싸인물 제작업 체 결정	창업자	ABBI	디자인회사 또는 간판제작 업체 의뢰	로고와 홍보물 디자인을 근거로 견적산출 및 계약
간판 및 내외 싸인물 설치	창업자	ABBI	관할구청 (간판제작사 대행)	지역에 따라서 간판의 형태와 크기 등에 대한 인허가 사항 완료 후 간판설치
인테리어 공사시작	외주업체	ABBI	현장	설계도서에 기준하여 공사 실행
당구대 설치	외주업체	ABBI	현장	당구대와 당구관련 비품들을 설치, 셋팅합니다.

창업자 실무교육	x	ABBI	현장	ABBI연구소의 정해진 일정에 맞추어 교육과정을 이수하게 됩니다. (일정표는 별도로 제공됩니다)
오픈	x	ABBI	개점 당구장	개업준비가 끝나면 빌팟직원이 파견되어 개업행사를 돕게 됩니다. 장사를 처음하다보면 누구나 어설프고 당황하기 때문에 실수를 최소화하고, 개업준비에 미진한 것들을 보완하고 수정하는 의미에서 빌팟의 메니져가 파견되어 여러가지 것들을 점검하고 보조하게 됩니다.
사후관리	x	ABBI	개점 당구장	3개월간의 사후관리 과정을 통하여 당구대 관리 및 큐관리, 매장관리 전반에 걸친 업무지원을 수행합니다. 몇시간 또는 몇일의 교육으로 해결되지 않는 장사의 많은 부분을 함께 의논하는 과정입니다.

* 상기의 내용은 당구장컨설팅 전문업체 ABBI연구소의 컨설팅업무 진행사례를 예시로 하였으며, 컨설팅 업체마다 업무의 범위 및 역할분담의 차이는 있을 수 있습니다.

5. 창업하고자 하는 상권과 지역의 결정

'어디에 당구장을 할 것인가?'는 창업자의 최대 이슈가 되는 부분입니다. 흔히 '장사는 자리가 좋아야 한다'라는 이야기를 많이 합니다만 '당구장 자리'를 찾기 전에 대상 지역과 상권을 결정하는 것이 우선입니다. '당구장 자리'의 개념은 상권 내에서의 세부적인 위치 결정의 개념으로 이해해야 합니다.

당구장을 할 상권은 크게 집중 상권, 위성 상권, 단일 상권 세 가지 형태로 구분하며 〈표 14〉에서 보는 바와 같이 세분화하여 정의할 수 있습니다. 각각의 상권마다 당구장 장사의 방법이 각각 다르게 되는데 이는

〈표 14〉 상권의 형태적 분류 기준

집중 상권	위성 상권		단일 상권	
독립형	독립형	주거단지	독립형	사무단지 소비 상권
		사무단지		주거단지 소비 상권
	역세권형	주거단지		
역세권형		사무단지	중첩형	집중 상권+주거단지
	중첩형	집중 상권+주거단지		집중 상권+사무단지
		집중 상권+사무단지		

〈표 15〉 당구장 이용 고객의 형태적 구분

	성별	연령	직종	위치	이동 방법
형태적 구분	남자	10~20대	학생	인접(隣接)	도보 이동
	여자	30~40대	공장근로자	인근(1~2km)	버스
		50대 이상	사무직	원거리(區)	지하철
			주민	원거리(市)	자가용

〈표 15〉에서와 같이 상권을 이용하는 대상 고객을 분류하여 보면 그 상권마다의 특성을 이해할 수 있습니다.

우리가 창업 초기에 결정해야 할 것은, 장사의 방법이 각기 다른 상권의 특성을 이해하고 '어떤 상권에서 장사를 할 것인가'에 대한 결정과 상권을 포함하고 있는 하나의 지역을 선택하는 것입니다. 왜냐하면, 각각의 지역마다 분류된 상권의 형태를 모두 갖추고 있으며, 지역의 특성에 따라서 상권을 이용하는 고객의 형태와 상권 이용 방법에 지배적인 형태가 존재하며, 그 특성에 따라서 당구장 장사의 방법도 변화되어야 하기 때문입니다. 예를 들어 구로동에 있는 공장지대에 집중 상권과 위성 상권과 단일 상권이 있다고 가정해 보죠. 지하철역을 중심으로 한 위성 상권에는 주변의 APT단지의 거주민보다는 인근의 공장지대에서 근무하는 사무직과 현장 근로자를 중심으로 상권을 이용하는 빈도가 높을 것입니다. 즉, 퇴근길을 중심으로 상권 내 회식 업종의 구성이 주를 이룰 것입니다. 반면 2호선 신대방 역의 위성 상권을 보면, 인근의 주거지로 진입하는 거점으로서의 상권 역할을 하게 되므로 '주거지 소비 상권' 특성을 갖는 업종이 주류를 이루게 됩니다. 이처럼 지역의 특성에 따라서 같은 분류의 상권 형태라고 하더라도 상권을 이용하는 소비자의 형태에 따라서 상권의 특성이 차이를 보이게 되며 장사의 방법도 달라지게 됩니다. 때문에 우리가 설정한 장사 방법에 적합한 지역과 상권을 찾는 것이 우선되어야 하며, 때로는 우리가 정한 장사의 방법을 상권과 지역의 특성에 맞게 변경해야 합니다.

우리가 상권과 지역을 결정함에 있어서 그 첫 번째 순서는 '내가 사는 지역'을 우선하여 분석하는 것입니다. 즉, 〈표 14〉, 〈그림 4〉의 상권 분류를 기준으로 내가 사는 지역을 주변 또는 근무 지역을 중심으로 독립 상권을 우선 검토하고 → 해당 독립 상권과 연계된 위성 상권들을 검토하고 → 다시 이들을 통합하는 중심 상권을 검토해 볼 것을 권합니다.

다음으로 분류된 각각의 상권에서 '장사의 방법'을 대입해 본다면 '내가 할 수 있는 당구장'의 형태와 상권이 자연스럽게 나뉘어지게 될 것입니다. 만약, 이 첫 번째 시도로 명확하게 상권이 지정되지 않는다면 주변지역으로 확대하여 상권을 결정하시길 권장해 드립니다. 필자가 거주 지역을 중심으로 한 독립 상권을 우선 선정할 것을 권하는 이유는 '내가 가장 잘 아는 지역'이기에 그 분류가 타 지역에 비하여 상권에 대한 분석이 정확하게 되며, 이를 기본으로 타 지역으로 확대하여 분석을 시도한다면 그

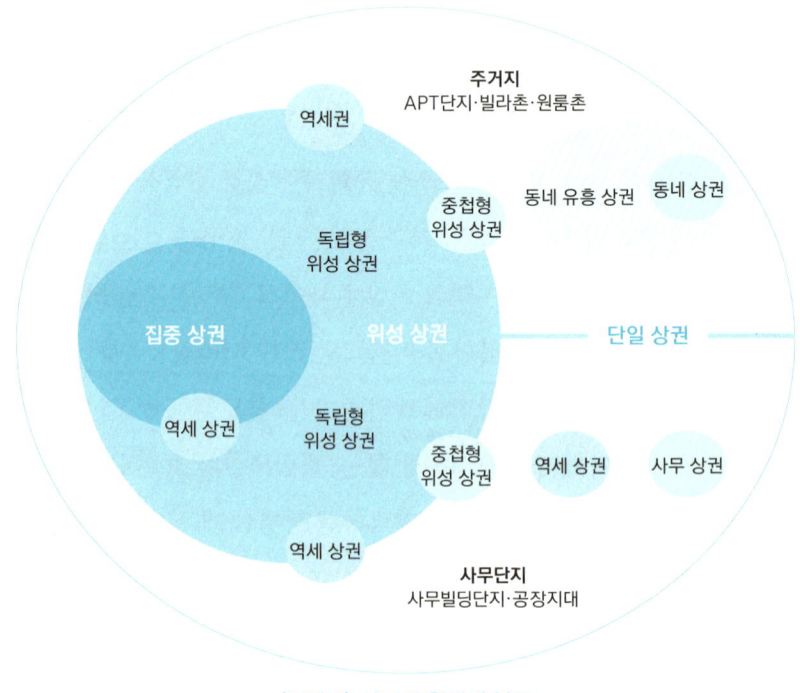

〈그림 4〉 상권의 형태적 분류

만큼 오류가 적어지게 되며 보는 시각 자체에 변화를 스스로 느끼게 될 것이기 때문입니다.

상권을 결정함에 있어서 두 번째 순서는, '내가 장사를 할 수 있는 형태의 상권인가?'의 판단입니다. 아무리 좋은 상권이라고 하더라도 내가 생각하는 장사의 방법과 맞지 않는 상권 또는 점주인 내가 운영하기에 어려운 환경이라면 포기하는 것이 맞습니다. 예를 들어, 30~40대 성인 직장인을 상대로 하는 장사의 방법을 구성한 내가, 10~20대가 주류를 이루는 신림역 또는 노원역의 집중 상권에서는 타깃 고객이 달라지게 됩니다. 이러한 곳은 유동인구도 많고 소비도 활발하지만 내가 선택한 영업 방법과는 전혀 다른 패턴의 '장사의 방법'이 적용되어야 합니다. 이러한 경우라

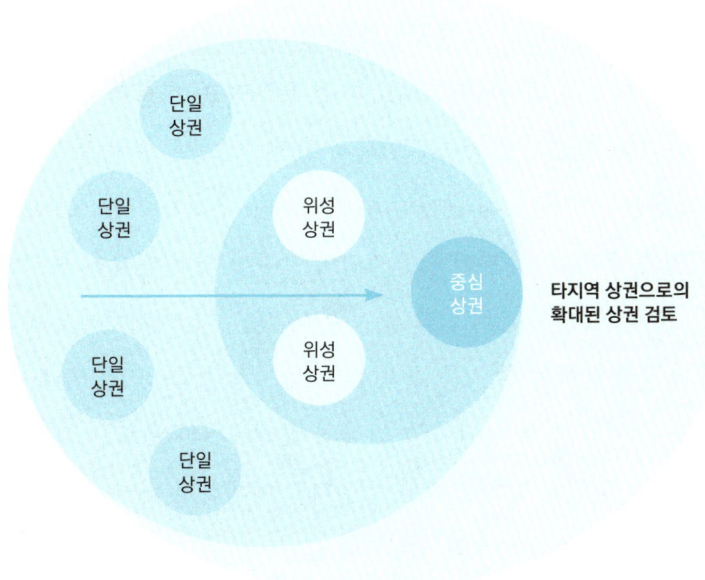

〈그림 5〉 상권의 검토 순서

면 장사의 방법을 변경하거나 포기하는 것이 맞겠지요. 다시 세부적으로 보면, 변경된 장사의 방법을 예측해 보죠. 30~40대 직장인을 대상으로 생각하는 영업 형태와는 달리 우리가 상상할 수 있는 상황은 '8시 이후의 피크 타임, 새벽 장사, 주말 장사, 20대 남녀 아이들, 술 먹은 손님' 등을 상상해야 합니다. 과연 '내가' 이러한 고객의 특성에 맞춘 당구장 구성을 하고 원활하게 운영할 수 있을지를 판단해야 합니다.

상권을 결정함에 있어서 세 번째 순서는 창업 자금과 운영 자금입니다. 아무리 좋은 상권이라고 하더라도 가용할 수 있는 '임대 보증금'과 '임대료'의 수준을 넘어선다면 불가능하겠죠. 상권마다 적정선의 임대 조건의 수준이 결정되어 있기에 상권 내 어느 위치이건 큰 차이는 없습니다. 문제는 간혹 임대보증금의 추가 투자로 인하여 상권 내에서의 적절한 기준을 벗어나 '시설의 수준'을 변경하는 것에 있습니다. 자칫 경쟁력에 막대한 지장을 초래할 수 있습니다. 앞에서도 언급했듯이 장사를 함에 있어서 상권마다의 최적화된 방법이 있고, 유효한 수준이 있고, 적합한 접객의 방법 등이 있습니다. 자금의 압박으로 인해서 정작 중요한 부분을 소홀하게 된다면 모든 것이 물거품으로 돌아갈 수 있습니다. 우리가 이번 기회에 가정된 하나의 상권에서 1등부터 꼴등까지의 당구장 영업 현황을 분석해 본다면 필자의 우려를 충분히 짐작할 수 있을 것입니다. 여기에서 필자의 설명을 오해하지 말아야 할 것은 '돈이 많이 들어간 고급스러운 인테리어야 한다'라는 의미가 절대 아닙니다. 각각의 상권에서의 유효한 적절한 '수준'과 '장사의 방법에 필요한 시설'이 있다고 이해하면 되며, 이런 것들을 포기하지 말아야 함을 역설한 것입니다.

지금까지 우리는 당구장을 하게 될 상권과 지역에 대한 이야기를 간략

우리 당구장이라도 해 볼까?

하게 하였습니다. 지금쯤 '그럼 자리는 어떻게 찾아야 하죠?, 어떤 자리가 좋은 자리인가요?'라는 의문이 들 것입니다. 이 부분은 [2부 당구장 자리 찾기]에서 조금 더 구체적으로 이야기할 것이며, 심도 있는 전문가 수준의 '당구장 자리 찾기' 방법은 2015년 발간된 필자의 [초보 창업자의 당구장 자리 찾기 방법론]을 공부한다면 큰 도움이 될 것입니다.

6. 창업 자금의 규모 설정

과연 당구장을 창업하는 데 '얼마가 들고', 안정기까지의 초기 운영을 위해 '얼마의 예비비가 필요할까?'

일반적으로 '당구장 창업비용이 얼마나 들까요?'라고 당구 재료상과 인테리어 업체에 견적을 요청하면, 당구대와 당구 재료에 소요되는 비용과 인테리어 비용은 평당 얼마, 이런 식의 견적을 받게 됩니다. 보통 이 견적과 내가 알아본 건물의 임대보증금을 당구장 창업에 소요되는 자금의 총 규모로 생각하게 됩니다. 그러나 여기에는 큰 오류가 있습니다. 실제 창업자가 "70평에 인테리어를 하는데 얼마가 들죠?"와 "평당 30만 원이 소요됩니다" 하는 답변 사이에는 서로 다른 기준이 적용됩니다. 〈표 16〉에서 보듯이 창업자와 업체와의 생각과 기준의 차이는 매우 다릅니다.

<표 16> 인테리어 업체와 창업자의 기본 구성의 차이

공사의 범위	창업자	인테리어 업체	필자 의견
목공사	○	○	기본 구성
전기 공사	○	○	기본 구성
수도설비	○	○	기본 구성
실내 화장실 공사	△	×	협의 사항
바닥 공사(카체트 또는 데코타일)	○	○	기본 구성
마감재 공사(타일, 필름, 도배, 칠 등)	○	○	기본 구성
주방 및 세면장 설비	○	○	기본 구성
냉난방기기	△	×	협의 사항
냉난방기기 설치를 위한 기본 전기시설	△	△	협의 사항
환기시설(Duct system)	○	×	전문업체 별도 계약 필요
소방시설(스프링쿨러)	○	×	전문업체 별도 계약 필요
간판	△	×	전문업체 별도 계약 필요
디스플레이	○	×	협의 사항
당구대 및 관련 비품	×	×	전문업체 별도 계약 필요
의자 및 테이블 등의 비품	×	×	협의 사항

* 반드시 항목별 세부적인 견적을 받아 진행하는 것이 바람직하다.

이제 <표 16>을 통하여 당구장 인테리어 예산에 대한 내용을 확실히 아셨을 것이라 생각합니다. 당구대 및 당구재료의 예산도 이와 다르지 않습니다. 인테리어와 당구대 및 당구재료의 견적을 정확히 받는 방법은 2부에서 별도로 설명하기로 하겠습니다.

당구장 창업을 하는 데 필요한 대표적인 예산의 항목은 <표 6>(p. 36)과 같습니다. 제시된 예산에 '내 장사의 방법'에 필요한 시설물과 장비들을 꼼꼼히 기록하여 합산하면 실제 창업 예산이 도출이 됩니다. 참고로 <표 6>에서 제시된 창업 예산은 80평 규모에서 당구대 9~10대 사이 일반적인 예시입니다. 견적을 제공하는 업체와 시기에 따라서 다소 차이는 있음을 미리 밝혀둡니다.

우리가 당구장 창업에 필요한 예산을 꼼꼼하게 기록하고 점검해 보아야 하는 이유는 굳이 필자가 이야기하지 않아도 잘 알 것입니다. 어떤 사업이든 사업을 영위하는 데 필요한 자금 계획을 꼼꼼히 세워야 진행 과정에서의 여유를 가질 수 있으며 소요되는 비용에 대하여 사전 예측이 가능해야 창업 과정에 당황스런 일이 없습니다.

자! 그럼 우리가 〈표 6〉에서 빠트린 것이 무엇인지 한 번 생각해 보죠. 그렇습니다. 사업을 시작하는 단계에서 '예산'이란 홍보와 안정기까지의 운영비 항목이 예측되어야 합니다. 홍보를 위한 방법과 당구장 운영에 필요한 인력 구성에 따라서 최소한 안정기 3개월까지의 비용을 산정하여 창업 예산으로 편성하는 것이 바람직합니다.

이상으로 당구장 창업 실행 전에 생각하고 결정해야 하는 것들에 대하여 알아 보았습니다. 이 과정을 충실히 수행하여 본다면 분명 '당구장 창업에 대한 새로운 시각'이 생겼을 것입니다. 또한 약간의 마음속 '두려움'도, '할 수 있다'라는 '자신감'도 생겼을 것입니다. 그러나 분명한 것은 막연한 두려움과 근거 없는 자신감은 사라지고 '좀 더 세심하게 꼼꼼하게 생각하고 결정해야겠다'라는 마음이 들었을 것입니다.

자! 그럼 이제 2부에서부터는 본격적으로 누구의 도움 없이도 창업 과정을 알차게 진행할 수 있는 당구장 창업에 필요한 세부적인 것들에 대하여 알아 보도록 하겠습니다.

첫 출근하는 아침, 샤워를 하고 숨이 막힐 듯 넥타이를 조여 메고, 옅은 향수를 뿌리고, 고체왁스의 뻣뻣함으로 찰랑찰랑한 듯 곧게 세운 머리로, 만원 버스에 올라, 곧 새로 만날 동료와 나의 새 책상에 대한 기대감과 긴장감으로 첫 출근을 재촉합니다. 면접 때 기대 반, 두려움 반으로 타보았던 엘리베이터를 타고 낯선 사람들과 눈인사를 하는 숨막히는 시간을 견디고, 드디어 새로 입사한 몇 명의 동기들과 차가운 회의실 테이블에 마주합니다. 모두 같은 처지이기에 가벼운 눈인사 이외에는 경직된 눈빛으로 회의실 정면에 걸린 태극기와 사훈만을 주시합니다. 찐한 샤넬향을 풍기는 종종걸음의 누군가 다가와 "차 한 잔 드릴까요?"라고 말을 건네곤 뻣뻣한 종이컵에 믹스커피 한 잔을 건넵니다. 그리곤 사라집니다. 지금은 따듯한 커핀 한 잔을 준 그녀밖에 아는 사람이 없는데 말이죠. 샤넬의 잔향이 그리워집니다. 잠시 말이죠. 잠시 후 낯익은 부장님이 병아리 몰 듯 일하게 될 자리를 안내하고 팀원을 소개합니다. 그리곤 점심시간이 다 되어 가도록 누구도 말을 걸지 않습니다. 그저 '새로 온 사람이구나!' 하곤 자신의 주어진 업무에만 분주합니다. 그렇게 혼자만이 소속되지 못한 낯선 환경을 적응해 나갑니다. 한참의 시간이 지나고 모든 것이 익숙해지고 샤넬의 향이 더 이상 그립지 않을 만큼 익숙해진 어느 날, 옆 자리에 새로운 사람이 왔습니다. 그도 경직된 자세로 꼿꼿합니다. 누구도 그를 신경 쓰지 않습니다.

지금 당구장 창업을 준비하는 우리의 모습입니다. 주변에 사람은 많은데 정작 날 도와줄 사람이 없습니다. 내 편이 누군지도 모릅니다. 선뜻 누가 "잘 될 거야~"라고 격려의 빈말을 해 주는 이도 없습니다. "나 당구장 할 거야~"라고 이야기하면 "왠 당구장? 그렇게 할 게 없니?"라는 핀잔을 주기 일쑤입니다. 10년지기 친구도, 나와 가장 가까운 부인도 "꼭 당구장을 해야겠어?"라고 이야기합니다. 번듯한 직장에 다니던 네가 '그걸 할 수 있겠어? 좀 멋진 장사를 하면 안 되겠어?'라는 기운 빠지는 이야기들만 합니다. 당구장 운영해 봤던 지인을 만나면 그럽니다. "그거 힘들어, 돈 안 돼", 또는 "네가 밤새 가면서 1,000원짜리 장사할 수 있겠어?"라는 우려석인 이야기를 합니다. '어떻게 하면 잘할 수 있어!'라는 이야기를 해 주는 이가 좀처럼 없습니다. 지금 우리가 필요한 것은 '장사가 잘 되는 방법', '장사가 잘 되는 자리를 찾는 법', '장사가 잘 되게 만드는 법', 그런 이야기가 필요한 것이고 희망과 용기를 주는 그런 이야기들인데 말이죠. 이러한 주위의 현실에서 지금 창업자가 할 수 있는 것은 인터넷을 뒤지며 정보를 수집하고 "성공으로 보여주겠어!"라고 가슴으로 눈물을 흘리며 굳은 다짐하는 것뿐입니다. 흡사 신입사원의 다짐과도 같습니다. 그러나 다짐도 잠시 곧 막막합니다.

좋은 자리를 본 것 같은데 나 혼자만의 결정이 두렵습니다. 확신도 안 섭니다. 이제 자리도 정해졌는데 '인테리어 비용이 얼마가 들지?', '어떤 모양으로 만들어야 할지?', '당구장에 필요한 구조가 무엇인지?' 알 수가 없습니다. 인테리어 업체에 견적을 받아 보았는데 너무 비싸고, 당구 재료상에 견적을 내 보았는데 도면 한 장도 안 주고 싸게 해 줄 테니 계약을 하잡니다. 어떤 게 맞는지 혼돈스럽습니다. '당구대는 어떤 게 좋은 건지?', '대대는 놓아야 할지? 말아야 할지?' 등등. '누구는 이렇게 해야 한다', '누구는 저렇게 해야 한다' 말들이 많습니다. 혼돈스럽기만 하죠. 결국 다시 인터넷 지식인에 물어봐야 할까요?

"지금 당신 곁엔 누가 있습니까?"
"지금 이런 선택의 순간에 자신만의 기준을 갖고 조언을 해 줄 누군가가 있습니까?"

안타깝게도 믿을 만한, 능력 있는 조력자가 없습니다. 인터넷의 '지식인'이 어쩌면 유일한 내편이고 유일한 조력자일지도 모릅니다. 그 의견과 정보가 사실인지, 거짓인지, 과장인지 모르지만 말입니다. 많은 창업자가 홀로 생각하고 결정하는 과정에서 종종 잘못된 판단을 하게 됩니다.

만약, 창업 과정에서 선택의 순간 나름의 기준을 가지고 조언할 수 있는 누군가가 있다면, 분명 더 신중하고 정확한 선택과 결정이 됐을 것입니다. 당구업계에는 분야별 전문가가 많습니다. 필자와 같이 컨설팅을 업으로 하는 사람도 있고, 몇 십 년 동안 당구 재료상을 하면서 수많은 실패와 성공을 간접 경험한 사장님도 있고, 당구선수 활동과 당구장의 관리자로 일하면서 많은 경험이 쌓여 있는 선수도 있으며, 몇 개의 당구장을 직접 운영하면서 성공과 실패를 경험하신 분도 있습니다. 이들 모두가 당구장 장사가 처음인 우리에게는 훌륭한 조언자가 될 수 있습니다. 다만, 각각의 전문가마다 같은 상황에 대한 분석과 의견이 상이할 수 있습니다. 이는 각각이 경험한 장사의 성공 방법이 다르기에 누군가에게 조언을 할 때에도 중요시하는 핵심이 다르게 됩니다. 그에 따른 인테리어, 당구대, 자리, 서비스 등 선택상황에서의 판단이 갈리게 됩니다. 같은 상권에서의 당구장의 자리의 선택도 다를 수 있고, 경쟁력의 구성 방법, 당구장의 시설 수준, 서비스의 종류와 형태, 당구장 운영자의 마인드 등 모든 부분에서 각각 의견이 다르게 표현될 수도 있습니다. 우리가 상이한 그들의 의견 중 어느 하나를 '틀리다'라고 말할 순 없습니다. 각각의 전문가마다 나름의 성공적인 경험의 장사 방법이 있고, 그만의 노하우가 담긴 상황들에 대한 적합한 선택을 추천했을 것이 분명하기 때문입니다.

창업의 준비 단계에서는 각각의 다양한 전문가를 만나서 의견을 듣고 정보를 습득하는 것이 좋습니다. 다만, 각각의 의견이 일치되는 부분도 있고 상이한 부분도 있기에 창업의 실행 과정에서는 하나를 선택하고 '일원화된 조력자'를 만드는 것이 좋습니다. 자칫 상이한 의견으로 선택과 결정의 순간 판단이 흐려지고 혼돈스러워지기 쉽기 때문입니다. 창업자 스스로가 다양한 의견과 조언을 일관성 있게 참고하고 선택하는 것이 바람직합니다. '나'의 조력자로 선택된 누군가는 분명 창업자의 성공을 위해 최선의 노력을 다할 것입니다. 경험 많은 당구장 사장님이건, 20년 경력의 재료상 사장님이건, 프로 당구선수이건 창업의 과정과 운영 과정까지도 우리가 지속적인 자문과 도움을 받아야 할 전문가들입니다. 실력 있고, 좋은 조력자를 선택하는 것은 창업자의 첫 번째 선택이며 혼자 감당해야 하는 몫입니다.

오후 3시, 참 한가한 시간입니다. 검정색 세손 장갑도 다 걷어서 쫙쫙 펴서 정리를 했고, 저녁 손님들을 위해 아이스티와 냉커피도 10병씩 만들어 냉장고에 넣어 놨습니다. 저 구석에서 한가로운 영업사원들이 전화를 받으며 당구를 치고 있습니다. 쭉 뻗은 왼손 큐 고리, 어깨와 원 볼 사이로 전화기를 끼고 오른손으로 흰색의 수구를 겨냥합니다. 그걸 지켜 보는 나는 늘어지게 하품을 합니다. 늘 이 시간이면 한가로이 북적대는 저녁을 상상하며 여유를 즐깁니다. 이 짓도 따분하다 느끼는 어느 오후, 낯선 손님이 들어와 당구 한 게임을 청합니다.

"저 혼자 왔는데요, 같이 칠 사람 있을까요?"

사실 전 당구치기 싫습니다. 이겨도 돈 받기 미안하고, 지면 화가 나고. 여하튼 오랜만에 게임을 합니다. 상대방은 게임에 집중하지 못하는 듯 합니다. 연신 당구장을 두리번거리며 내게 쉬운 공만 줍니다.

"저 당구장 알아보러 오신 거죠?"

손님의 행동을 보고 알 수 있었습니다.

"쩝~ 네. 들켰네요. 그냥 뭔가를 여쭙기엔 미안하기도 하구. 그래서 한 게임 청했습니다."

약간은 어색하게 머리를 긁적이며 무언가 물어볼 것이 많은 표정으로 망설입니다.

"이리 앉으세요. 당구는 안 치셔도 돼요. 저도 이 시간엔 매우 무료하답니다."

그렇게 당구장을 방문한 분과 이야기가 시작되었습니다.

당구대는 뭐가 좋으냐? 인테리어는 어떻게 어디서 하는 것이 좋으냐? 잘 아는 재료상 소개 좀 해 줄 수 있느냐? 장사는 잘 되는지? 손님들 중에 진상은 없는지? 음료서비스는 무엇을 주는지? 몇 시에 문을 닫고 문을 여는지? 술 마시고 진상 피우는 손님은 어떻게 하는지? 등등.

그리고도 몇 번의 방문이 이어집니다.

그가 물어보는 것은 늘 똑 같습니다. 단지 나와 친해졌다는 것과 질문의 농도가 짙어졌다는 것 이외에는 달라진 것이 없습니다. 그리고 내가 한가하게 하품을 할 시간을 잘 맞추어 찾아옵니다.

"이제 다른 사장님 만나보세요. 제게 들으실 것, 배우실 것은 다 배우셨어요~"

더 이상 내게 물어볼 것이 없다는 듯, 게임에 심취해 있는 그에게 한마디를 던졌습니다.

"네? 다른 분 만나면 뭐해요~^^ 사장님 하시는 것을 모델로 장사 시작해 보려고 해요!"

결의에 찬 그의 표정에서 단호함이 느껴졌습니다.

"그러지 마세요. 사람마다 위치마다 장사하는 방법이 다 다릅니다. 다른 분들의 방법도 많이 듣고 배워보시면 생각이 달라질 수도 있습니다~"

"…"

그렇게 그는 돌아갔고, 한동안 보이지 않았습니다.

그를 잊을 만큼 시간이 흐른 무더운 여름 밤, 진공청소기 소리가 막

꺼질 무렵, 까만 색 비닐 봉지에 맥주 두 캔을 사들고 낯익은 그가 들어옵니다.

"사장님, 저 개업했어요! 사장님 이야기가 맞았어요! 정말 다양한 방법으로 장사를 하더라고요."

그가 흥분된 목소리로 말을 이어갑니다.

"정말이지, 사장님 이야기를 듣기 잘 했어요! 그 덕분에 여러 가지 모델을 정리해서 저만의 방법으로 운영을 하고 있어요. 아직은 만족할 만한 매출 수준은 아니지만, 자신 있습니다. 하하하."

그렇게 자신이 정한 장사의 모델을 한참을 이야기합니다.

"사장님, 근데 저 맥주 안 마셔요~"

그리곤 푸념 섞인 응석을 부리듯 작은 소리로

"저 지금 시간은 할 일이 참 많은데, 낮에 한가할 때 좀 오시지요!"

그리곤 반쯤 감긴 눈을 애써 뜨고, 그의 이야기를 한참 들어야 했습니다.

아직 청소기도 창고에 안 넣었고, 세손 장갑과 손수건을 넣어둔 세탁기에서는 탈수 불빛이 깜빡입니다. 이제 곧 꺼내어 널어야 하죠. 그리고 또 하나, 진공청소기는 다 돌렸으니 꽉 짠 물걸레로 당구대 목재 부분을 닦아야 합니다. 수북하게 쌓여 있는 금고 속, 만 원짜리도 카드영수증도 정리를 해야 합니다. 할 일이 태산인데 이 분은 갈 줄 모르고 자신의 성공담 이야기에 푹 빠져 있습니다. 그래도 내 조언을 받아들이고 실행에 옮겨서 좋은 결과를 가져왔다니 끝까지 들어야 합니다.

세탁기의 탈수 불빛이 계속 깜빡입니다.

"실장님, 제가 당구장에 대하여 아무것도 몰라서 당구장 아르바이트를 해서 기술도 배우고 장사도 배워볼까 합니다."

상담을 온 예비창업자가 진지한, 그리고 결의에 찬 표정으로 이야기했습니다.

"왜요? 아르바이트하시면서 얻고자 하는 것이 무엇인가요? 큐 관리요? 당구대 관리요? 아니면 장사의 방법이요?"

당구장 아르바이트로는 앞으로의 창업 준비에 득이 될 것도, 배울 것도 없다는 듯한 의아한 표정을 지으며 그에게 다시 되물었죠.

"장사를 가르쳐 주기야 하겠습니까만은, 분위기도 익히고 큐 관리, 당구대 관리는 정말 제대로 배울 수 있지 않을까요?"

필자의 되물음에 예비창업자의 표정에서 약간은 주눅이 든 듯한 찡그린 미간이 느껴집니다.

"흠, 당구장의 분위기를 익히고 체험이 목적이라면 그렇게 하시는 것도 나쁘지는 않은 것 같습니다. 혹 아주 성공적인 운영을 하고 있는 당구장 사장님의 운영 노하우, 즉 손님을 대하는 방법, 서비스의 방법, 관리의 방법 등을 그대로 배워서 운영해 보겠다는 의지가 분명하다면 찬성합니다."

당구장 창업을 염두하고 필자를 방문하는 창업자의 50%는 이런 대화가 잠시 이어집니다. 아마도 대부분 당구장 장사를 해 본 경험이 없기 때문인 것 같습니다. 이럴 때면 늘 단호하게 '굳이 그럴 필요가 있겠습니까?'라고 반문을 하곤 하죠. 당구장 장사를 해보지 않은 상황에서 우리는 '큐 관리', '당구대 관리'에 장사의 성패가 달렸다고 너무 많은 비중을 두고 있는 듯도 합니다. 물론 당구장 장사의 기본이 되는 것들임에 틀림이 없지만 이러한 것들은 '단순 기능'으로 생각하여야 하며 누구나 일주일이면 숙달이 되는 기능입니다. 정작 문제는 관리 기준에 맞게 단순 반복되는 '일상'을 꾸준히 할 수 있느냐 없느냐의 문제입니다.

당구장 아르바이트를 하면서 우리가 할 수 있는 일은, 정해진 시간에 당구대 닦고, 큐 닦고, 손님 음료 주고, 청소하는 것이 전부입니다. 그 외에 무엇이 있을까요? 가끔 혼자 온 손님과의 당구 한 게임? 그리고 당구장 사장님이 손님과 게임을 하거나 대화하는 상황을 보고 듣고 접객의 노하우를 알아가는 것? 이것이 전부 아닐까요?

자! 다시 한 번 생각해 보죠.

당구장을 운영하는 기능적인 부분은 일주일이면 되는 일이고, 손님을 맞이하고 배웅하고 서비스를 하고 등의 접객은 당구장을 '장사'라는 개념으로 접근해 본다면 굳이 당구장 아르바이트를 하면서 배워야 할 이유가 있을까요? 아마도 배운 것이라고는 '친절하게', '친근감 있게', '편안하게' 손님을 대하여야 한다는 것이 전부 아닐까요? 정작 중요한 것은 그런 친절, 친근, 편안하게 손님이 마음으로 느낄 수 있게 하는 방법적인 것을 생각하고 실천하는 것인데 말이죠.

장사와 일을 하는 것은 분명히 다릅니다.

그리고 우리가 당구장의 사장이라고 가정해 보죠. 40대 초·중반인 아르바이트 직원을 고용해야 할 이유가 있을까요? 어리고, 말 잘 듣고, 부지런한 구직자가 많은데 말이죠!

정말 당구장 장사를 배우고 싶고, 그들의 노하우를 적용해서 내 장사를 만들고 싶다면, 공부를 하는 것이 맞습니다. 그들 당구장의 장단점을 분석하고, 운영 형태를 조사·분석하고 정리된 내용을 다시 내가 운영할 당구장의 모델을 수립한다면 그보다 더 좋은 공부가 없습니다. 당구장 아르바이트하면서 낭비하는 시간에 비하면 100배는 더 알찬 공부가 될 것입니다.

02

창업 전에 알아두어야 할
사전 지식

　당구장 창업의 과정에서 자리를 알아보고, 당구대를 구입하고, 인테리어 업체를 선택하는 중요한 의사결정의 순간이 있습니다. 이러한 의사결정의 과정에서 우리가 '당구업계의 현황'에 대하여 잘 모르기 때문에 초보 창업자가 혼돈스러워하고, 잘못된 판단을 하게 되는 실수를 범하기도 합니다. 이 장에서는 당구장 창업을 위해서 우리가 기본적으로 알아야 할 것들에 대하여 알아보겠습니다.

1. 당구업계의 유통구조

　2010년 이후 당구업계의 유통은 온라인쇼핑몰 중심으로 활발히 전개되고 있으며, 구조적으로는 생산과 판매로 나뉘며 도매와 소매의 구분이 없이 소비자에게 직접 판매가 되고 있습니다. 업계 내부적으로는 도매와 소매가 나뉘어지기도 하지만 소비자의 입장에서는 그 구분이 명확하지 않으며 굳이 나누어야 할 필요도 없습니다. 〈그림 6〉에서 보듯이 창업자는 다양한 경로의 당구용품 공급자와 접하게 되는데, 각각의 공급자에 따른 특징적인 부분이 있습니다. 공급자의 특징적인 부분을 이야기하기 전에 초보 창업자들의 인식에 대한 필자의 생각을 한 가지 말씀드리겠습니다. 우리가 당구장에 필요한 당구대, 당구 큐, 가구류, 당구재료를 구매하고 설치를 하는데, 우리가 '당구재료상'을 이용하는 가장 주된 목적을 '일괄적인 구매 편의성의 제공'이라는 측면에서 접근하면 됩니다. 즉, 판매자의 도덕성, 당구장 자리를 보는 능력, 당구장을 잘 운영할 수 있는 노하우와 같은 것으로 판매자의 선택 기준으로 삼지 말아야 합니다.

초보 창업자의 입장에서는 당구장 장사의 방법도 잘 모르고, 업계의 상황도 모르기에 '이 사람은 내게 당구장 장사에 대한 여러 가지 조언과 함께 무언가 나의 고민에 대한 해결 방법을 제시해 줄 거야'라는 기대를 갖는 것도 무리는 아니지만, 현실은 그렇지 않다는 것을 미리 밝혀둡니다. 필자는 '왜?', '그들에게?'라는 질문을 던지고 싶습니다.

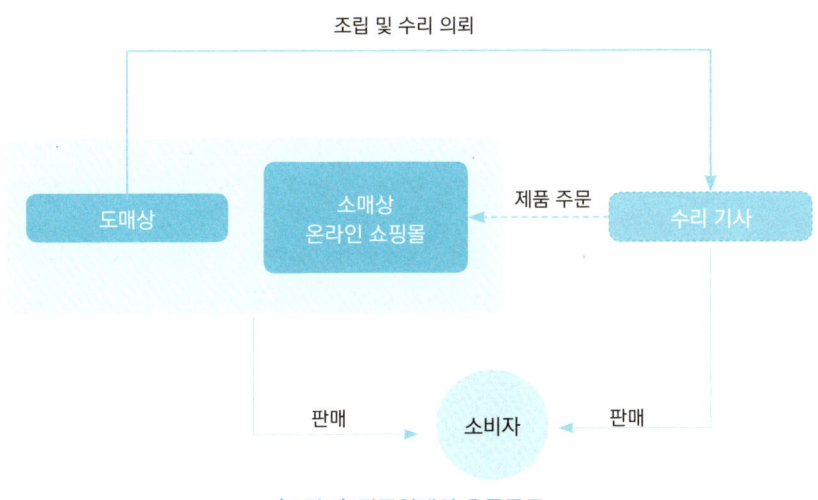

〈그림 6〉 당구업계의 유통구조

다시 본론으로 돌아와서, 각각의 공급자와 소비자가 접하게 되는 상황과 공급자의 특징적인 부분을 〈표 17〉과 같이 정리할 수 있습니다. 당구용품을 취급하는 누구에게 사든지 같은 물건이라면 '싼 곳'에서 사면 됩니다. 여기에 판매자 개인의 도덕성 따위는 별로 중요하지 않습니다. 문제는 '당구장 인테리어'의 부분에서 실력과 도덕성을 생각해야 하기 때문에 우리가 '당구용품' 공급자에 대한 선택까지도 더불어 불안해집니다. 인테리어라는 것이 '코에 걸면 코걸이 귀에 걸면 귀걸이'라는 인식도 있고, 자칫 업자 하나 잘못 만나면 공사 중 추가비용의 발생에 따른 막대한 비용 손해와 함께 마음을 다치는 일도 있기에 두려움이 있는 것도 사실입니다. 때문에 인테리어와 당구대 및 당구재료의 발주에 있어서 창업자는 공급자의 도덕성까지도 고려하곤 합니다.

초보 당구장 창업자의 경우, 당구장 인테리어와 당구대를 비롯한 당구

〈표 17〉 당구용품 취급업체의 특징

공급자	특징
당구재료 도매상	소매상과 온라인 쇼핑몰과 각각의 판매자에게 공급, 부분적인 소매 판매 병행
당구재료 소매상	지역을 거점으로 당구용품 판매와 인테리어 시공
온라인쇼핑몰	전국적인 소매판매 및 지역 거점의 당구용품 판매와 인테리어 시공
당구장 매매상	지역을 거점으로 당구장 매매를 중심으로 활동하며, 당구용품 판매와 인테리어 시공
당구용품 제조사	단품 위주의 용품생산, 부분적인 당구용품 소매 및 인테리어 시공(일부 제조사)
수리 기사	당구대 수리 프리랜서로 거래처를 대상으로 당구용품 판매 및 인테리어 시공(일부)
당구선수, 동호인	지인 중심의 영업 기반으로 당구용품 판매 및 인테리어 위탁 시공을 중심으로 활용

* 현실적으로 창업자가 당구대, 당구용품, 인테리어 시공을 위한 선택을 위 모든 업체에 의뢰할 수 있다. 다만 선택한 납품 대상의 실력과 신뢰도의 판단은 창업자의 몫이다.

용품을 한 곳의 공급자에게 발주를 주어야 한다는 기본적인 생각이 있습니다. 이러한 이유는 '당구대 설치 기준과 당구장의 영업적 환경을 고려한 최적의 설계가 가능할 것이다.'라는 기대가 있기 때문입니다. 그러나 우리가 이 시점에서 생각해 보아야 할 것은 구조적인 측면에서의 설치 기준은 만족시킬 수 있지만 '내가 장사를 하는 방법'이 고려된, 즉 영업적인 환경의 특화된 적용은 대부분 불가능하다고 보아야 합니다.

업종을 막론하고 점주가 생각과 원칙 그리고 장사를 하는 방법에 따라서 그 매장의 구조가 달라지게 됩니다. 그런데 지금 현 당구장의 형태를 보면 너무나 천편일률적인 형태라고 생각하지 않는지요? 그 원인 중에 하나가 당구재료상에 일괄적인 의뢰를 통하여 만들어졌기 때문입니다. 당구대가 들어가고, 싱크대가 있어야 하고, 적당한 크기의 카운터가 있어야 하고, 세면장이 있어야 하고, 이게 전부 아닌가요? 여기에 창업자의 장사의 방법과 생각과 철학이 반영되어 있나요? 생각해 봐야 할 문제입니다.

타업종의 성공 경험이 있거나 자신만의 장사의 방법이 명확한 창업자라면 분명 어디에 의뢰를 하더라도 이러한 것들을 반영하여 설계가 되고 시공이 될 것이 분명합니다. 그러나 결과물을 '당구재료상'에게 잘못되었다고 그들을 탓하는 것도 사실은 잘못된 것입니다. 우리는 그들에게 지금까지 '싸게'라는 목적만 주었으며, 설계도를 요구하지도 않았고, 장사의 방법에 대한 내 생각을 전달하고 그것을 반영할 수 있는 구조로 만들어 달라고 구체적인 요청을 하지도 않았기 때문입니다.

참고로 창업자 여러분께 인테리어 업체 선정에 관한 제안을 드립니다. 창업자가 당구대 및 당구재료와 당구장 인테리어 업체를 선택하는 보편적인 방법은 당구대와 당구재료를 일괄적으로 당구재료상에 의뢰하는 경우와 당구재료상에 당구대 및 관련 용품을 주문하고 인테리어 공사는 별도의 상업인테리어 업체를 선택하는 경우로 나뉠 수 있게 됩니다. 어떠한 선택이 되었건, [당구장 레이아웃 설계→인테리어 설계→견적→업체 결정→시공]의 순서에 의하여 창업 절차를 진행한다면 보다 창업자의 생각에 근접된 결과물을 얻을 수 있으리라 생각합니다.

다음으로 간단히 알아볼 것은 운영 과정에서 창업자가 알아두어야 공급업체와의 관계 유지에 관한 내용입니다. 우리가 당구용품을 구매하고 창업을 하는 과정에서 '공급업체', 즉 당구재료상과의 지속적인 관계를 공급업체 선정의 중요한 포인트로 인식하고 있습니다. 이는 특히, 서울·경기 이외의 지역에서 창업하는 경우에 지배적입니다. 혹시 자신이 창업할 지역 이외의 업체를 통하여 창업하였을 경우에 '당구대 수리'와 '당구재료'의 공급에 무언가 불이익이 있진 않을까 하는 불안감이 그것인데, 이는 결론적으로 창업 초기의 단순한 기우에 불과합니다. 〈그림 6〉의 당구재료상과 당구대 수리기사와의 관계에서 보듯이 이들의 관계는 고용자와 피고용자의 관계가 아닌 독립적인 사업의 주체가 됩니다. 따라서 창업자가 당구대를 어디에서 구매했든지 아무런 상관이 없습니다.

그리고 결국 창업자도 재료상도 수리기사도 모두가 독립적인 사업의 주체입니다. 하나의 지역에 여러 개의 당구재료상이 있고, 전국에 수많은 수리기사도 있습니다. 지역에 연고를 둔 공급업체의 선택이 나쁘다거나, 잘못되었다는 이야기가 아닙니다. 다만, 선택을 위해서 '내게 득이 되는 합리적인 선택'을 바라는 것이며 굳이 지역에 얽매이지 않은 선택을 하여도 된다는 의미입니다. 때문에 너무나 당연하게도 같은 지역에 나와 잘 맞는 조건과 나에게 충분한 이익을 제공해 줄 공급업체가 있다면 그 선택을 피할 이유도 없습니다.

당구업계의 유통구조를 창업자의 입장에서 '당구대와 관련 비품을 구매한다'라는 의미에서 설명을 하겠습니다. 당구업계의 복잡한 유통구조를 설명하기엔 창업자의 입장에서는 혼돈만 일으킬 뿐이기 때문입니다. 〈그림 7〉은 당구대와 관련 비품을 판매하는 주체에 대한 설명입니다. 즉, 우리가 당구장 개설을 위해 당구대를 구매할 수 있는 업체 또는 개인이 됩니다. 여기에는 도매업체도 있고, 인터넷 쇼핑몰도 있고, 당구선수도 있습니다.

창업자인 우리가 당구대를 구매할 수 있는 곳은 다양하며, '판매 주체에 따른 가격은 실질적으로 차이가 없다'라고 봐도 무방합니다. 인터넷에 올라와 있는 당구대의 가격은 공장에서 정해진 표준공급가이며 실질적으로는 '정찰제'가 아니기에 견적에 의한 협상 품목이 되기 때문입니다. 간혹 인테리어 공사와 함께 견적을 의뢰하는 경우에 당구대 가격을 손해를 보고 판매하는 경우도 있으나 이는 결국 인테리어 비용에 어느 정도 반영이 될 것은 뻔한 이치입니다.

특히 창업의 과정에서 우리가 신제품 당구대를 구매할 경우에는 어느 곳

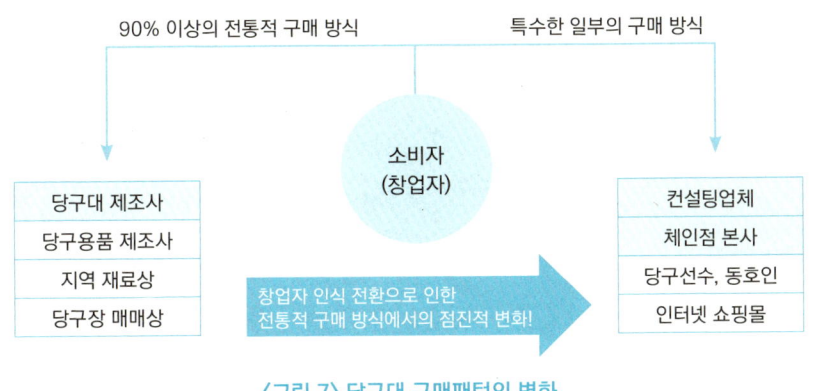

〈그림 7〉 당구대 구매패턴의 변화

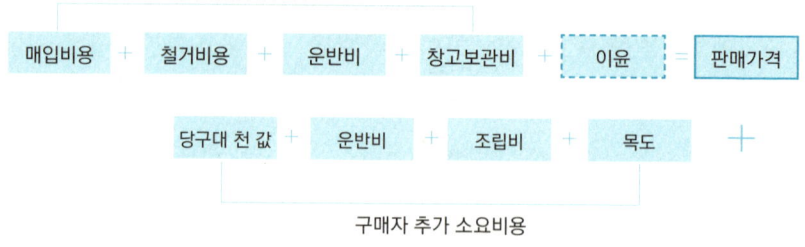

중고 당구대 구매원가

| 매입비용 | + | 철거비용 | + | 운반비 | + | 창고보관비 | + | 이윤 | = | 판매가격 |

| 당구대 천 값 | + | 운반비 | + | 조립비 | + | 목도 | + |

구매자 추가 소요비용

〈그림 8〉 중고 당구대 유통구조 및 마진구조

에서 구매를 하던 실질적인 가격 차이가 거의 없다고 보아도 무방합니다. 그러나 중고 당구대를 구매할 경우에는 세심한 주의가 필요하게 되는데, 〈그림 8〉에서 보듯이 중고 당구대의 유통구조와 마진구조를 보면 알 수가 있습니다. '정가'가 없는 제품이기에 그때그때의 시세가 반영되기도 하며, 판매자의 유통구조상의 위치에 따라서 실질적인 가격 차이가 발생되기도 합니다.

지금까지 간단하게 당구업계의 유통구조를 알아보았습니다. 우리가 당구대를 구매함에 있어서 가장 핵심이 되는 포인트는 당구대의 가격이 아니라 '판매자와 지속적인 관계를 유지할 수 있는가? 아닌가?'라는 것을 미루어 짐작할 수 있었을 것입니다. 이 관계란? 창업자의 상황에 따라서 원활한 유지 보수와 영업적인 조언이 그 '관계'가 될 수 있습니다. 현실적으로 초보 창업자이건 경험자이건 인터넷이 활성화되어 있기에 창업 과정에서의 구매처와는 별개로 당구 재료의 공급에는 아무런 문제가 없을 것입니다. 초보 창업자의 경우는 '당구장 장사'를 하면서 발생될 수 있는 여러 가지 상황에 대한 의논과 조력자의 역할을 꾸준히 할 수 있느냐 없느냐의 문제가 더 중요할 수도 있습니다. 앞에서 유통구조를 설명하면서 알아 보았듯이 당구대 판매자가 창업자의 영업적인 부분까지 간섭할 이

유도 명분도 책임도 없습니다. 그러한 창업자의 기대는 어디까지나 '바람'
일 뿐입니다.

2. 당구장 이용 고객의 이해

당구장을 이용하는, 즉 '내 당구장을 이용하는 고객'을 고객의 특성
(상황)에 따른 당구장 이용 형태와 당구장 이용 목적에 따른 고객의 유형
으로 분류할 수 있습니다. 이 분류는 '당구장의 형태적 분류'와 매우 깊은
연관성이 있으며, 장사의 방법을 결정함에 있어서 매우 심도 있는 논의와
결정이 필요합니다.

〈표 18〉과 〈그림 9〉에서 살펴본 바와 같이 당구장을 이용하는 고객의
형태와 목적은 다양합니다. 우리가 이러한 분류를 통하여 얻을 수 있는
것은 내가 당구장을 하고자 하는 위치에서 하나의 명확한 '타깃 고객'을

〈표 18〉 위치적 특성에 따른 고객의 형태 분류

목적 상황	유흥·놀이문화 계층		과도기적 중간 계층	스포츠 마니아 계층
	단순 유흥	교류 활동		취미, 여가 활동, 실력 향상
방문 위치	주 생활권 내의 유흥가	직장, 주거지 인근	마니아 계층의 성향이 강해짐	원거리 집결지
선택 요건	접근성	시설 수준, 서비스		당구대 성능, 아카데미 환경, 동호회
방문 시간	저녁 8시 이후 ~ 새벽	저녁 6시 이후 ~ 11시 이전		불특정 시간 방문
체류 시간	1시간 이내	2시간 이내		2시간 이상 장시간 체류
방문 주기	주 1~2회 불특정	주 2~3회 이상		주 4회 이상

* 스포츠 마니아 계층의 활동은 유흥·놀이문화 계층의 활동 상황을 포괄하여 활동하며, 유흥·놀
이문화 계층 상황에서의 당구 활동과는 별도의 당구장 방문을 통한 스포츠 마니아로서의 활동
을 수행함.

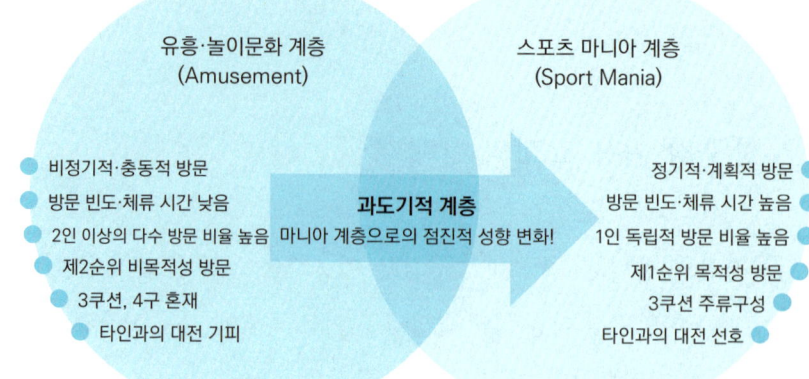

유흥·놀이문화 계층
(Amusement)

스포츠 마니아 계층
(Sport Mania)

과도기적 계층
마니아 계층으로의 점진적 성향 변화!

- 비정기적·충동적 방문
- 방문 빈도·체류 시간 낮음
- 2인 이상의 다수 방문 비율 높음
- 제2순위 비목적성 방문
- 3쿠션, 4구 혼재
- 타인과의 대전 기피

- 정기적·계획적 방문
- 방문 빈도·체류 시간 높음
- 1인 독립적 방문 비율 높음
- 제1순위 목적성 방문
- 3쿠션 주류구성
- 타인과의 대전 선호

〈그림 9〉 당구장 이용 목적에 따른 고객의 형태적 분류

설정할 수 있으며, 그에 따른 적합한 장사의 방법을 선택할 수 있게 됩니다. 업종과 자리를 막론하고 모든 형태의 고객을, 즉 다양한 목적으로 당구장을 이용하는 모든 고객들을 '내 당구장'의 고객으로 만들 수는 없습니다. 때문에 타깃 고객에 맞추어진 영업 전략, 즉 장사의 방법을 구성한다면, 그 외 형태의 고객에 대한 대응방안 역시도 명확해질 것입니다.

참고로 당구장을 이용하는 고객들의 상황을 나열해 보면 다음과 같다.

· 퇴근 후 평소 자웅을 겨루는 직장 동료와의 당구게임

· 퇴근 후 동료들과 술자리 후 내기당구게임

· 점심시간 중 또는 점심시간 전후를 이용한 당구게임

· 영업사원의 근무시간 중의 당구게임

· 귀가길 단골 당구장에서의 당구장 주인 또는 타인과의 당구게임

· 귀가 후 동네 친구들과의 당구게임

· 휴일 동네친구들과의 당구게임

· 휴일 단골 당구장에서의 당구장 주인 또는 타인과의 당구게임

· 친구들과의 약속에 의하여 시내에서의 당구게임

· 친구들과 술자리 전후의 당구게임

· 퇴근 후 당구동호회 활동

· 휴일의 당구동호회 활동

· 여자 친구와의 데이트 코스로 당구 한 게임

· 강의시간 전후의 당구게임

· 등·하교 길의 당구게임

· 장사 준비를 마치고 여유가 되는 낮 시간의 당구게임

· 택시기사·버스기사의 교대시간 전후의 당구게임

· 대리운전 콜을 대기하며 당구게임

· 돈내기 당구에 목적을 둔 당구게임

· 당구를 배우기 위한 동호회 활동 및 고수와의 당구게임

위와 같이 다양한 이유와 목적에 의해서 당구장을 방문하게 됩니다.

우리가 한 가지 더 생각해야 할 것은 '당구장 이용 고객의 이용 목적의 급격한 변화'입니다. 〈그림 9〉에서 보듯이 기존 당구장을 이용하던 고객의 형태가 단순 유흥 목적에서 마니아적 성향으로 변화하고 있다는 것에 주목해야 합니다. 과거 마니아적 성향이 강한 고객의 부류는 인터넷 동호회를 중심으로 '대대전용 당구장' 또는 '포켓전용 당구장'을 원거리로 찾아다니며 이용했으며, 전용 당구장이 아니라 하더라도 그러한 마니아적 성향을 중심으로 이루어지는 동호인 중심의 당구장을 찾아다녔습니

다. 그러나 현재는 인터넷 동호회 활동을 하지 않는 일반 고객도 내가 거주하는 또는 내가 근무하는 좁은 지역을 중심으로 '스포츠 마니아적 성향'의 당구장을 찾아 이용하는 빈도가 매우 높아졌습니다. 즉, 고객의 요구(needs)가 내가 있는 곳에도 '안정된 집중할 수 있는 게임을 즐길 수 있는 당구 환경이 조성된 당구장이 있으면 좋겠다'가 새로이 추가된 것입니다. 이는 단순히 당구게임을 즐기는 방식에서 벗어나 당구장을 이용하는 시간대와 이용 빈도와 이용 시간 등 당구장 이용 패턴의 변화가 있음을 적극적으로 상기해야 합니다.

그렇다면 이런 이용 형태의 변화가 당구장 운영 패턴에 어떤 영향이 있을까요? 시설 수준과 운영 수준의 변화를 가져오게 되며 당구장의 운영 방식과 서비스 등에 대한 요구도 변화될 수밖에 없습니다. 우리는 성공적인 창업을 위해서 이러한 고객의 변화에 적극적인 대처가 반드시 필요합니다.

우리가 직장생활을 하던 때를 잠시 생각해 보죠. '고객의 요구(needs) 변화'에 주목하고 그 변화에 적극적으로 대처할 방안을 세우고 실행했던 기억을 떠올려보죠. 그 결과 우리는 고객에게 제공되는 서비스의 질적 형태적 변화를 시도하기도 하며, 매장의 인테리어 컨셉트를 바꾸기도 하며, 고객 응대의 방식을 바꾸기도 하며, 매장에 진열된 상품의 배열을 바꾸기도 하며, 상황에 따라서는 실무 운영자까지 교체하기도 합니다. 그런데 '당구장은 20년 전 형태의 내 당구장에 있는 데로 맞춰서 이용해라!'라는 말이 설득력이 있겠습니까! 당구장을 이용하는 고객이 그것을 받아들이겠습니까! 좀 더 비약하여 이야기하면, 우리가 커피를 마시고 대화의 공간으로 문화의 공간으로 이용했던 과거의 '다방'을 이용하진 않죠. 우리가 가끔 다방을 이용하는 목적은 아마도 다른 특수한 이유일 것이 분명합니다. 무리가 있는 예시일지도 모르지만, 10년 전, 20년 전의 담배연기 자욱하고 낙후된 당구장을 이용하는 목적은 카드, 도박과 같은 다른 이유가 되어 있지 않을까요?

또 하나, 당구장을 이용하는 고객의 수준이 변했음을 생각해야 합니다. 이는 당구장을 이용하는 고객의 실전적 평균 실력 향상과는 다른 이야기입니다. 현재 우리의 대상 고객이 당구를 바라보고 접하고 이용하는 선택의 수준이 과거와는 확연히 다르게 높은 수준에서의 선택이 이루어지고 있다는 점입니다.

방송매체를 통하여 방영되는 3쿠션 시합과 포켓당구 시합을 보죠. 잘 갖추어진 복장에 고급스러운 큐와 선수들이 당구 시합을 하고 있는 표정과 태도 등은 실제 당구장에서의 고객이 추구하는 모습과 흡사합니다. '나도 저렇게 당구를 쳐야지!'라는 심리의 작용이 있기에 실제의 실력과

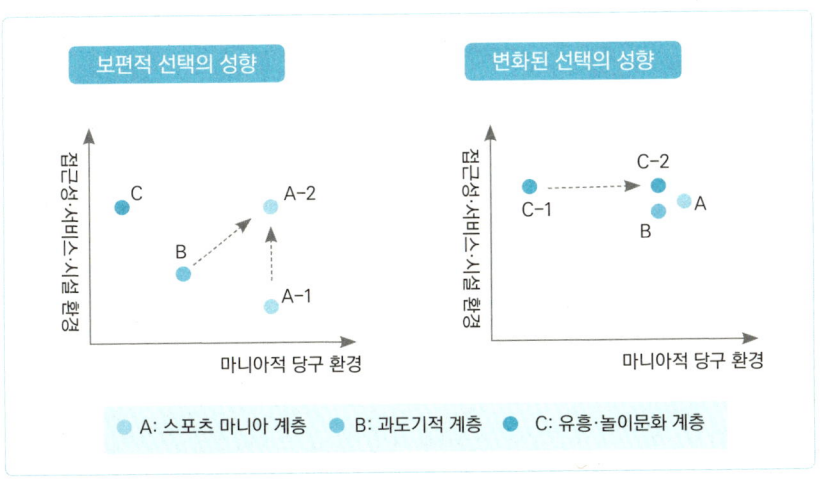

〈그림 10〉 계층별 당구장 선택 성향 분석 1

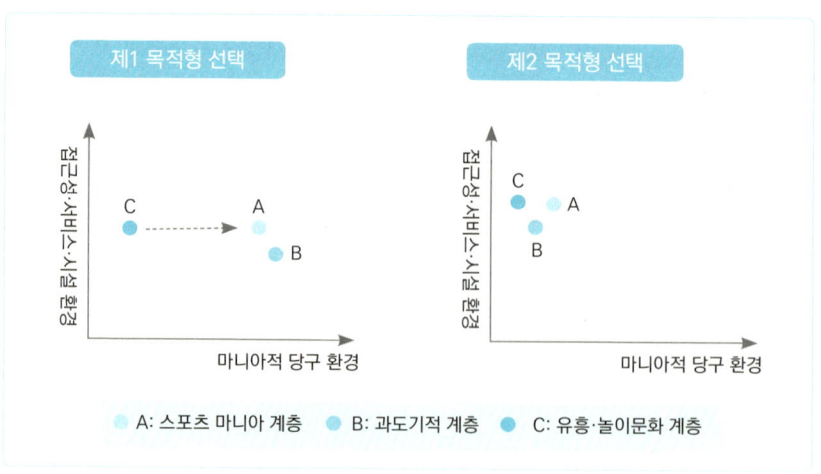

<그림 11> 계층별 당구장 선택 성향 분석 2

는 무관한 동경이 있습니다. 즉, 내가 다니는 당구장의 환경과 내 당구 실력에 대한 실제적 요구가 됩니다. 고객의 입장에서 생각해 보죠. 당구 실력은 '내가' 갖추어야 할 조건이 되며, '환경'은 당구장이 갖추어야 할 조건이며 선택의 대상이 됩니다.

자! 여기서 한 번 생각해 보죠.

지금 우리의 일반적인 당구장이 이러한 고객의 요구를 충족시킬만한가요?

지금 창업자인 '내가' 생각하는 당구장의 형태가 고객의 요구를 충족시킬만한가요?

물론, 모든 당구장의 고객이 위에서 설명한 마니아적 성향의 요구만이 있는 것은 아닙니다. 때로는 술 한잔 마시고 떠들며 놀 당구장을 필요로 하기도 하고, 상권에 따라서는 동네 사랑방 같은 편한 당구장이 필요하기도 합니다. 그러나 분명한 것은 시대가 변함에 따라서 당구장 이용 고객

우리 당구장이라도 해 볼까?

이 '내가 이용하는 당구장'이 갖추었으면 하는 요구가 빠르게 변하고 있다는 것입니다.

조금은 다른 시각에서의 일반적인 고객의 선택에 대하여 이야기해 보죠. 현재 당구장을 이용하는 주요 고객의 연령층은 30대 중·후반에서 50대 초반으로 보는 것이 맞습니다. 현재 40~50대는 과거 중·고등학생 시절부터 꾸준히 당구를 접하고 즐겨온 주류 세대이며, 30대의 경우는 7~8년 전 당구 붐을 일으킨 주도 세대이기도 합니다. 이 세대가 소비하는 음식점, 카페, 술집 등을 이용하는 선택의 패턴을 생각해 볼 필요가 있습니다. 이들의 선택은 단순이 인테리어가 좋은 최고급 시설과 좋은 서비스의 매장을 선택하는 것이 아니라, 여기에 뚜렷한 '나의 목적성'을 갖는다는 것입니다. 즉, 시설도 좋고, 서비스도 좋고, 여기에 '내가 좋아하는 강렬한 매운맛', '내가 좋아하는 편안한 분위기' 등의 개인적인 목적이 부여된 선택을 하게 됩니다. 당구장 역시도 이러한 고객의 선택 패턴에서 크게 벗어나지 않습니다. 10년, 20년 전 아주 오래 전에 당구장을 이용하는 주류 고객의 모습과 지금의 주류 고객의 모습이 바뀌었다는 것을 우리는 생각해야 합니다. 즉, 당구장을 이용하는 우리의 고객이 당구장을 이용하는 목적이 바뀌었고, 그에 따른 요구사항도 바뀌었음을 장사를 하는 우리는 생각하고 준비해야 합니다.

당구장 장사를 대상 고객을 기준으로 분류하면 간단하게는 일반인 장사와 동호인 장사로 나누어 생각할 수 있습니다. 즉, 당구장을 이용하는 고객이 당구장을 이용하는 상황과 목적에 따라서 일반인 장사와 동호인 장사로 나뉘어지게 되는데, 당구장마다 '당구를 치자'가 주목적인 1차 방문 또는 마니아 계층의 동호인의 방문이 많을 수도 있고, 회식 후 또는 약속 전 잠시 들르는 2차적인 목적의 방문이 많을 수도 있습니다. 동일 상권이라 하더라도 당구장마다 운영자의 의지에 의하여 주요 고객의 비율 차이가 발생되기도 합니다.

여기서 우리가 한 가지 주의할 것은 동일 상권 내에 마니아 중심의 당구장과 일반인 중심의 당구장이 공존할 수도 있는데, 이들 중 상권의 특성에 따른 보통의 기준이 적용되는 기준, 즉 고객의 형태와 그에 적합한 당구장의 영업 형태, 즉 대상 고객의 상권 이용 목적과 당구장 이용 방법에 따라서 '최적화된 장사의 방법'이 있음을 명심해야 합니다.

이를 다시 역추적하여 생각하면 '내가 생각하는 장사의 방법'에 적합한 당구장 자리가 있음으로 연관지을 수 있으며 당구장 자리를 찾는 데에도 명확한 기준이 될 수 있습니다.

우리가 상권과 자리를 정하고 그에 적합한 장사의 방법을 선택하는 것은 창업 초기 매우 중요한 과제입니다. 잠시의 유행에 편승하여 대대 전용 당구장, 카페 형태의 당구장 운영 등 특수한 형태의 당구장 운영을 결정

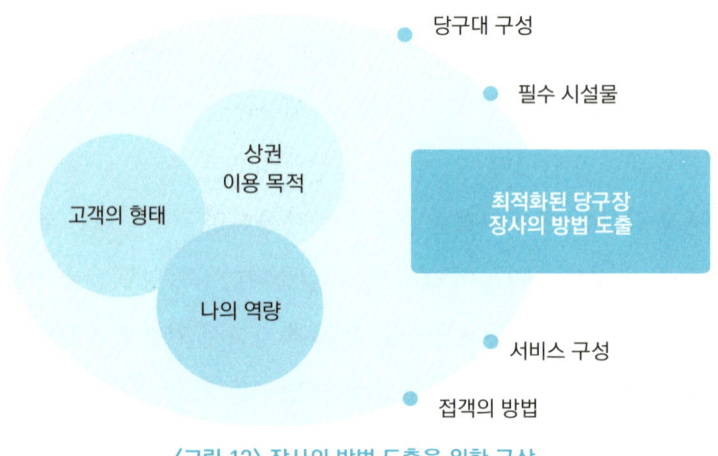

〈그림 12〉 장사의 방법 도출을 위한 구상

우리 당구장이라도 해 볼까?

해서는 안 되며, 일반적인 형태의 당구장을 운영하더라도 당구장을 이용하는 고객의 형태에 따른 세부적인 분석이 병행될 때, 적합한 장사의 방법이 준비됨을 다시 한 번 상기해야 합니다.

참고로, 최근 동호인 중심의 장사를 주로 하는 3쿠션 국제식대 전용 클럽이 활기를 띠고 있습니다. 100% 동호인, 즉 마니아 계층을 중심으로 한 장사가 유행처럼 번지고 있습니다. 그러나 이는 어디까지나 특수한 경우이고 우리가 주로 생각해야 하는 창업은 일반인과 동호인의 적절한 비중을 둔 당구장이 될 것이며, 그 비중에 따라서 당구장 환경, 당구대의 구성, 필수 보조시설물, 고객 서비스, 접객의 방법이 다른 '장사의 방법'이 결정되어야 합니다.

3. 당구장 인테리어의 과거와 현재

현재 당구장 인테리어는, 비용적으로는 상향 평준화되어 있으며, 구조적으로는 과거와 현재가 크게 다르지 않습니다. 이는 우리가 당구장 창업을 함에 있어서 단순히 '당구를 치는 공간' 이외의 또 다른 목적성을 개발하지 못했다는 이야기이기도 하며, 서비스적 개선과 운영적인 개선의 새로운 시도가 부족했다는 의미입니다. 즉, 고급스러운 인테리어 마감재를 사용한 '옛날 방식의 당구장'이라고 해도 무방합니다. 물론 모든 당구장이 그런 것은 아닙니다. 개중에는 새로운 패턴의 공간을 적용하고 기존 당구장과는 다른 운영 방식의 도입으로 매우 성공적인 운영을 하고 있는 창업자도 많이 있습니다. 그러나 전체 창업자의 극히 일부이며 이들의 새로운 도전은 주위의 만류와 비아냥을 사기에 충분했습니다. 창업 당사자가 매출로 성공적인 운영사례를 직접 보여주기 전에는 말이죠. 필자 역시도 그러했습니다.

"실장님이 아무리 전문가라지만, 이런 동네에 이런 시설은 과한 투자이고, 이런 시설이 이 동네에서는 먹히질 않습니다! 여긴 직장인 있는 곳이 아닙니다. 전형적인 주거지입니다!"

필자가 오래 전 한 동네 상권에 직영점 개설을 앞두고, 인근에 거주하는 지인에게 조언을 구했을 때의 반응이었습니다. 당시 그분의 의견에도 일리가 있었던 점은, 120평에 당구대 10대 설치하고, 고객과의 소통을 위한 작은 영화관과 독립된 예쁜 휴게실, 그리고 독립된 바(bar)를 갖추는 시설이었기에 지인의 반응은 어찌 보면 당연한 거였죠. 제 계획에 대한 의견을 다른 많은 분들에게 이야기했을 때 대부분의 반응은 비슷했습니다. 그 핵심은 '동네에서 그런 당구장이 되겠어? 시내 중심가도 아니고 말이야~' 사실 필자가 시내 중심가에서 유사한 형태의 장사 방법에 대한 조언을 구했을 때에도 주변 사람들의 반응은 다르지 않았습니다. '직장인 많은 시내 중심가에서 임대료가 얼마인데 이런 시설로 승부가 나겠어?'라는 반응이었죠. 그러나 결과는 대성공이었고, 당구장 장사에 대한 모든 테스트를 마친 1년 후, 당구장은 필자의 사업계획을 적극적으로 반대했던 지인에게 좋은 가격에 양도되었습니다.

필자가 이야기하고자 하는 핵심은 고급화된 인테리어와 다양한 시설들이 아닙니다. 내가 하고자 하는 장사의 방법에 적합한 구조를 갖추어야 한다는 점입니다. 필자와 같이 독립된 바 공간과 영화관 등을 반드시 구성하자는 것은 아닙니다. 저의 경우는 이러한 시설이 저의 취미와도 맞기에

우리 당구장이라도 해 볼까?

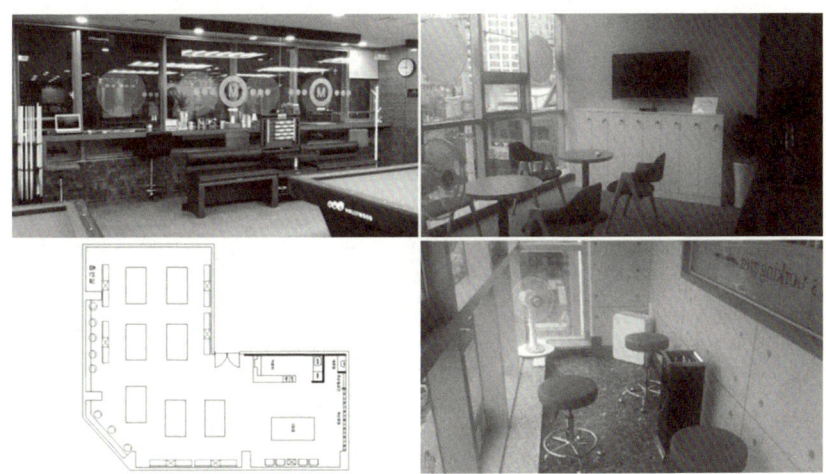

〈그림 13〉 현대 당구장의 기본 구조

고객과 함께 공유하고 소통하는 공간으로의 영업 방식을 택하였던 것뿐입니다. 독자 여러분도 '내가 하고자 하는 장사의 방법'이 있다면 그 방법을 원활하게 반영할 수 있는 구성을 갖추길 당부드립니다. 그것이 장사의 전부일 수도 있습니다.

본론으로 돌아와서, 장사가 잘 되는 당구장의 과거와 현재의 구조적인 가장 큰 차이점은 무엇일까요? 〈그림 13〉에서 보듯이 당구대 이외의 공간 활용을 적극적으로 구성하고 활용한다는 점을 들 수 있습니다. 장사의 방법이 다양화됨에 따라서 그에 따른 부가시설이 확대·강화되었음을 알 수 있습니다. 이를 다른 각도로 접근해 보면, 과거부터 해 오던 장사의 방법을 현대인의 고급화되고 다양화된 요구를 반영하여 적용했다고도 볼 수 있습니다. 또한 '당구장 이용 고객의 유형'에서 살펴 보았듯이 당구장을 이용하는 고객의 목적과 이용 패턴이 변화되었기에 너무나 당연하게도 그들의 요구에 충족할 만한 시설적 구조를 갖추어야만 정상적인 운영이 가능해졌으며 주요 성공포인트가 되기도 합니다.

앞에서의 설명과 같이 당구장의 시설적인 부분에서의 변화로 인하여 과거에 비하여 당구장 창업비용이 20~30% 이상 증가되었습니다. 그 이유로는 당구대 이외의 휴게공간 및 흡연실 등의 구성, 마감재의 고급화, 인건비의 상승으로 들 수 있습니다. 특히 우리가 주목해야 할 것은 '구조적 시설물의 다양화'와 '고급 마감재의 선택'입니다. 시설물의 다양화는 앞에서도 설명했듯이 고객의 요구 변화에 대한 적극적인 장사의 방법을 통한 대응으로 이해하면 됩니다.

〈그림 14〉 과거의 전형적인 당구장

〈그림 15〉 현대의 개선된 환경의 당구장

우리 당구장이라도 해 볼까?

'고급 마감재의 선택'에 대한 이야기를 구체적으로 하겠습니다. 10년 전, 20년 전 당구장의 모양을 한 번 떠올려보죠. 〈그림 14〉와 같이 도배지 또는 칠을 한 벽면에 카펫이 깔려 있고, 당구대와 함께 작은 카운터가 있고, 싱크대에서 손을 씻는 구조였죠. 지금도 이런 형태의 당구장이 참 많으며, 이런 구조의 당구장을 개설하고자 하는 창업자도 많습니다. "당구장은 이래도 돼!" 또는 "동네에서는 간단하게 이렇게 장사하는 거야." 또는 "당구장은 최소의 비용으로 창업을 해야 해! 얼마나 번다고!"라는 생각 때문일 것입니다.

필자는 특수한 경우의 상권을 제외하고 최근 5년 내에서는 이러한 생각으로 창업된 형태의 당구장 성공사례를 본 적이 매우 드뭅니다. 경쟁이 치열하고 고객의 당구장 이용 목적이 변화된 현재 그리고 이용 수준이 높아진 고객을 생각해야 합니다. 당구장과 타 업종이 다르지 않습니다. "당구장이니까 그냥 그래도 돼!"라고 생각한다면 20년 전의 당구장 주류 고객을 대상으로 한 그 시절의 당구장을 개설하는 것과 다를 바가 없습니다. 필자가 '고급 마감재'라고 표현한 것은 20년 전 과거에 비하여 내구성과 모양이 좋은 마감재의 선택을 하고 있다는 의미입니다.

4. 당구장 체인점의 현황

현재 당구업계에 실질적인 당구장 체인점은 '없다'라고 보아도 무방합니다. 물론 같은 이름의 간판을 걸거나, 같은 당구재료상을 통하여 개업을 한 같은 이름의 당구장은 존재합니다만, 이는 어디까지나 이름을 같이 사용한다는 것 이외에는 독립 점포와 차별성이 없는 것이 현실입니다. 우리가 흔히 생각하는 체인점은 본사의 검증된 창의적이고 시스템화된 시설과 영업 방식의 도입을 통하여 안정적인 영업 기반을 확보하고, 본사의 지속적인 관리와 지원을 통하여 안정적인 운영을 확보하고자 하는 기대를 갖게 됩니다.

그러나 당구업계의 현실은 이와는 거리가 멀기만 합니다. 물론, 당구업계에서도 일부 이러한 본격적인 시도가 이루어졌던 적이 있었지만 결국 실패로 돌아가고 말았습니다. 물론 창업자의 입장에서 선택 이전에 '당구장 체인점을 알아보는 과정'을 밟는 분도 있었지만 당구업계에서는 그 과정조차도 창업자에게 만족할 만한 정보를 제공할 현실이 아닙니다. 때문에 당구장 체인점의 비활성화의 원인 중 하나인 '창업자의 인식 부족'이란 필자의 주장이 다소 과격하거나 동떨어졌다고 할 수도 있습니다. 혹시 지금 당구장 체인점 창업을 위해 이곳저곳을 알아보고 있으신가요?

커피숍이나 PC방과 같은 형태의 운영 지원과 점포 개발 지원을 포괄하는 형태의 당구장 체인점을 찾는다면 지금 이 순간 마음을 접는 것이 좋습니다. 안타깝게도 당구장은 우리가 일반적으로 생각하는 체인점의 형태는 없습니다. 다시 한 번 이야기하지만 당구업계의 체인점은 '같은 인테리어'라는 개념으로 접근하고 선택하는 것이 바람직합니다. 즉, 당구장 체인점은 인테리어의 형태와 이름이 같은 형태의 단순 복제의 개념으로 보아야 하는 것이 맞습니다. 필자가 아는 선에서 어떠한 체인 본사에서도 점포 개발과 운영 지원을 원활히 수행하고 있는 곳은 없습니다.

그 원인은 여러 가지가 있겠지만 대표적으로 본사의 수익 기반이 약하다는 점과 창업자의 인식 부족에 원인이 있습니다. 즉, 창업자는 '당구장을 꼭 체인점까지 해야 해?'라는 생각과 '당구장은 당구대만 있으면 되지,

무슨 영업 노하우?' 등의 구시대적 사고가 지배적이었습니다.

부연하여 당구장 체인점의 비활성화의 원인을 이야기하면 다음과 같습니다.

첫째는 체인 본사의 지속적인 수익 기반이 약하기 때문입니다. 커피전문점과 식당과 pc방과는 다르게 당구장 유지를 위해서 납품하는 용품들의 수익이 제한적인 것 또한 현실입니다. 현실적으로 50개 점포를 갖고 있는 체인 본사라 가정할 때, 10대 기준의 당구장에서 사용하는 소모품을 지속적으로 납품하는 것만으로는 본사 직원 1명의 월급을 충당하기에도 벅찹니다. 그러나 이러한 체인 본사의 유지를 위한 악 조건 속에서도 업계의 발전을 위해서는 지속성 있는 지원 프로그램의 개발과 수익 모델의 개발을 함께 하는 뚝심 있는 당구체인 본사의 등장과 역할이 매우 중요하다고 생각합니다.

둘째는 창업자의 인식 부족을 들 수 있습니다.

기회가 될 때마다 필자가 이야기하는 것 중에 '당구장 창업자는 예비군 훈련을 가는 2년 차 예비군과 같은 마음이다!'라는 것입니다. 이미 군대에서 다 경험한 것들이기에 오늘의 훈련 내용을 다 알 것 같고 얕잡아 보게 됩니다. 뭐 별 특별할 것도 없어 보입니다. 뭐 대충 해도 될 것 같습니다. 뭐 다들 그렇게 대충 하고 있는 것처럼 보입니다. 그렇게 우리의 창업자는 대부분 당구장에서 당구를 칠 때의 생각과 경험이 모두인 것처럼 창업에 접근을 하곤 합니다.

이러한 상황의 증거로 대부분의 당구장이 같은 모양에 같은 형태의 운영을 하고 있는 현실을 보면 알 수 있습니다. 어쩌면 지금 당구장 체인점 창업을 생각하고 있는 창업자라면 '장사'에 보다 적극적인 사고를 갖고 남들보다 한 발 앞서 있는 분일지도 모릅니다. '당구장하는데 뭣하러 체인점을 해?'라는 생각과 '당구장은 당구대만 있으면 되지, 무슨 영업 노하우?' 등의 구시대적 사고가 지배적이었습니다. 이러한 창업자의 인식이 당구장 창업을 '장사'의 개념에서 벗어나 있기에 독특한 또는 독창적인 영업 방식과 그에 적합한 시설적인 요건을 갖춘 체인점이 무의미한 투자일 뿐이라 생각하게 됩니다. 그러한 이유로 독립 창업에 비하여 고비용이 소요될 것으로 예상되는 당구장 체인점에 대한 접근을 창업자가 꺼리게 되었던 것이 사실입니다. 그러나 장사를 아는 분이라면 영업 방식과 그에 적합한 시설의 형태가 장사에 얼마나 막대한 영향력을 갖는지 알 것입니다.

창업자가 체인점 창업을 위하여 체인 본사에 거는 기대는 〈표 19〉와 같을 것입니다(앞의 〈표 10〉과 같음). 그러나 현실은 앞선 설명과 같은 이유로 전혀 그렇지 못합니다. 빠른 시간에 창업자의 기대에 만족할 만한 답을 줄 수 있는 체인점 브랜드가 생겨나길 간절히 바랍니다.

〈표 19〉 당구체인 본사의 현실

창업자가 체인점 본사에 거는 기대	현실
자본력 있는 튼튼한 본사	영세한 당구업계
전사적 마케팅의 지속적 지원	마케팅 능력의 부족(자금, 인력)
검증된 독창적인 운영시스템	사후관리 시스템 불투명
안정적·지속적 가맹점 지원 및 관리	본사의 투자 의지 부족
강력한 브랜드 가치	

* 당구장의 이름과 인테리어 패턴의 유사한 당구장일 뿐!
* 우리의 창업자가 기대하는 체인점의 역할과는 거리가 있는 당구업계의 현실!

5. 관련 법규

당구장 창업을 위하여 기본적으로 알아두어야 할 관련 법규는 체육시설 등록과 정화구역에 관련한 내용입니다. 2014년 관련 법규의 개정에 의하여 〈표 20〉과 같이 변경이 되었습니다. 인터넷에 많은 자료들이 2014년 이전 자료로 올라와 있어서 자칫 혼돈을 일으킬 수도 있으니 주의하기 바랍니다.

〈표 20〉 체육시설업(당구장) 신규 신고와 승계 신고 안내

체육시설업 신규 신고

대상 업종	구비 서류	신고 조건(확인사항)
당구장	– 신고서(구청에 비치) – 임대차계약서 – 학교정화구역 심의필증 – 약도 – 당구장 내부 평면도	– 근린생활시설 – 당구대 1대당 162m² 이상 3대 이상 설치 – 세면실 설치 – 조도는 상업표준화법에 의한 조도기준에 적합할 것 – 적정한 환기시설을 갖추어야 함

체육시설업 승계 신고

대상 업종	구비 서류	신고 조건(확인사항)
당구장	– 양도양수계약서 – 임대차계약서 – 약도 – 당구장 내부 평면도	– 매도자와 매수자 동석 또는 위임장 작성 – 직전 사업자의 시정 조치 및 벌금 내역 확인 – 당구대 수량의 변경이 있을시 변경 내용 신고

참고로 당구장 자리를 알아보는 과정에서 대형 건물 또는 개별 분양 된 건물의 경우 간혹 〈그림 16〉에서처럼 1~4호까지를 사용해야 하는데, '등기상의 소유주'가 각 호실마다 다른 경우가 있습니다. 이러한 경우 정 상적으로는 하나의 사업자로 당구장 허가가 불가능합니다. 반드시 관할 구청 건축과로 문의하여 해결 방안을 찾아야만 합니다.

또 하나, 2014년 법규의 개정 전에는 1개의 건물에 체육시설 업종 전체면

1호	2호	3호	4호

* 대형건물에서 분양을 하는 경우 임대차 계약일을 기준으로 각 호의 등기상 주인이 다를 경우, 허가상에 문제가 있으니 반드시 관할 구청 건축과에 자세한 내용을 문의 후 임대차 계약을 진행할 것을 권합니다.

〈그림 16〉 건물주가 다른 경우의 인허가 주의사항

적의 합이 500m²를 초과하게 되면 '운동장 시설'로 용도 변경이 필요했으나 개정 후는 각각 업종의 면적으로 변경이 되었음도 참고하기 바랍니다.

당구장을 개설하고자 하는 마음에 드는 점포를 알아보았다면 제일 먼저 확인해야 할 사항이 '정화구역'에 해당하는지의 여부입니다. 간단한 확인 방법으로는 인터넷 지도에서 반경 200m 이내에 초등학교, 중학교, 고등학교가 있는지를 확인해 보면 됩니다. 정확하게는 관할 교육청에 전화를 해

〈그림 17〉 개정된 당구장 인허가 건축물의 용도

우리 당구장이라도 해 볼까?

서 "당구장하려고 합니다. 정화구역에 해당하는지 알려주세요!"라고 이야기하면 친절하게 상담을 해 주죠. 만약 정화구역에 해당하여 심의위원회를 거쳐야 하는 경우라면 준비서류와 함께 자세하게 절차를 이야기해줍니다.

심의신청서류: 건축물관리대장, 도시계획인서, 주변 약도, 신분증

또 하나 알아보아야 할 것은 건축법상의 용도와 관련되어 당구장의 개설이 가능한지에 대한 문의는 관할 구청 또는 시청의 문화체육과로 문의하면 됩니다. "저 당구장할 건데요."

"○○주소지의 ○○호에 하려고 합니다. 여기에 당구장 허가가 가능한가요?"라고 문의하면 됩니다. 그러면 담당공무원은 전산으로 건축법상의 건축물의 용도와 면적을 확인하고 바로 유선상으로 허가 가능 유·무를 알려줍니다. 만약 문제가 있다면 그에 대한 처리 방법을 자세하고 친절하게 알려주고 있습니다.

필자는 늘 교육청과 문화체육과에 전화를 해서 문의를 하는데, 예전과 같지 않은 공무원분들의 친절하고 자세한 상담에 만족감을 갖고 있습니다. 그러니 창업자 여러분도 망설이지 말고 궁금한 것들에 대하여 자세하게 정리하여 전화를 걸어 문의하면 보다 안전한 창업이 될 것입니다.

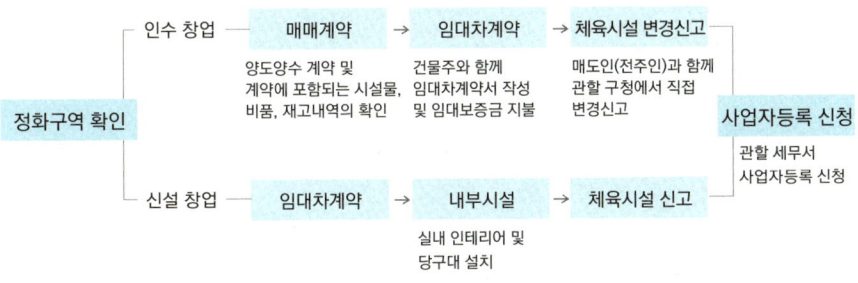

〈그림 18〉 당구장 창업의 기본 절차

당구대를 어디에서 사야 하냐구요? 간단해요. 인터넷 당구용품 쇼핑몰에서 사도 되고, 자주 다니던 당구장 사장님께 당구용품을 납품을 하는 지역 재료상에 사도 되고, 당구용품을 취급하는 잘 아는 당구선수에게 사도 돼요. 누구에게 사든 창업자인 내가 믿을 수 있는 업체나 개인이나 상관없어요. 왜냐하면 어차피 당구대의 가격은 당구대 공장에서 공식 판매가격이 정해진 것이기 때문에 판매자에 따라서 가격 차이가 별로 없고, 제품에 대한 A/S도 신제품이라 당구대 제조사에서 책임을 지니 문제가 없죠. 당구공, 당구 큐 등의 당구 재료 역시 마찬가지입니다. 인터넷 쇼핑몰에 가격이 모두 나와 있기 때문에 요즘엔 누구도 사기를 칠 수가 없습니다. 다만 판매자에 따라서 취급 품목의 종류에 약간의 차이가 있을 뿐입니다.

제가 추천해 드리는 방법은 창업의 과정에 내게 도움을 많이 준 업체나 개인이 있다면 그곳에 주문을 하는 방법이 가장 합리적이라 생각합니다. 어차피 동일 제품이라면 가격은 모두가 거기서 거기니까요.

문제는 중고 당구대를 설치하는 경우인데요. 이 경우 참 애매한 문제가 많습니다. 창업자의 대부분이 중고자동차와 같이 당구대에 무슨 연식이나 소유자의 이력이 있을 것이라고 생각하는데요. 실상은 그렇지 않죠. 그리고 판매자가 중고 당구대의 상태를 일일이 확인할 수 있을 것이라고 생각하지만 실상 그렇지 못합니다.

"실장님, 당구대 상태 확인해 보셨어요?"

창업자가 당구대의 상태에 대한 질문을 제게 합니다.

"저 바닥 돌의 상황만 확인해 보았습니다. 백 돌인지 먹 돌인지요~"

제가 창업자에게 할 수 있는 당구대 상태에 대한 이야기의 전부입니다.

제가 창고에 방문을 해보아도 분해되어 쌓여 있는 당구대를 일일이 풀어서 확인하기란 불가능한 일이기 때문입니다. 간혹 그런 생각을 해보았습니다. 창고 1,000평 정도가 있다면 (가)조립을 해서 창업자가 확인하고 살 수 있는 시스템을 만들고 싶다는 생각 말입니다. 그러나 이 또한 쉬운 일은 아니겠죠. 여하튼 창업자나 판매자가 직거래가 아닌 이상, 중고 당구대의 상태를 정확하게 파악하는 일은 결코 쉬운 일이 아닙니다. 불가능에 가깝습니다. 때문에 중고 당구를 구매하는 구매처는 매우 중요합니다. 업계의 평판도 좋아야 하고, 문제가 있을 경우에 책임질 수 있는 도덕성이 검증된 업체여야 합니다. 자칫 중고 당구대의 상태에 대한 판매처와의 분쟁에 휩싸여 이러지도 저러지도 못하는 경우가 발생하기 때문입니다.

필자의 경우도 가끔 창업자와 작은 분쟁을 겪은 경험이 있기에 누구도 장담할 수 없는 것이 중고 당구대의 상태입니다. 이야기가 조금 벗어났는데요. 중고 당구대와 신품 당구대의 가격 차이는 특별한 경우를 제외하고 대략 1대당 80~100만 원 정도로 보면 되는데요. 창업자의 입장에서 믿을 수 있는 또는 합리적인 타협이 가능할 것으로 예상되는 업체나 개인에게 구매하는 것이 맞습니다. 그게 아니라면 직거래로 한 대씩 두 대씩 사 모아야 하겠죠~

"여기 소주 한 병하고, 치킨 좀 시켜 줘요!"

매장의 한구석 코너자리에서 서너 명의 손님이 소주와 치킨을 주문했습니다.

"저 죄송합니다만 저희 당구장은 당구대에서 금주입니다."

"꼭 드시겠다면 이쪽 휴게실로 오셔서 드세요~^^^"

손님에게 정중히 이야기를 했습니다.

"젠장! 뭐야! X팔 뭔 당구장이 이래~"

불쾌한 손님은 욕을 하며 떠들기 시작합니다. 이미 거나하게 취해서 들어온 손님이기에 저와 주변의 손님들 눈살을 찌푸리게 하고 있는 상황이었죠. 점주인 저는 이미 두 번이나 조용히 다가가 부탁을 드렸었죠.

"손님 조금만 조용히 해 주세요. 다른 손님들이 불편해 해요~^^^"

그러나 그들은 저의 이런 부탁에 아랑곳 하지 않고 자기들만의 수다로 왁자지껄합니다. 저는 결단을 내렸습니다. '저들을 내보내야겠다'라고 말이죠. 저들 한 팀 때문에 나머지 8대의 당구대에서 당구를 치는 손님이 불편 하다면 그래야 하는 것이 맞다 생각했습니다.

"손님, 죄송한데 오늘은 나가주시죠. 소주도 닭도 못시켜 드려 죄송합니다만, 다른 분들이 너무 불편해 하시네요."

저의 이 말에 손님의 큐 끝이 목 앞에 멈추어 섭니다.

"뭐? 다시 말해 봐!"

손님이 저의 목에 큐를 겨누면서 이야기를 합니다. 이 소동에 주위의 손님들 모두가 시선을 집중했죠.

"나가주시죠. 죄송합니다."

겁이 났지만 용기 있게 이야기했습니다. 주변의 손님들을 믿기도 했습니다.

"이런 X8 뭐 이런 당구장이 다 있어!"

그렇게 손님은 큐를 바닥에 내던지고는 당구장을 떠났습니다.

잠시 적막이 흐른 당구장.

손님들이 박수를 치기 시작합니다.

"잘했어! 잘했어! 장사를 하려면 저 정도 강단은 있어야지!"라고 말입니다.

그 이후 제가 운영하는 당구장에서 고성방가와 술판은 벌어지지 않았죠. 매출이 떨어졌냐고요? 절대 아닙니다. 당구 칠 만한 조용한 분위기의 당구장으로 소문이 나서 장사는 날이 갈수록 잘 되었습니다. 그리고 참 웃긴 것은 큐를 제 목에 겨누었던 그 손님도 제 당구장의 단골이 되었죠.

그 사건이 있고 며칠이 지난 어느 날 "죄송해요. 제가 그날은 술이 너무 취해서요~"라며 사과를 하였고 저도 죄송하다는 말을 건넸죠.

제 당구장의 손님들은 그랬습니다.

술을 마셔야 하고 술을 많이 마신 날은 앞 당구장으로, 정말 당구를 치는 날은 제 당구장으로 왔죠. 맨 정신엔 그들 역시 당구를 사랑하고 즐기는 당구인이니까요.

　그렇게 그들도 단골이 되었습니다.

　손님은 다른 손님으로 인하여 자신이 불편해지는 것을 원하지 않습니다. 그러나 그것을 점주에게 이야기하지는 않죠. 그냥 다른 곳으로 가면 되니까요. 손님은 점주가 그러한 불편한 상황을 알아서 정리해 주길 바라지만 나서지 않습니다. 당구장의 분위기를 만들고 이용 규칙을 만들어 관리하는 것은 점주의 몫입니다. 나이트클럽에서 물 관리를 하는 것과도 다르지 않습니다. 당구장 운영에 대한 원칙을 세웠다면 그에 반하는 손님은 과감히 버려야 합니다.

늦은 오후 한 통의 전화가 왔습니다.

"당구대 8대 살 건데요, 당구대와 비품 포함해서 얼마나 들까요?"

차분하지만 무언가 궁금하다는 듯한 목소리가 수화기 건너편에서 들렸죠.

"아, 네. 다른 곳에 견적은 내어 보셨죠? 제가 견적서 이외에 여러 가지 창업에 필요한 소요비용 내역을 함께 보내드릴게요. 참고하세요."

창업자와의 전화 대화는 이렇게 늘 간단하게 끝나곤 합니다. 대부분 더 이상의 연락이 없죠. 왜냐하면 당구대 견적서는 인터넷에 나와 있는 정찰제 가격으로 보내드리고, 거기에 창업자가 잘 모르는 컵, 쟁반, 홍보물부터 소모품으로 사용하는 바구니와 걸레의 개수까지 장사를 하는 데 필요한 창업소요비용 전체에 대한 내역을 늘 보내드리곤 하기 때문입니다. 제가 보내드리는 견적은 타 업체에 비하여 싸지도 않으면서 이것 저것 추가적으로 소요될 것으로 예상되는 비용이 많기 때문이죠. 생각하지 못한 창업비용에 창업 자체를 포기하는 경우도 있을 것이고, 견적이 비싸다 생각하여 다른 곳에 주문을 하는 경우도 있을 것입니다.

보통의 경우 창업자가 당구재료상에 당구대에 대한 견적을 위와 같이 문의를 하게 되면,

"당구대 1세트에 설치비 포함해서 ○○만 원입니다. 싸게 해드릴게요~"라는 답변을 듣게 됩니다. 이 질문과 대답이 틀린 것은 아니지만 창업자는 '아! ○○만 원이면 창업이 되겠구나' 하고 당구장 창업의

전체 비용 또는 대부분의 비용으로 예상을 해버리곤 합니다. 그러나 실제의 비용은 견적의 비용과 많은 차이를 보일 수가 있습니다. 당구대의 종류는 정해졌다고 하더라도 인테리어의 상황에 따라서 큐장의 종류와 큐의 종류 등 당구대 이외의 비품에서 많은 부분에서 종류의 선택이 달라지고 가격 차이가 발생하게 됩니다.

이래 가지고는 창업자가 당구대와 관련된 비품을 절대 싸게 살 수도 없으며, 후일에 예상치 못한 비용의 소요에 난처한 일을 겪게 되기도 합니다. 단순히 당구대를 싸게 사기 위한 목적이 있다고 하여도, 어디에 전화를 해서 문의를 해도 대략의 금액을 알 수 있을 뿐이며, 실질적인 가격 협상이 되지를 않습니다.

정말 당구대와 관련된 비품을 싸게 사는 투철한 목적이 있다면, 이렇게 해보세요.

첫째, 당구용품들에 대해서 잘 모를 테니 일단 필요한 것들을 인터넷 또는 당구장에 직접 가서 알아보고요.

둘째, 필요한 내역을 정리해서 재료상 몇 곳에 견적을 받습니다. 이때 내가 사고 싶은 믿을 만한 곳은 미리 정해두면 좋아요. 마음으로 정해둔 판매처에도 확인을 위해서 만나는 보아야겠죠?

셋째, 받아 놓은 견적서들을 정리해서 내게 정확하게 필요한 당구대와 비품들을 확정합니다. 이 과정에서 마음으로 정해둔 판매처의 도움을 받으면 좋아요^^ 그리고 다시 견적을 받은 곳들에 수정된 견적서를 받습니다.

여기까지가 완료되면 대략의 비용이 나올 거에요^^

자! 그럼 이제 수화기를 들고 마음에 정해둔 곳에 통화를 합니다.

"사장님 여기서 당구대 살게요. 제가 여러 곳 견적서를 받았습니다. 받은 내역과 총 견적금액을 보내드릴 테니 이것보다 싸게 해 주세요!" 라고 말이죠.

이런 방법이 제일 싸게 당구대와 관련된 비품들을 구매하는 방법 입니다.

갑자기 이런 생각이 드는군요.

제게 누군가가 당구대 견적서를 요청하면 말이죠~

"견적서 여기저기 많이 받아보세요. 사장님께서 받으신 제일 싼 견 적서 보다 1만 원이라도 싸게 드릴게요!"라고 말이죠! ^^

인수 창업을 준비하는 어느 예비창업자가 필자에게 이야기한 내용을 재구성했습니다.

장사가 아주 잘 되는 당구장이 직거래 매물로 올라왔습니다. 난 관심 있게 당구장의 매출과 영업 상황에 대한 설명글을 꼼꼼히 봤죠. 그중 눈에 띄는 문구가 '제가 백내장에 걸려서 당구장을 급하게 처분하려고 합니다. 돈보다는 저의 건강이 제일 중요한 것이기에 안타깝지만 당구장을 팔려고 합니다'라는 내용이었죠. 거의 동시에 나의 머릿속을 스치는 언젠가 보았던 매물의 내용이 있었습니다. 그것은 바로 암(癌)에 걸려 당구장을 매매한다는 내용의 매장을 본 기억입니다. 혼잣말로 중얼거렸죠. "당구장 하는 사람들은 담배 때문인가? 왜 이렇게 환자가 많은 걸까?"

뭐 그건 중요한 건 아니었습니다. 당구장 매물의 내용만 좋으면 그만이니까요. 설레는 마음으로 당구장으로 향했습니다. 가는 동안 내내 곧 보게 될 당구장의 인테리어와 손님들의 상황들에 대하여 온갖 상상을 했습니다.

드디어 당구장에 도착하고 주인을 찾았죠.

"저 당구장 보러 왔습니다. 사장님 계신가요?"

"아! 네, 접니다. 전화하신 분이시죠?"

너무나도 건강한 모습에 난 놀라지 않을 수 없었습니다. 안대 하나 보이지 않았으니까요~

"사장님 백내장이라면서요? 많이 불편하시겠어요"

난 너무나도 건강해 보이는 주인에게 약간의 의심의 눈초리로 물었습니다. 사실 백내장 증상이 있다고 해서 뭐 특별하게 밖으로 티가 나는 것이 아니긴 하지만 그래도 뭔가 좀 어색할 정도로 밝아 보였기 때문입니다.

"하하하! 뭐, 다 그런 거죠~ 당구장 둘러보세요~"

주인은 머쓱해하면서 당구장을 둘러 볼 것을 권했습니다.

그때서야 알았습니다.

백내장은 그저 그냥 매매사유의 흔한 이유 중의 하나라는 것을요. 어떻게든 팔고 떠나야 하기에 '급매'라는 상황을 만들었다는 것을요.

난 나의 경험을 조실장님께 이야기를 하자 그의 반응은 너무도 담담했습니다.

"암(癌)뿐이겠습니까! 별의 별 희귀 병이 참 많아요^^ 팔려는 이유를 왜? 떳떳하게 말하지 못하는지 모르겠습니다. 무슨 죄를 진 것도 아닌데 말이에요! 그냥 '팔 때가 되어서 판다'고 하는 것이 더 신뢰가 가는 말인데 말입니다."

그의 말에 수긍이 되었죠.

내가 당구장을 사기 위해 다녀본 매장 중에 무슨 병에 걸렸다거나, 급하게 이사를 간다거나 하는 이유들의 당구장 중에서 장사가 정상적인 곳은 극히 일부였으며, 오히려 '지루해서', '할 만큼 해서' 판다는 당구장들이 매출이 안정적이었고 떳떳해 보였습니다.

인터넷에는 동종 업종의 점주들이 모여 정보를 교류하고 친목을 도모하는 커뮤니티가 많이 있습니다. 그 목적이 영업적인 발전을 위한 모임일 경우도, 단순한 친목을 위한 교류일 경우도 있습니다. 무엇이 되었건 동종 업종을 영위하는 '나' 이외의 사람들과의 교류와 친목을 통하여 위로 받고 나눌 수 있다는 것은 참 좋은 것 같습니다. 그러나 좋은 취지에서 시작된 모임이 작은 부작용을 낳는 결과를 종종 보기도 합니다.

필자도 당구장을 직영으로 운영하던 시절에 당구장 업을 하는 사람들이 모인 인터넷 카페 몇 곳에 가입하여 여러 가지 동정을 살피곤 했습니다. '요즘 당구장 주인들은 무슨 고민을 할까?', '당구재료는 어떤 것을 선호할까?', '그들만의 노하우는 어떤 것들이 있을까?' 등등 궁금한 것이 많았죠. 그리고 당구장 주인들이 숨은 공간에서 어떤 이야기를 할지 조금은 엿듣고 싶은 생각도 있었습니다.

그런데 이런 기대와는 다르게 '내가 왜 당구장을 시작해서 이 고생을 할까?'라는 이야기들과 그에 대한 공감과 푸념들만이 난무했었죠.

당시 회원 중에 몇몇 분과의 대화에서 전 이렇게 이야기했습니다.

"아니, 그 공간에서 실제적인 영업에 도움이 되는 이야기들이 오가면 안 되나요? 왜들 그렇게 이미 망한 사람인 듯한 이야기들만 있는 거죠?"

저는 매우 격양된 어조로 이야기를 했습니다. 들고 있던 아이스커피가 살짝 넘쳐 출렁일 정도로 손바닥을 테이블에 내리쳤죠.

"실장님, 모르시겠어요? 이해가 안 되세요?"

마주앉는 그가 씩~ 웃으며 묻습니다.

"네, 전 도무지!"

그가 담배 한 가치를 물고는 제게 무언가 중요한 것을 알려주겠다는 식으로 라이터 불을 요구합니다. 마지 못해 **당구장 로고가 그려진 황금색 라이터에 불을 붙입니다.

"실장님, 거기서 그렇게 많은 글을 쓰고, 답 글을 달고 있는 사람들이 오죽하겠어요? 그것도 저녁시간에요!"

"..."

알 듯 말 듯, 그러나 확신이 서지 않았습니다. 그 글들을 쓴 시간을 유심히 보진 않았기 때문입니다.

"그래서요?"

"저는 사실 하루 마감하면서 아주 잠깐씩 들여다보곤 하죠. 시간이 없어요. 영업시간에 인터넷카페에 글을 쓰거나 올릴 시간이 도통 없죠. 그리고 무엇보다 쓸 말이 없어요."

"아 그렇죠? 장사하기 바쁜데 그럴 시간이 당연히 없겠죠."

그가 입꼬리를 살짝 올리고는 말을 이어갑니다.

"전 그냥 한 달에 한 번 하는 모임에 나가곤 하는데요, 그건 어디까지나 제가 사람 만나길 좋아하고, 한 달에 한 번 휴가 같은 것입니다. 물론 무언가 특별한 영업적인 노하우를 이야기하는 그들에게 훔쳐 배울 것이 있을까 하고 기웃거리는 것이기도 합니다. 여하튼 그래요. 그냥 그날 하루 모여서 술 마시고 한 달의 피로를 푸는 게 주 목적이죠."

그의 담배는 이미 타들어가고 필터 끝이 보입니다.

"제가 보기엔 장사가 안 돼서 한가한 시간 많은 사장님들이거나, 무언가 다른 목적이 있는 분들입니다."

"다른 목적이요?"

"네, 분명 있어요! 모르시겠어요?"

이야기하는 것을 좋아하는 그가 필자에게 제대로 한 수 가르쳐 주겠다는 듯이 말합니다.

"실장님, 혹시 투잡 또는 매니저 두고 오토로 운영하는 당구장 사장님이 이런 카페에 가입한다고 상상하는 것은 아니죠? 그리고 장사 잘하고 있는 사장님들이 무언가 교류를 위하여 이 모임에 참석한다고 생각하시는 것은 아니죠?"

"네? 그럴 수도 있지 않은가요?"

"아우~ 답답해라. 실장님 그분들이 뭐가 답답하고 아쉬워서 이런 인터넷 공간에 푸념을 늘어 놓겠습니까? 그 시간에 돈 더 벌 궁리를 하죠. 저 역시 상황이 고만고만하니까 가입을 하고 모임에 나갔던 거죠. 지금은 그럴 시간도 없습니다."

"그렇군요. 이제야 이해가 갑니다. 아, 참! 그리고 아까 말씀하신 '다른 목적'이란 무엇인가요?"

"항상 이런 모임엔 시작의 의미와는 다르게 이익을 보는 집단이 있게 마련입니다. 혹시 수입자동차동호회의 운영 주체가 누군지 아세요?"

"아하! 그렇죠! 이해가 됩니다."

약간은 씁쓸한 표정으로 그가 푸념을 합니다.

"네, 아시겠죠~ 모두가 그렇게 운영됩니다. 그러니 당구장 운영자의 모임도 뻔한 거 아니겠어요?"

그의 푸념에 별다른 토는 달지 않았지만, 사실 누군가의 '다른 목적'을 나쁘게만 보지는 않습니다. 세상이 그렇게 순수하지만은 않다는 것을 너무나 잘 알고, 어찌 보면 그 주체들이 모임을 활성화하기 위해 노력한 합당한 대가 일 수도 있기 때문입니다.

다만, 이러한 인터넷 점주들의 모임이 좀 더 발전적인 방향으로 갔으면 하는 바람이 있었고, 4년이 지난 지금 그 바람은 그들의 노력으로 어느 정도 좋은 방향으로의 성과가 있는 듯 합니다.

현 시점에서 창업자 여러분께 모임에 접근하기 전에 당부드릴 것은 '잘 걸러서 취득해야 한다'는 것입니다. 자칫 편협한 판단이 있을 수도 있고, 정답이 아닐 수도 있습니다. 또 하나, 잠시 아주 잠시의 시간을 할애하라는 것입니다. 실제 장사를 하면서 인터넷카페에 무언가를 쓰고 읽고 할 시간이 있다는 것은 어쩌면 아주 한가한 당구장일 수 있습니다. 그리고 그 당구장의 주인이 내가 되는 순간 이미 망가져 있는 자신을 볼 수 있을지도 모릅니다.

이 이야기에 누군가 필자를 욕하는 분들이 있을지도 모른다는 생각이 잠시 스쳐갑니다.

2부

당구장
창업 실무

01

당구대 및
비품의 시설 구성

당구장 자리를 찾고 나면, 어떤 당구대를 사야 하는지? 필요한 당구재료는 무엇인지? 궁금하게 됩니다. 당구장 장사에 경험이 없는 경우에는 아무리 당구장을 다니면서 당구를 많이 쳤다고 하더라도 어떤 당구대가 좋은 건지? 나쁜 건지? 혼돈스럽기도 하고, 큐대는 또 무엇이 좋은 건지도 모르는 것이 당연합니다. 당구를 치러 다닐 때와 내 장사를 할 때와는 그 관심사가 다르기에 당연합니다. 그럼 지금부터 당구대와 필요한 당구재료들에 대해서 하나씩 알아가 보겠습니다. 참고로 간혹 언급되는 제품들에 대하여서는 필자의 개인적인 사견 또는 선호도이니 절대적인 것은 아님을 밝혀 둡니다.

1. 당구대의 종류 및 규격

당구의 종목별로 구분하면 4구용, 3쿠션용, 포켓볼용으로 구분지을 수 있습니다. 당구대의 형태별로 구분하면 국제 규격의 대대와 국내 규격의 일반 중대로 구분지을 수 있습니다. 특히 일반 중대의 경우는 4구용(用)

으로 설치를 할 것인지? 3구용(用)으로 설치를 할 것인지에 따라서 고무 쿠션의 높이를 조절하게 됩니다. 이 쿠션의 높이는 설치 기사에 따라서 또는 플레이어의 선호도에 따라서 조금씩 차이가 있습니다. 〈표 21〉 당구 대의 표준 규격 및 일반적인 설치 규정입니다.

〈표 21〉 당구대의 종목별 구분 및 규격

(단위: mm)

| 구분 | 국제식 대대 | 국제식 중대 | 일반 중대 | | | 포켓당구대 |
			일반	겸용	3쿠션 전용	
외경	1708x3130	1556x2826	1506x2870	1506x2870	1506x2870	1600x2870
내경	1422x2844	1270x2540	1224x2448	1224x2448	1224x2448	1270x2540
당구대 높이	790	790	790	790	790	790
쿠션 높이	37	37	42	39	37	37

* 고무쿠션의 높이는 조립 기사 및 플레이어의 특성에 따라서 셋팅 방법에 차이가 있을 수 있음.

2. 당구대 주요 부속

당구대의 주요 부속은 고무쿠션, 당구대 천, 열선을 꼽을 수 이있습니 다. 특히 고무쿠션과 당구대 천은 운영자의 선택과 관리 능력에 따라서 당구대의 성능에 많은 차이를 보이게 됩니다. 즉, 어떤 고무쿠션을 선택 하느냐와 어떤 당구대 천을 선택하느냐에 따라서 기본적인 당구대의 성 능 차이와 당구대의 특성 차이를 보이게 됩니다. 〈그림 19〉는 ABBI연구 소에서 2013년 조사한 '당구장 업주와 손님의 특성에 따른 당구대 천의 선호도 조사'의 내용입니다. 그림에서 보듯이 3쿠션 마니아 계층의 손님 이 많은 당구장의 경우는 당구게임의 특성상 '특지'를 선호하고, 운영자는 일반적으로 관리의 편의성으로 'C지' 또는 '바닥C지+쿠션특지'를 선호하는 경향이 있습니다. 이 연구의 결과는 사실 영업적인 부분에서 운영자가 '시설의 선택' 시에 고려해야 할 많은 의미를 내포하고 있습니다. 간단하게 이야기하면, 어떠한 시설을 선택할 때 우리는 투자비용을 생각하지 않을 수 없습니다. 그리고 당구장의 위치와 상권의 특성과 대상 고객의 특성에 따른 최적의 선택을 하여야 합니다. 그런데 현실은 이러한 분석이 먼저가 아닌 창업자(운영자)의 최소 예산에 맞추어지고 고객의 특성 또한 '그럴 것이야'로 일반화시켜 대입한다는 데 문제가 있습니다. 무조건 비싸

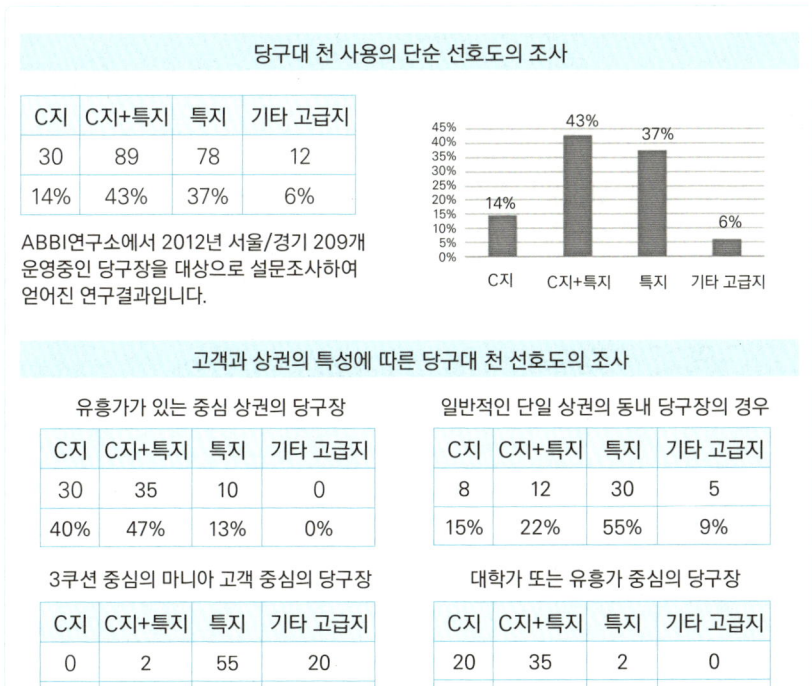

<그림 19> 고객의 특성에 따른 당구대 천의 종류 선택

고 좋은 것으로 선택하는 것이 정답은 아닙니다. 필자가 당부하고자 하는 것은 상황에 맞는 창업자의 상권과 고객의 특성에 맞는 적절한 선택이 되길 당부드리는 것입니다.

다음은 고무쿠션과 열선에 대한 이야기입니다. 고무쿠션의 제조사는 국내 독점이라고 하여도 무방합니다. 때문에 당구대 주문 시에 고무쿠션의 종류만 3515, ASTRO, ASTRO-Pro 중에서 선택하면 됩니다. 최근에는 대부분 ASTRO-Pro라는 반발력이 좋은 제품을 종목에 관계없이 일괄적으로 설치하기도 합니다. 그 이유는 3515제품에 비하여 활주 성능 (공이 잘 구름)이 좋기 때문입니다.

당구대의 열선은 당구대 돌 밑에 부착하여 당구대 돌을 따듯하게 하는 역할을 합니다. 보통 열선을 설치하게 되면 관리적인 부분에서 신경 써야할 것이 있습니다. 그것은 당구공에 도포한 왁스 성분이 열선이 없는 상태일 때보다 마르거나 굳는 현상에 민감하기 때문입니다. 때문에 열선을 설치한 당구대의 경우는 국제경기용 대대를 관리하는 방법과 같은 기준으로 예민하고 철저하게 관리해야 합니다. 그렇지 않으면 손님에게 당구대가 튄다느니, 급격하게 짧아진다느니 하는 푸념과 불만을 들을 가능성이 많습니다.

필자의 이러한 의견에 이견을 표현할 분들도 있을 줄 압니다. 그러나 이는 간단히 유체역학적으로 생각하면 간단합니다. 온도가 유지된 플라스틱의 표면에 윤활제 성분이 도포되어 있는 경우 그 결이 일정하지 못하거나 상온에 노출되어 윤활제가 굳어가면서 그 결에 당구대 위의 먼지나 이물질이 더 잘 묻습니다. 때문에 열선이 없는 경우보다 더 세심하게 관리가 되어야 합니다.

우리 당구장이라도 해 볼까?

3. 당구장 운영을 위한 당구용품

지금까지 당구대와 당구대 천과 고무쿠션과 열선에 대하여 알아보았습니다. 당구대와 관련된 선택이 끝났다면 지금부터 이야기할 당구용품들은 운영 과정에서 반드시 필요한 당구용품들입니다. 〈표 22〉에서 제시된 제품들은 어디까지나 필자의 선호도에 의한 분류와 선택입니다. 당구용품 인터넷사이트를 둘러보면 같은 분류의 다양한 제품들이 있으니 같은 기능의 제품을 선택하여 사용하여도 무방합니다.

〈표 22〉 창업 시에 구매해야 할 당구용품

구분	용품명	용도
필수	공닦는 기계	당구공 세정을 위한 자동 기계
선택	공케이스	당구공을 보관하기 위한 플라스틱 케이스
필수	쵸크	큐미스의 방지를 위해 큐 팁에 바르는 필수용품
선택	쵸크케이스	쵸크를 끼워서 사용
필수	팁	큐의 끝에 붙이는 큐팁으로 쪽팁, 통팁으로 구분
필수	장갑(세손, 면)	큐 걸이를 하는 손에 끼우는 당구용 장갑
필수	공닦 약	공닦는 기계에 뿌려서 사용하며 세정과 광택 역할
필수	피칼	공에 묻은 이물질을 제거하는 용도로 사용
필수	포리왁스	공 또는 당구대 천의 윤활성을 높이기 위해 부분적으로 사용
필수	당구전 코팅제	당구대 천의 윤활성을 높이기 위해 부분적으로 사용
필수	당구대 닦는 천	영업 중 당구대의 이물질 제거용으로 사용
필수	소형진공청소기	영업 중 당구대의 이물질 제거용으로 사용
필수	큐까고	큐팁의 손질을 위해 사용되는 필수용품
선택	큐손질 기계	큐팁의 손질을 위해 사용되는 반자동 기계
필수	줄칼	큐손질을 위해 사용되는 필수용품
필수	사포 100#	큐팁의 손질을 위해 사용
필수	사포 400#~1000#	큐팁의 마무리 다듬질용으로 사용

필수	커터칼	팁교체시 큐 손질을 용도로 사용
필수	팁가위	팁교체시 큐에서 팁을 떼어내는 용도로 사용
필수	401본드	팁을 큐의 선골에 붙이는 용도로 사용. 401 또는 402본드
필수	일반 고무 큐그립	큐의 손잡이 부분에 끼워서 사용. 고무그립 또는 실리콘그립을 주로 사용
선택	물수건	국제식 대대에서 손 및 개인큐를 닦기 위한 작은 물수건
선택	선수용 큐그립	국제식 대대 사용자를 위한 판매 또는 서비스용품
선택	선수용 쪽팁	국제식 대대 사용자를 위한 판매 또는 서비스용품
선택	오리발	포켓과 국제식 대대에서의 큐걸이 보조용품
선택	익스텐션	국제식 대대에서 사용하는 보조용품
선택	개인용 줄칼	국제식 대대 사용자를 위한 큐 손질기구
선택	팁픽	국제식 대대 사용자를 위한 큐 손질기구

* 상기의 품목은 필자가 당구장을 운영할 때 꼭 필요하다 생각하는 품목들입니다. 운영자의 선택에 의하여 구성은 변동이 있을 수 있습니다.

4. 당구장 운영에 필요한 비품들

장사를 시작하게 되면 우리가 지금까지 준비한 당구대와 당구재료 이외 냉온풍기, 손님용 의자, TV, 유리 컵, 쟁반 등 생각보다 많은 비품들이 필요하게 됩니다. 그리고 홍보를 위한 전단, 쿠폰, 라이터 제작에도 꽤 많은 비용이 소요가 됩니다. 창업자가 '대략적으로 이러한 것들이 필요할 것이다'라고 예상은 하지만 실제 소요비용을 정리하면 늘 깜짝 놀라곤 합니다. 작은 것들이지만 합쳐 놓으면 생각보다 많은 비용이 소요되기 때문이죠.

〈표 23〉은 당구장 창업 준비 과정에서 예산을 편성에 반영해야 하는 기본적인 것을 정리한 것입니다. 여기에 창업자가 별도로 갖추고자 하는 것들을 추가하여 정리하면 훌륭한 예산편성이 될 것입니다. 우리가 창업

실행 전에 예산을 편성하는 이유는 간단합니다. 이 과정을 통하여 정확한 자금 계획을 세우고 실행 가능한 창업전략을 구상하고 실행할 수 있기 때문입니다.

〈표 23〉 당구장 운영에 필요한 비품 목록

품목	필요 수량	비고
음료용 냉장고	1	고객에게 제공될 음료수를 보관하는 냉장고
일반 냉장고	1	얼음과 일반음식을 보관할 수 있는 다용도 냉장고
얼음 정수기	1	매장에서 사용될 물 및 얼음
커피자판기	1	고객에게 제공될 커피자판기. 카운터와 휴게실에 비치
TV	1	고객 휴게실에 비치할 TV
머그컵	30	뜨거운 차를 제공할 컵
유리컵	50	차가운 음료를 제공할 컵
서빙용 쟁반	10	고객서비스용 쟁반(미끄럼 방지 부착)
주방용품 일체	1	설거지, 컵보관용 렉, 세정제 등의 주방용품
당구대 비치 의자	2	당구대 주변에 비치할 1인용 간이의자
휴게실용 의자	3	휴게실에 비치할 1인용 의자 또는 소파
휴게실용 테이블	1	휴게실에 비치할 다용도 테이블
내부 디스플레이	1	요금표, 이용 안내 등의 각종 안내물 등
고객용 컴퓨터	1	휴게실에 비치할 고객사용 PC
세탁기(소형)	1	물수건, 장갑 세탁용 작은 세탁기
홍보용 라이터	1,000	당구장 비치용 및 홍보용 라이터

5. 인테리어의 형태에 따른 당구대 배치 및 당구용품의 구성 사례

당구장 인테리어의 형태에 따라서 당구용품의 구성에 차이가 발생되는 부분은 대표적으로 '큐장'과 '주판대'입니다. 제조사마다 디자인은 창업자의 선택에 의하여 선호도에 차이가 있으므로 선택하면 됩니다. 그러나 현실적으로 큐장과 주판대의 형태는 정해져 있다고 보아도 무방합니다. 〈그림 20〉에서와 같이 인테리어의 형태에 따라서 큐장과 주판대를 개별 선택하여 부착하는 경우도 있고, 시스템가구의 일체형으로 구성해야하는 경우도 있습니다. 또한 〈그림 21〉처럼 서비스용 테이블을 현장에서 제작하거나 가구점에서 구매를 할 경우에도 큐장과 주판대의 구성이 달라지게 됩니다.

〈그림 20, 21〉은 당구장에서 많이 사용하는 큐장과 주판대와 의자와 테이블 구성에 대한 참고사례입니다.

필자가 추천 드리는 구성은 인테리어를 간단하게 할수록 〈그림 20〉과

〈그림 20〉 시스템가구 타입 구성 사례

<그림 21> 벽걸이 타입 구성 사례

같이 시스템가구로 구성하는 것이 좋다는 의견입니다. 그 이유는 가급적 벽면을 통일된 가구로 비치하고 카운터와 일부 벽면에 포인트만 주는 것으로도 깔끔하고 정돈된 느낌의 인테리어를 연출할 수 있기 때문입니다.

6. 당구대의 구성

우리는 당구대의 종류 및 규격에서 종목에 따라서 3구용, 4구용, 포켓용 당구대로 나누어 보았으며, 당구대의 형태별로 국제 규격의 대대와 국내 규격의 일반 중대로 구분하였습니다. 이러한 당구대의 다양한 형태를 내 당구장에 어떤 것을 몇 대씩 설치할 것인지에 대한 고민을 해야 합니다. 내가 운영할 당구장이 200~300평의 초대형이라면 국제 규격의 대대를 5~6대 설치하고, 포켓당구대도 4~5대 설치하고, 국내 규격의 당구대도 4구용과 3구용을 나누어 충분히 설치할 것입니다. 그러나 우리의 현실은 대부분 70평 이내의 소형에서부터 100평 내외의 중형 당구장이라는 것을 감안하면 이 모든 것을 충족하는 구성은 공간적으로나 영업적으로나 무리가 따르게 됩니다.

"실장님 대대 1대와 중대 6대와 포켓당구대 1대를 설치하려고 합니다. 어떻게 생각하세요?"

창업자가 당구대의 구성에 대하여 질문을 했습니다.

"네, 제 생각에는 대대를 포기하거나 포켓을 포기했으면 합니다. 대대 1대와 중대 7대로 하든지, 아니면 포켓 1대와 중대 7대로요~"

전 특별한 경우가 아니라면 거의 늘 이렇게 답변을 하곤 합니다.

"동네니까 포켓 손님도 있을 것 같아요. 그리고 대대는 추세니까 한 대를 꼭 놓고 싶어요~"

창업자가 다시 의견을 들은 저는 다시 설명을 했습니다.

"사장님, 대대를 치는 분위기와 포켓을 치는 분위기는 사뭇 다릅니다. 고객의 주요 연령층도 완벽히 달라요. 어떻게든 한 명이라도 대상 고객을 포기하기 힘든 마음은 알겠지만, 이도 저도 아닌 당구장이 되어 대대가 놀든지, 포켓이 놀든지 둘 중에 하나가 될 것이 분명해요. 특히 포켓볼이 생각보다는 매출이 많지가 않아요. 대대가 없다면 구색을 갖추는 측면에서 충분히 일리 있는 구성이나 대대가 있는 구성에서는 반대입니다."

실제 운영 현장에서는 대대와 포켓은 상극인 구성이 되는 경우가 많습니다. 완벽하게 공간이 나누어지지 않은 이상에는 말이죠. 창업자의 생각은 대부분 동네니까, 다양한 고객을 상대해야 한다는 생각을 하고, 포켓을 통하여 가족 단위의 고객을 유치하겠다는 생각을 하고, 젊은 여성층의

우리 당구장이라도 해 볼까?

고객을 통하여 당구장의 분위기를 밝게 만들고자 하는 생각들을 하게 됩니다. 그러나 실상은 절대 그렇지 않습니다. 실제 가족 단위의 고객과 여성 고객의 유치에 도움이 되는 것은 당구장의 환경입니다. 즉, 여성들이 들어오기에 거리낌이 없을 정도의 인테리어 수준과 당구장 손님들의 분위기, 그리고 쾌적한 환경입니다. 가족 단위의 고객 역시 마찬가지입니다. 내 아들, 딸, 부인과 함께 놀러올 수 있는 당구장은 포켓당구대가 있는 당구장이 아니라 그들과 함께 해도 안전하고 쾌적한 당구장의 공간임을 생각해 보시기 바랍니다. 이는 직장인을 중심으로 한 시내의 당구장도 마찬가지입니다. 여자 친구와 여직원이 함께 당구를 치지는 않더라도 편하게 기다려 줄 수 있는 당구장이어야 합니다.

다음은 국내 규격 중대의 구성입니다. 즉, 아스트로(ASTRO) 쿠션을 몇 대 설치할 것인지? 당구대 천(나사지)은 어떤 것으로 몇 대를 할 것인지에 대한 고민입니다. 이 부분은 어디까지나 창업자의 선택에 달려 있는 것입니다. 때문에 본 서에서는 필자의 기본적인 구성법을 〈표 24〉와 같이 제시하는 것으로 대신하겠습니다. 필자는 2가지의 경우로 구분하여 그 구성을 다르게 합니다. 이 구분은 손님의 유형을 상권에 따라서 주요 고객을 일반인 계층과 마니아 계층으로 구분 지은 통계에 의한 지극히 주관적인 선택입니다. 또한 제시된 상권에서의 특별한 고객을 대상으로 한 영업 전략이 있다면 당연히 그 구성이 변경되어야 합니다.

<표 24> 10대 기준의 당구장을 기준으로 한 상권별 당구대 구성 사례

구분		국제식 대대	국제식 중대	일반 중대			포켓당구대
				일반	겸용	3큐션 전용	
집중 상권		0	0		5	4	1
위성 상권		0	0	0	5	4	1
단일 상권	단일 상권	1~2	0	0	0	8~8	0
	사무단지(2)	0	0	0	5	4	1
	주거단지(1)	1	0	6	0	3	0
	주거단지(1)	0	0		6	4	1

상기의 구성은 필자의 개인적인 선택임.
구성상 특이할 점은 국제식 대대와 포켓당구의 복합적인 구성을 가급적 피하고 있으며,
상권의 규모가 클수록 회전율이 좋은 중대 중심의 구성이 주를 이룸.

7. 당구대 설치 시 주의사항 및 확인사항

당구대를 설치하는 날이 오면 그야말로 심장이 떨리는 기대감에 잠을 설치게 되죠. 그동안 인테리어 공사를 하면서 몸과 마음의 힘든 과정이 주마등처럼 지나가기도 하며, '이제 당구대만 설치하면 거의 모든 창업 준비가 끝난다!'라는 안도감과 '이제 드디어 장사를 시작하게 된다!'는 기대감에 부풀게 됩니다.

자! 이런 날 작은 실수로 기분을 망치면 안 되겠죠? 지금부터 당구대를 설치하는 날 우리가 준비해야 할 것과 확인해야 할 것들을 알아보겠습니다.

당구대가 들어오는 날에 우리가 제일 처음으로 준비를 해야 하는 것은 당구대를 싣고 오는 5톤 트럭의 주차공간입니다. 당구대를 내리기 위해서 약 2~3시간이 소요가 됩니다. 이 시간 동안 건물의 1층 출입구 또는 엘리

베이터에서 가까운 지하 출입구에 주차를 할 수 있는 여건을 만들어 두어야 합니다. 관리사무소가 있는 경우에는 미리 통보하고 주차공간을 확보해두는 것이 바람직하며, 소형건물의 경우에는 건물의 출입구에 밤새 불법주차를 하는 누군가가 없도록 조치를 취해 두어야 합니다.

다음은 당구대의 위치를 잡는 일입니다. 물론 인테리어의 과정에서 기본적으로 당구대의 위치를 잡아 두었겠지만 한 번쯤 조립기사와 확인을 거쳐야 합니다. 조립기사마다 자신만의 고집이(기준이) 있는 경우가 있기에 때로는 주인인 내가 미리 정하여 둔 배치의 기준을 무시하고 조립기사의 기준에 의하여 당구대를 설치하는 경우도 있습니다. 예를 들어 주인인 나는 공간의 여유를 위해서 서비스용 테이블에서부터 1,600mm의 간격을 투고 당구대의 끝 선을 맞추었지만, 조립기사는 1,480mm면 충분하다는 기준에 의하여 설치를 감행할 수도 있습니다. 반드시 당구대를 설치하는 과정에서 요청하고 확인해야 합니다.

여기까지의 과정이 완료되면 아마도 오전 11시에서 12시 사이가 되었을 겁니다. 밥 먹을 때가 되었죠. 이 시간이면 조립기사와 당구대를 올리는 목도가 현장에서 땀을 뻘뻘 흘리고 있을 거랍니다. 시원하게 점심값 투척하고 개략적인 조립 마무리 시간을 확인한 뒤 '조립 잘 부탁드릴게요~'라는 당부의 말과 함께 잠시 사라지시면 됩니다.

다음은 조립이 완료된 후의 확인사항입니다.

지금부터 이야기하는 조립 완료 후 확인사항은 서로를 위해 좋은 일입니다. 미안해할 것도 없고, '이 정도면 됐어'라고 참을 것도 없습니다. 무언가 잘못되었다면 나중에 다시 불러서 재작업을 요청해야 하고, 기사의 입장에서는 다시 와서 재작업을 해야 하는 불편함이 존재하게 됩니다. 그러니 현장에 사람이 있을 때, 확인하고 잘못된 것은 바로 바로 요청하는 것이 좋습니다.

마지막으로 한 가지 당부를 드릴 말씀이 있습니다.

그것은 조립기사의 식사비에 대한 부분입니다. 굳이 필자가 식사비 2만 원~3만 원을 이야기하는 이유는 간단합니다. 일이란 것은 사람이 하는 일이기 때문에 그 기분에 따라서 품질이 달라질 수도 있습니다. 물론 프로라면 그런 것에 상관없이 제대로 된 성능이 나오게끔 당구대를 꼼꼼하게 조립하는 것이 당연하고 맞습니다. 그러나 인색할 필요가 있겠습니까? "이걸로 식사 드시고 싶으신 것 드세요~ 그리고 조립 깔끔하게 잘 부탁드릴게요~"라고 당부하고, 조립이 끝난 후에는 "고생하셨어요. 잘 조립해 주셨으니 장사 잘할게요~"라는 인사 정도면 충분한데 말입니다. 그리고 조립기사로부터 "사장님 대박 나세요~하하하"라는 덕담 한 마디 온다면 더 좋은 것 아닐까요?

'확인과 요청은 깐깐하게 그러나 인색하지는 말자!'라는 것이 필자의 생각이고 당부입니다.

8. 당구대 및 당구용품 견적서 받기

견적서를 받는 과정에서 창업자의 가장 큰 오류는 '견적 기준이 다르다'입니다.

사실 우리가 당구대와 당구재료의 견적을 여러 곳에 받아보는 이유는 '가격비교'가 가장 큰 이유입니다. 단돈 만 원이라도 싸게 사기 위한 방법인 거죠. 그런데 여러 재료상을 만나보는 과정에서 우리는 그들의 '도덕성'과 '실력'을 어느 정도의 기준점에 두는 것 같습니다. 즉, 판매하는 저 사람이 정직하게 파는 사람인가? 당구장 장사에 실력이 있는가? 하는 것 또한 판단의 기준으로 삼게 됩니다. 또한 상담의 과정에서 판매자가 선호하는 당구대 및 당구용품이 있기에 선택이 달라지기도 합니다.

이러한 이유로 처음의 생각과는 다르게 '견적'의 차이가 발생되기도 합니다. 열선, 고무쿠션, 당구대 천의 종류 등 당구대의 기본 구성 옵션이 달라지기도 하며 때로는 당구 큐의 종류도 달라지게 됩니다. 이 옵션의 변화로 당구대 한 대당 수십 만 원까지도 차이가 발생됩니다. 판매자의 추천이 나쁘다는 것은 아니지만 비교 견적을 위해서는 명확한 기준이 있어야 합니다.

이렇게 해보는 것은 어떨까요?

첫째, 내 기준에 맞는 하나의 실제 견적서(필요 품목의 리스트 및 옵션 사항)를 작성한다.

둘째, 판매자의 추천은 거부하고 내가 만든 가상의 견적서와 동일 품목과 옵션으로 견적을 받는다.

셋째, 최종적인 가격 협상을 마친다.

넷째, 필요하다면 납품이 결정된 업체의 책임자와 당구대의 구성 및 당구재료의 구성에 대하여 재협의를 통하여 추천을 받거나 변경하고, 가격을 재협상한다.

이런 방법으로 납품업체를 결정하게 되면 최소한 누구에게 사기를 당했다느니, 비싸게 샀다느니 하는 경우는 없을 것입니다. 창업자인 나 스스로 '가 견적서'를 만들기 위해서는 기본적으로 당구대의 구성과 당구용품에 대하여 기본 지식이 있어야 하는 것은 당연합니다. 그러나 너무 겁먹

지는 마세요. 이 책의 내용만으로도 창업자 스스로 올바른 견적을 받기 위한 '가견적서'를 만들 정도의 기본은 충분히 갖추어지게 됩니다.

앞에서 잠시 언급한 판매자의 도덕성과 신뢰성에 대한 이야기를 잠시 하겠습니다. 우리가 창업의 과정에서 판매업체 또는 판매인에게 이러한 요건을 요구하는 이유 중 하나는 '인테리어 공사'에 있으며 또 하나는 '장사의 방법에 대한 의지 심리'가 있기 때문입니다. 그러나 의외로 문제의 해결은 간단합니다. 인테리어 공사의 경우 우리가 공사자의 도덕성을 따지는 이유는 '코에 걸면 코걸이, 귀에 걸면 귀걸이'라는 식의 인식이 있기 때문입니다.

실제 현장에서 창업자와 공사자의 사소한 다툼부터 큰 부분까지 잦은 다툼이 있는 것이 사실이기에 걱정스러운 것이 당연하며 좋은 업체를 만

〈표 25〉 당구대 견적서 예시

항목		제품명	단가	수량	금액	확인사항
당구대	중대·포켓	허리우드 골드프러스s				-제조사마다의 (쿠션 당구대 천, 열선)의 기본옵션 확인 -제공되는 또는 구입할 당구대 천의 제조사와 제품명의 확인
		민테이블 클럽				
		당구대 천				
		Astro pro쿠션				
		열선				
		중대·포켓 조립비				
		중대·포켓 목도비				
	국제식 대대	민테이블 스타디움				-제조사마다의 (쿠션 당구대 천, 열선) 기본옵션 확인 -당구대 천, 고무쿠션의 종류 확인
		허리우드 프로암v				
		당구대 천				
		국제식 대대 조립비				
		국제식 대대 목도비				
		운임				거리에 따라서 차등 적용됨
		당구대 소계				

〈표 26〉 당구재료 견적서 예시

항목		제품명	단가	수량	금액	비고
가구	시스템가구	웨스턴골드세트				
		회전큐꽂이				
		개인큐장				
당구큐	일반큐	한밭 DM-33호				
	개인큐	한밭 DM-44호				
컴퓨터	당구장용 컴퓨터 타이머	세미컴퓨터(신형)				
당구공	4구공(65.5mm)	토너먼트프로컵				
	3구공(61.5mm)	토너먼트프로컵				
	6구공(65mm)	식스볼				
	포켓공	아라미스				
청소용품	청소기	경서진공청소기				
	공닦는 기계	빌킹				
당구재료		다이아쪽팁 6겹				
		브런스윅 쵸크				
		피칼				
		천세척제				
		코팅제				
		세손장갑				
		면장갑				
		당구대 닦는 천				
		소대				
		카지노칩				
		큐까고				
		큐그립				
		사포세트				
		줄칼				
		큐맨기계				
소계						
Total 예산						

제조사 및 정확한 제품명의 기록을 통한 견적을 받아야 함!

나기 바라는 마음이 공사자의 도덕성을 따지게 되는 이유가 되곤 합니다. 보통은 인테리어와 당구대와 당구용품의 발주가 한 업체에 일괄적으로 맡겨지는 경향이 있기 때문에 당구대 납품업체의 결정에 영향을 미치게 됩니다. 그러나 다음 장에 다루어질 '인테리어 편'에서 이야기하겠지만 명확한 시방서가 걱정했던 공사 진행자의 도덕성에 대한 문제를 말끔히 해결해 줄 것입니다.

　장사의 방법에 대한 의지 심리는, 즉 '이 사람이 장사에 대해서 잘 모르는 날 위해 무언가 비법을 전수해 줄 수도 있을 거야!'라는 기대 심리입니다. 그러나 단호하게 말씀드리면 듣기 좋은 조언은 가능하지만 책임감 있는 비법의 전수는 없습니다. 그리고 그들에게는 당구장 장사에 대한 책임감 있는 조언을 해 주어야 할 아무런 의무도 이유도 없습니다. 다만 창업자에게 좋은 제품을 추천하고, 정해진 제품을 정확하게 납품해야 할 의무만 있을 뿐입니다.

9. 중고 당구대 선택 시 주의사항

　새로이 창업을 하면서 누구나가 당구대만큼은 새 것으로 구비하고 장사를 하고 싶은 마음은 똑같습니다. 그러나 부득이하게 어쩔 수 없이 현실적인 자금의 문제로 중고를 선택해야 하는 경우도 있고, 굳이 새 당구대를 설치하지 않아도 되는 상권과 입지 조건인 경우도 있습니다. 어떤 경우이건 중고 당구대를 구매하기로 결정했다면 가격에 적합한 당구대를 구매하면 그것으로 만족입니다.

　중고 당구대를 구매하는 경로는 〈그림 22〉와 같이 직거래를 통하여 구매하는 방법과 중고 취급 당구재료상을 통하는 방법 두 가지가 있습니다. 먼저 직거래의 방법에 대하야 알아보겠습니다.

　직거래의 장점은 내가 직접 당구대를 확인하고 구매할 수 있다는 장점

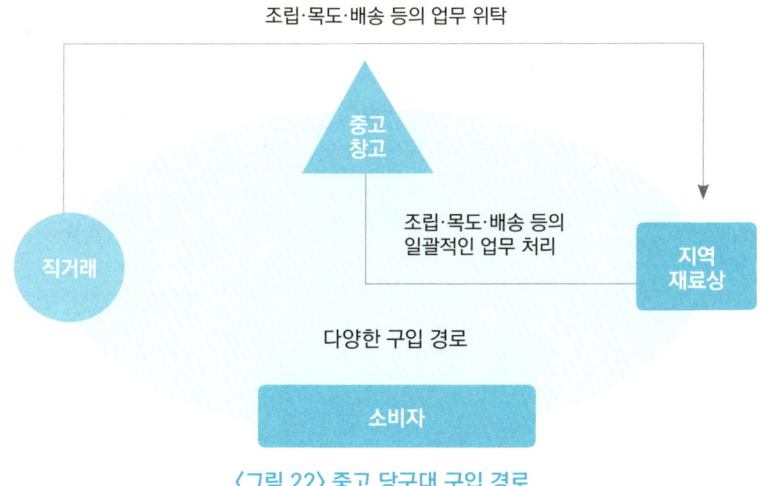

조립·목도·배송 등의 업무 위탁

중고
창고

조립·목도·배송 등의
일괄적인 업무 처리

직거래

지역
재료상

다양한 구입 경로

소비자

〈그림 22〉 중고 당구대 구입 경로

이 있으나 당구장들을 다니면서 한 대, 한 대를 필요한 수량만큼 사 모아야 할 수도 있다는 불편함이 있습니다. 예를 들어 나는 8대가 필요한데 한 당구장에서 6대만 있을 수도 있고, 한 대만 팔 수도 있습니다. 또한 10대를 일괄적으로 판매하는 경우도 있기에 과정에서의 불편함은 있을 수 있습니다. 직거래로 당구대를 구매할 때는 〈표 27〉과 같은 철거, 이동, 설치에 관한 비용의 소요도 고려한 가격 협상이 이루어져야 합니다.

다음은 중고 취급 당구재료상을 통하여 구매하는 방법입니다. 앞서 직거래로 인한 불편을 모두 해소하고 일괄적인 구매가 가능하다는 장점이 있습니다. 단점으로는 당구대의 상태 확인이 거의 불가능하다는 점 때문에 판매자와의 분쟁이 있을 수도 있습니다. 중고 당구대 구매 시 주로 다툼이 발생되는 분쟁의 가장 큰 원인으로는 구매자의 생각과 판매 현실이 기본적으로 다르기 때문인데, 다음과 같습니다.

첫째, 중고 당구대도 자동차처럼 연식이 있고, 그 수준에 준하는 '가격

항목	내용	비고
철거	철거할 당구장에서의 당구대 분해 비용	직거래시 판매자 부담
목도비(1)	분해된 당구대 1층의 트럭까지의 운반을 위한 인건비	직거래시 판매자 부담
운임(1)	철거한 당구장에서부터 재설치를 할 당구장까지의 운임	직거래시 구입자 부담
목도비(2)	재설치할 당구장 1층에서부터 당구장까지의 운반을 위한 인건비	직거래시 구입자 부담
조립비	당구대의 조립 인건비	직거래시 구입자 부담
당구대 천	새로 설치할 당구대 천의 구입비용	직거래시 구입자 부담
쿠션 교체	노후된 고무쿠션 또는 쿠션 종류의 변경시 조립기사의 인건비	구매자의 선택
열선 추가 설치	열선을 추가하여 설치할 경우 구입비용 및 조립기사의 인건비	구매자의 선택

이 정해져 있을 거야!'라는 생각입니다. 그러나 실제는 1~2년 미만의 중고 당구대의 경우는 새 것과 다름 없는 높은 가격에 판매가 되며, 나머지는 그 연식과 상태를 가늠할 수 없습니다. 당구대에 무슨 표식이 있는 것도 아니고, 당구대 돌에 생산 년도를 표기하는 것도 아니기 때문입니다. 설혹 표기를 한다고 하더라도 부품 하나 하나가 분해되어 창고에 보관되는 현실을 생각하면 그 표식이 무의미하기도 합니다. 경험이 비교적 많은 필자의 경우도 현실적으로는 당구대 연식의 구분이 불가능합니다.

둘째, 중고 당구대의 상태를 '내가 확인할 수 있을 거야!'라는 생각입니다. 앞에서도 이야기했지만 모든 부속이 분해되어 테이프로 싸매어져 있는 상황에서 그것을 일일이 확인한다는 것은 불가능합니다. 믿고 사는 수밖에는 없습니다.

셋째, '그래도 쓸만 할 거야!'라는 생각입니다. 맞습니다. 아주 노후된 구형 당구대가 아니라면 당구대 천 갈고, 깨끗이 닦으면 쓸만 합니다. 당구대의 성능에도 별반 큰 차이도 없습니다. 그러나 당구대의 측판과 발통 등 외관상의 까짐이나 보관 과정에서 수북하게 쌓여 있는 먼지 등을 본다면 유쾌한 기분은 아닙니다. 창고에서 판매를 위해서 출고 시에 한 번쯤 까진 곳을 보수하고, 깨끗이 닦아서 출고가 된다면 분쟁도 없고 창업자의 기분도 좋겠지만 '가격'의 문제인지 '당구업계의 시스템'의 문제인지는 판가름할 수 없지만 안타까운 현실입니다.

추가적으로 중고 당구재료에 대하여 잠시 이야기하겠습니다.

중고 당구대와 함께 당구장 가구와 당구 큐를 중고로 일괄 구매하는 경우도 있습니다. 필자의 개인적인 견해로는 '절대 그러지 마세요'라고 말씀드리고 싶습니다. 그 상태가 깨끗하고 쓸 만할 확률이 매우 적습니다. 중고 당구장 가구와 중고 당구 큐를 꼭 구매할 것이라면 직거래를 하거나 아니면 번거롭더라도 직접 창고를 방문하여 제품을 확인한 후에 구매를 결정하기 바랍니다.

〈그림 23〉 중고 당구대 필름작업 사례

　　이른 아침 7시, 저는 당구대 기사를 맞이했습니다. 당구대가 그려져 있는 한 장의 도면을 들고 조립기사에게 설치 기준을 자세히 설명합니다. 박스로 예쁘게 포장된 당구대가 저 아래 2.5톤 트럭에는 가득합니다. 땀에 젖어 약간은 색이 바랜 흰색 반팔셔츠를 입은 건장한 남자들이 담배를 하나 입에 물고 있습니다. 그들은 오늘 3층까지 당구대를 짊어지고 옮겨야 합니다. 이 일에는 잔뼈가 굵은 그들은 웬만해서는 겁내는 일이 없습니다. 그런데 오늘은 좀 다릅니다. 엘리베이터가 없는 3층까지 250kg에 달하는 당구대 돌을 올릴 생각에 벌써부터 다리가 후들거려옴을 느끼는 듯합니다.

　　난 뜨끈한 캔 커피가 든 검정 비닐봉지를 건네며 말을 건넵니다.

　　"오늘 좀 힘들겠죠? 다치지 않게 조심조심 하세요~"

　　늘 하는 일이지만 1층에 25계단씩 75개의 계단을 올라야 하는 그들이 조금은 걱정스럽습니다.

　　"조실장님, 늘 하는 일인 걸요~ 하하하."

　　너스레를 떨며 웃는 표정에는 두려움이 보입니다. 난 애써 모른 척할 수밖에 없습니다.

　　담뱃불을 짓밟고 그들이 첫 발을 때고, 저는 다시 3층으로 향합니다. 조립기사들이 공구들이 가득 들어 있는 007가방을 열고 공구 하나하나를 정성스럽게 정돈을 하고 있습니다. 그들의 가지런하고 다양한 공구들을 볼 때면 늘 기술자의 아우라 같은 것을 느낍니다. 그들이 가지고 있는 장비만 해도 수백 만 원에 달합니다.

"기사님, 중대 사이의 간격은 1,500mm이고 대대는 2,000mm입니다. 이 도면을 보시고 기준을 잡아주세요."

난 늘 한 장의 도면을 들고 현장을 설명합니다. 말로만 설명하다 보면 서로가 혼돈이 일기도 하기 때문입니다. 아예 혼돈스럽거나 향후에 문제의 소지가 있는 상황을 차단하기 위해서입니다.

"실장님, 여기는 당구대에서 주판대까지 1,450mm만 띄울게요!"

"왜요? 당구대 사이의 중간 공간이 조금 좁나요?"

"아뇨. 그건 아닌데, 이 정도만 띄워도 돼요!"

"음, 도면대로 1,500mm 띄어서 설치해 주세요."

오늘따라 조립기사가 하지 않아도 될 말을 합니다. 짜증이 납니다. 도면에 나와 있는 데로 기준을 잡아 설치하면 되는데, 굳이 쓸데 없는 이야기를 합니다. 간혹 도면에 나와 있는 치수보다 현장이 좁거나 넓은 경우가 있지만 오늘 도면은 내가 사전에 충분히 검토했기에 틀릴 일도 없습니다. 그런데 굳이 자신의 기준을 내세워 이야기하는 조립기사가 조금은 짜증스럽습니다. 조립기사와의 이 대화가 오늘의 불길함의 시작이 될 줄은 몰랐습니다.

분주히 당구대가 올라오고 하부를 조립하고 250kg의 돌을 조립된 당구대의 하부에 올립니다. 여기까지가 되면 더 이상 조립 과정에 내가 없어도 됩니다. 지금부터는 조립기사들이 꼼꼼하게 설치만 하면 됩니다.

"저 이따 저녁에 와서 확인할게요. 조립 꼼꼼히 잘 부탁드려요~"

"네 실장님 걱정 마시고 들어가세요~"

늦은 밤 11시.

설레는 마음으로 조립이 완성된 당구장으로 향합니다. 늘 당구대를 설치하는 날이면 설레고 기대가 됩니다. 내가 디자인한 인테리어와 잘 어울릴까? 당구대는 멋지겠지? 이제부터 본격적인 장사의 시작이구나! 등등의 생각과 함께 손님이 가득한 당구장의 모습을 상상하곤 합니다.

당구장에 도착한 나는 3쿠션 당구대와 대대를 점검합니다. 역시 공이 잘 구릅니다. 당구대도 당구대 천도 새 것이니 잘 구르는 것은 당연합니다. 한참을 점검하던 중 포켓당구대의 색이 무언가 좀 이상하다는 것을 느꼈습니다.

"실장님, 포켓당구대는 이상하게 안 굴러요!"

점주가 4구 당구대에 비하여 구름이 좋지 못한 포켓당구대를 가리키며 이야기합니다.

"당연해요. 당구대 천의 질이 원래 틀려요!"

난 태연하고 당연하게 설명을 합니다. 그리곤 포켓당구대로 향했습니다.

난 당구대 앞에 멈추어 서서 한참을 말을 잇지 못했습니다. 천을 뒤집어 깐 것입니다.

"저 기사님, 포켓당구대 천 뒤집어 설치하셨어요!"

"네? 그럴 리가요? 그럴 리 없습니다."

너무나 당연하게 조립기사와 나의 상반된 의견이 이어졌습니다.

"여기 거친 부분이 앞면 맞아요!"

조립기사는 당연하게 말을 이어갔습니다.

"실장님이 잘 모르시나 본데 저는 조립만 10년 했었어요. 이 매끈한 면이 앞일 리가 없습니다."

고급포켓지가 출시된 지 얼마 안 된 시점이라 조립기사가 일반 소모사와 분명히 착각을 했다는 확신이 들었습니다. 난 다시 뒤집어서 작업해 줄 것을 요구해야만 했습니다. 그런데 이 조립기사의 고집이 여간 아닙니다. 끝까지 자신의 실수를 인정하지 않고 연장을 집어 던지고 만 것입니다. 이 어이 없는 상황에 난 딱 한 마디만 합니다.

"그러지 마세요. 내가 책임질 테니 뒤집어 주세요! 싫으면 연장 챙겨서 돌아가세요!"

그렇게 10년 경력의 조립기사는 연장을 챙겨서 돌아가고 말았습니다.

개업을 앞두고 누군가와의 다툼이 싫습니다. 나도 손해이며, 점주에게도 손해입니다. 어쩔 수 없이 다른 기사를 불러 재조립을 완성했지만 기분이 유쾌하지는 않습니다.

"실장님, 그 기사가 분명 실수를 한 건데, 왜 인정하지 않을까요?"

점주가 속상해 하는 내게 한 마디 거듭니다.

"그러게요. 이런 건 기술자의 고집도 아닌데 말이죠! 휴~"

우여곡절 끝에 조립이 끝났습니다.

다행이 중대와 대대의 조립에는 아무 문제가 없이 끝이 났습니다.

조립이 끝난 당구대 밑에는 잘려진 천 쪼가리와 박스들이 즐비합니다. '저걸 좀 치워주든가 정리를 좀 해 주고 가면 참 좋을 텐데'라는 아쉬움이 항상 있습니다. 오늘도 마찬가지입니다. 조립기사의 마지막 얼굴인데 말입니다.

"실장님, 이제 우리 이것을 정리정돈하고 청소하는 일만 남았네요!"

완성된 당구장에 점주는 그래도 기분이 나쁘지는 않은가 봅니다. 밝게 웃으며 청소를 같이 하자고 이야기합니다.

"네^^"

할 수 없습니다. 늘 하는 일이니까요.

늦은 새벽까지 그렇게 점주와 난 당구장을 청소합니다.

(요즘은 그래도 조립기사분들의 서비스 마인드가 상당히 좋아진 편입니다. 당구대를 포장해 온 박스를 한 곳에 가지런히 모아두고, 조각난 당구대 천들을 빗자루로 싹싹 쓸어서 비닐봉투에 담아둡니다. 늘 이런 부분까지 신경써서 조립을 잘해 주시는 조립기사님들께 모든 당구장 창업자를 대신하여 감사의 인사를 대신합니다.)

어쩔 수 없습니다. 저는 중고니까요.

남이 이미 몇 년을 사용하기도 했고, 당구장 운영 중에 수십 번은 천갈이를 위해 뜯고 조립하기를 반복했죠. 그리고 누군지도 모르는 주인을 여러 번 만나면서 이동 중에 온갖 상처와 땀을 다 받아냈죠. 그들의 어깨에 실려 미끄러지기도 하고 던져지기도 하면서 아픔을 견뎠답니다. '부서지면 안 돼' 하면서 말이죠.

당연한 거 아니겠어요? 그 상처가 많은 것이….

혹시, 새 거 같은 저를 원했다구요?

그런 제가 지금 이 가격에 왔을까요? 이미 새 것 같은 가격에 팔렸겠죠. 잘 닦고, 잘 수리해서 말이죠. 한두 살 된 동생들은 중고시장에 잘 나오지도 않구요. 나온 동생들은 이미 누가 모셔갔답니다. 저처럼 팔 따로, 다리 따로 창고에 쌓여 있지는 않아요.

아! 참! 지금 제 다리는 원래 제 다리가 아니에요. 누군지 모르지만 같이 섞여 왔죠.

그러니 중고 당구대는 어쩔 수 없습니다.

전 원래 상처가 많은 놈이랍니다.

그래도 제 친구들 중에, 새로운 주인 잘 만나서 광도 내고, 옷도 새로 입고 해서 새 생명을 얻은 놈들도 있죠. 완전 새 거 같아요. 그래도 속살은 어쩔 수 없습니다.

그래서 저는 더 아끼고 잘 관리해 주어야 해요.

안 그러면 가끔, 툭 튀거나 소리가 나거나 해요.

어쩔 수 없어요.

"참 고민을 많이 했었어. 그런데 지금 와서 생각해 보니 창업 과정 중에 가장 잘한 선택이 당구대였던 것 같아!"

"사장님, 서운해요. 저를 선택한 것보다 더요?"

"하하하, 응!"

장사가 너무나도 잘 되는 당구장 사장님과의 잠시 대화였습니다. 자리를 정하고 주변의 경쟁력을 파악하는 과정에서 우리는 초기의 기본 설정과는 많은 것들을 다시 정의해야만 했습니다. 인테리어 패턴과 당구대의 종류가 그 중 가장 핵심이었죠. 자금의 한계는 있기에 인테리어에 좀 더 투자를 할 것인지? 아니면 당구대의 성능에 조금 더 투자를 할 것인지를 결정해야 했죠. 물론 두 가지 모두를 최상으로 하면 좋겠지만 늘 한계는 있습니다. 선택할 수밖에 없었습니다.

주변의 모든 당구장을 둘러보고 며칠 뒤,

"사장님, 무언가 차별화를 확실히 두었으면 합니다."

"무엇을?"

의아하게 사장님이 묻습니다. 돈이 들어가는 부분에 있어서는 늘 조심스럽기에 며칠을 고민하다가 말을 꺼낸 저는 차근히 이유를 들어 설명을 했습니다.

"우선 앞 당구장은 'M'사의 최고급 모델입니다. 그리고 저 위 당구장은 'H'사의 일반형입니다."

"아, 그래? 그럼 우리도 그 수준에 맞추면 되지 않을까?"

"네. 그래도 됩니다. 다만, 제가 걱정하는 것은 공실로 있는 저 두 곳의 건물입니다. 저 자리에는 분명 당구장이 곧 들어올 확률이 높죠. 특히 저 안쪽 코너의 자리는 심각한 경쟁 상대가 될 수도 있습니다."

실제로 인테리어 공사 도중에 코너자리의 빈 상가에 당구장이 개업을 했고, 몇 달 후 나머지 빈 상가에도 당구장이 들어왔습니다.

"조실장 생각엔 어떤 당구대가 좋을 것 같은데?"

"제 생각은요. 'H'사의 'D'모델이었으면 합니다. 일단 당구대에서 압도 해야 할 것 같습니다."

"압도?"

"네, 1차적으로 제조사를 차별화함으로써 앞 당구장과의 차별화를 두고, 한 발 더 나아가 고객들의 선호도가 좋은 최고급 모델을 설치함으로써 추후에 들어설 당구장들에 대한 진입 장벽을 생각하는 것이 어떨까 합니다. 생길 때 생기더라도 우리보다 좋은 구성을 해야 한다는 부담감을 주어야 하고, 들어선 이후에도 우리는 시설 수준에 대한 부담 없이 '서비스'에 집중한 장사에만 전념할 수 있을 테니까요!"

"그래, 일리 있는 생각이고 난 무엇보다 조실장의 판단을 믿어!"

그렇게 공사 기간 1달 동안 사장님의 고민은 계속 되었습니다. 그리고 마지막 순산 결정이 되었죠.

장사를 시작하고 한참 후,

"사장님 이 동네에서 당구대가 여기가 젤 좋아요! 이 당구대 진짜 비싼 거죠?"

"하하! 네, 당구대가 좋아야 손님들이 당구치기에 불만이 없죠. 여기긴 당구장이잖아요~. 그리고 손님 우리 당구장이 최소한 이 동네에서는 큐 관리도 최고에요! 하하하."

"맞아요. 하하하. 아무 거나 집어도 돼요~."

물론, 당구대 이외에 점주의 서비스와 관리 능력이 탁월하게 좋은 사장님의 당구장입니다. 전국 상위 1%의 수준이라고 해도 과언이 아니죠. 모든 창업자가 이 사장님과 똑같이만 할 수 있다면 아마도 실패하는 일은 없을 것이라 감히 말씀드립니다.

그런데 참 이상합니다.

보여드리고 가르쳐드려도 그렇게 못 하시더라구요.

이유야 많지만 그 이유가 납득은 잘 안 됩니다.

우리 당구장이라도 해 볼까?

8~10대의 당구장을 개업하게 되면, 보통 국제 규격 당구대(대대) 1~2대와 포켓볼 당구대 1대를 꼭 설치를 합니다. 보통은 이 결정의 주된 원인은 '구색'을 맞추기 위한 것이죠. 구색을 맞추어야 할 상황에 이러한 당구대의 구성을 반대하는 것은 아닙니다. 지금부터의 이야기는 포켓당구대를 설치하지 않은 어떤 창업사례입니다.

"사장님 우리는 8대니까요. 선택이 필요할 것 같습니다. 포켓이냐? 대대냐? 말이죠. 둘 다를 가져가기엔 당구대의 전체 숫자도 적고, 분위기에도 문제가 발생할 듯합니다. 제 생각엔 포켓과 대대는 분위기가 완전히 상충되고요. 우리의 장사 패턴과 고객의 상황을 보았을 때, 포켓을 포기하는 것이 좋을 듯 합니다."

"아, 그래요? 그래도 포켓볼 치러 오는 여자들과 가족이 있을 텐데, 여자들이 당구장에 오면 자연스럽게 분위기가 좀 좋아지지 않을까?"

"네, 일리 있습니다. 분명 그럴 거구요. 다만, 대대를 치는 분위기가 좀 애매해지고 우리가 원하던 당구장의 분위기를 가져가기엔 조금 무리가 있을지도 모르겠습니다. 당연히 매출에도 타격이 있을 거에요. 포켓이 하루 3~4회 회전 하기를 기대하기는 사실상 이 동네에서는 무리가 있어 보입니다. 피크타임에 분명 중대가 모자라는 현상이 발생될 거에요. 그럼 덩그러니 놀고 있는 포켓당구대가 정말 미워질지도 모릅니다."

한동안의 고민 끝에 제가 우기고 설득해서 결국 포켓당구대를 포기했습니다.

장사를 시작하고 보름쯤 후 정기 방문을 했습니다.

"조실장, 하루에도 두 팀은 포켓볼을 찾는 손님이 있어. 중대는 이렇게 놀고 있고!"

사장님의 원망스런 푸념이 전해져 왔습니다. 포켓볼 당구대를 설치했다면 지금 하루에 만 원이라도 더 벌 수 있을 것이라는 원망이죠.

"그래요? 한 팀, 두 팀 정도가 있는 거죠?"

"응~ 매일은 아니지만 꾸준하게 찾아!"

"사장님 저 잠시 소변 좀 누고 올게요. ^^ 제가 긴장하면 좀 소변이 ~ 하하하."

화장실에서 어떻게 지금의 상황을 점주에게 이해시키고 뚝심 있게 기다릴 수 있는 안도감을 줄 이야기를 할 것인가를 고민했죠. 같은 상황을 자주 겪기에 해답은 정해져 있으나 점주마다의 성향과 마음가짐이 다르기에 설득하는 방법도 그때그때 다르죠.

조심스럽게 입을 뗐습니다.

"사장님, 저 믿으시죠?"

"응~ 믿지, 그래도 불안한 것은 사실이야!"

"사장님 우리의 계획을 전 확신해요. 그리고 우리의 준비도 확신해요. 이제 곧 중대가 밀려날 거예요. 전 이런 유사 상권에서의 경험이 많아요. 장사 초기에 한두 팀의 포켓 손님이 아쉬운 것은 사실입니다. 그러나 우리가 10대만 됐어도 아마 포켓볼을 놓을까 고민했을 거고, 사장님의 의견을 받아들였을 것입니다. 그러나 지금 우리는 8대입니다. 대대를 빼면 중대가 7대죠. 여기에 포켓이 들어가면 6대죠. 이렇게는 수익을 맞출 수도 없습니다. 전 제 선택을 믿습니다. 저를 믿고 기다려보세요."

"맞아, 난 조실장을 믿어. 그런데 주위 사람들이 자꾸 포켓볼 왜 안 놨냐고들 하니까 흔들리는 것이 사실이야. 주변 지인들이 한 마디씩 하는 것도 내겐 큰 스트레스야. 그들의 이야기를 들어보면 그들의 의견도 일리는 있거든."

"그렇긴 해요. 그렇지만 우리 계획했던 바를 충실히 실행하면서 기다려보죠."

한 달쯤 지난 어느 오후 시간.

노란색의 K* SNS에 메시지가 왔습니다.

"조실장 중대가 모자라, 지금 6시인데 30만 원을 넘었어, 아 대대 손님도 몇 팀이 대기하고 있어. 요즘은 늘 이렇게 사람이 밀려나네~ 하하하."

그렇게 사장님은 가끔씩 현재의 매출을 곧잘 자랑을 하곤 합니다.

장사에는 인내가 필요합니다.

그리고 인내하기 위한 준비와 노력이 있어야 합니다.

02

인테리어

창업자가 당구장 인테리어 공사를 위해 공사업체를 선택하는 형태를 구분하면 당구재료상을 통하여 당구대의 납품과 함께 인테리어 시공을 하는 경우와 상업 인테리어 업체를 선택하여 시공하는 두 가지로 구분할 수 있습니다. 어떤 형태의 시공이든, 창업자가 당구장 인테리어 요소요소의 기본적인 것을 알고 있다는 것은 창업기획 단계에서부터 공사 과정까지 많은 부분에서 유리하게 될 것입니다. 즉, 건물을 알아보고 그 건물에서의 예산을 세우기에 유리할 것이며, 장사의 방법에 알맞은 나만의 인테리어 패턴을 세우기에도 유리할 것이며, 공사업체의 선정과 공사비 협상의 과정에서 유리할 것이며, 공사 과정에서의 원활한 진행에도 유리할 것입니다. 무엇보다 공사진행 과정에서 신속한 의사결정과 시공업체와의 합리적인 협의를 이끌어낼 수 있는 기본 지식을 갖고 있다는 것은 완성도 높은 결과물을 이끌어내는 기본 요건이 되며 시공업체와 창업자가 윈윈 (win-win)하는 조건이 됩니다.

지금부터 당구장 인테리어를 위한 당구대 배치와 당구장 레이아웃 설계에서부터 인테리어 업체를 선택하는 방법과 기본적인 시공 절차에 대하여 알아보도록 하겠습니다. 더하여 인테리어 설계 시에 필요한 가구류 및 기타 비품들의 기본 기준 치수들에 대하여서도 참고적으로 함께 알아보도록 하겠습니다.

1. 당구장 인테리어, 어떤 업체를 선택할 것인가?

당구장 인테리어 시공업체를 선택함에 있어서 가장 중요한 것은 당구장 인테리어의 경험이 '있느냐', '없느냐'입니다. 그 이유는 업종마다 반드시 필요한 구조적인 특징과 설비의 구성이 있으며, 장사의 방법에 따른 고객과 점주의 동선 특성이 있기 때문입니다. 당구장 공사에 경험이 없는 경우에 '보기 좋은 당구장'은 만들 수 있지만 '효율적인 당구장'은 기대하기 어려울 수도 있습니다. 만약 창업자가 당구장시공 경험이 없는 인테리어 업체를 선택할 경우에는 반드시 당구장의 구조적 특징과 창업자가 필요로 하는 구조물들에 대한 자세한 설명을 첨부하고 설계 과정에서의 많은 의논과 협의가 있어야 원활한 공사 진행과 결과물을 기대할 수 있습니다.

인테리어 시공업체를 선택하는 일은 창업자의 입장에서는 '내 사업의 전체를 맡기는 일'과도 같습니다. 설계의 과정에서 '내 장사의 방법'을 충분히 반영하여 적용하고 창업자가 의도한 결과물을 도출해내어 그것을 가지고 창업자는 그야말로 '장사'를 해야 하기 때문입니다. 당구장은 타업종과 달리 인테리어가 하나의 상품이 되는 업종이기에 더더욱 그렇습니다. 필자는 당구장 장사에 대하여 '고객에게 당구를 원활히 칠 수 있는 환경을 제공하고 돈을 버는 업종이다.'라는 정의를 내리고 있습니다. 때문에 당구장의 환경을 가장 중요한 장사의 '도구'로 인식하고 있으며 그것의 제공이 최고의 서비스라는 기본적인 생각입니다.

다시 말해서 '환경=상품'입니다. 그렇기에 매우 중요하죠. 〈그림 24〉는 인테리어의 구상에서부터 인테리어 시공업체의 선택을 위한 과정입니다. 여기에서 보듯이 장사의 방법, 즉 접객과 서비스의 종류와 형태를 설계에 반영하는 과정이 시공업체 선택의 핵심이 됩니다. 이 과정에서 당구장 시공의 경험이 풍부한 업체의 경우는 색다른 조언을 첨가하여 제안을 할 수도 있고, 창업자의 의견에 충실한 설계(안)을 도출할 수 있습니다. 간혹 구두(口頭)상으로만 "다 돼요, 걱정하지 마세요"라고 말하고 공사가 진행되는 경우가 있으나 이는 우리가 가장 경계해야 할 일입니다. 공사 진행 과정과 완료 후에 애매모호한 분쟁의 원인이 되는 것이, 말로 이야기하고 말로 약속한 것들입니다. 때문에 시공업체의 선택에 있어서 설계 능력이 매우 중요한 포인트가 되기도 합니다. 설계의 중요함은 다음에 이야기될 '설계도면을 반드시 작성하자' 코너에서 보다 자세히 이야기하기로 하겠습니다.

1. 장사의 방법
목표 상권에서 내가 하고자 하는 장사의 방법에 대한 구체적인 구상

2. 필수 구조물 구상
1에서 설정된 장사의 방법에 필요한 구조물들의 구체적인 구상

3. 인테리어 패턴의 선택
당구장의 기본적인 분위기를 좌우할 인테리어 패턴의 설정
(칼라, 조도, 주요 마감재 등)

4. 설계 의뢰
1·2·3을 만족하는 레이아웃 설계와 인테리어 설계도면의 의뢰·작성

5. 예산 편성
설계도면에 따른 인테리어 공사 예산의 세부적인 편성

6. 견적 및 시공업체 선택
설계도면과 예산을 기준으로 한 인테리어 업체 상담 및 견적 요청을 통한 시공업체 선택

〈그림 24〉 인테리어 시공업체 선택의 과정

우리 당구장이라도 해 볼까?

다음은 추가적으로 '평판이 좋은 업체를 선택하자!'입니다.

시공 현장의 상황과 창업자에 따라서 같은 업체라고 하더라도 좋은 평판과 나쁜 평판이 공존하게 됩니다. 때로는 시공업체의 과도한 욕심이 창업자에게 손해를 끼치는 경우도 있고, 때로는 창업자의 무리한 요구가 분쟁의 원인이 되어 평판이 나빠지는 경우도 있습니다. 이는 어디까지나 주관적인 상황에 대한 판단이므로 주의해야 합니다. 시공업체의 평판을 알아보는 방법 중에 하나로 기존에 시공한 영업장을 방문해서 이야기를 해보는 것도 좋습니다. 이 업체의 공사 완료 후 A/S 대처 방법은 어떤지? 공사 중 협의 방법은 어떤지? 결과물에 대한 만족도는 어떤지? 등등의 이야기를 듣고 업체의 신뢰도와 사후 관리에 대한 판단을 해보는 것도 좋습니다.

〈표 28〉 인테리어 업체 선택을 위한 체크 리스트

·당구장 시공 경험은 많은가?
당구장의 기본적인 구조인 당구대 배치와 당구장 운영 특성을 설계에 반영할 경험이 있는지의 판단
·당구장 시공에 필요한 구조적 특성을 잘 파악하고 있는가?
등박스, 카운터, 세면장, 휴게실, 흡연실 등의 특수 영업구조를 설계에 반영할 능력이 있는지의 판단
·정확한 견적서의 제시가 되었는가?
설계도에 의한 세부적인 공사 항목에 따른 공사비의 산정을 통하여 투명성 확보
·인테리어 설계 능력은 갖추었는가?
창업자의 의견을 반영한 설계도를 작성하고 그에 따른 적합한 견적과 공사 일정의 수립
·원활한 공사 진행을 위한 관리자는 있는가?
설계에서부터 시공에 이르기까지 창업자와의 원활한 의사소통을 위한 관리체계의 수립
·공사 견적금액은 적정한가?
공사 금액의 합리적 적정성 판단을 통하여 최적의 결과물 도출을 위한 검증
·부가적인 시설물에 대한 협의는 되었는가?
냉난방간선, 환기닥트, 전기증설 등의 특수 시설물에 대한 협의

2. 인테리어 업체와의 커뮤니케이션

인테리어 공사가 진행이 되면, 실질적인 부분에서의 점주와 공사 책임자가 함께 의논하고 결정해야 할 사항이 많습니다. 물론 구조는 어떻게 할지, 각 부분의 마감재는 무엇으로 할지 등에 대한 것들에 대한 기본 설계도면이 있다면 그 횟수가 많이 줄어들겠지만 현장에서는 수시로 설계 변경을 해야 하는 경우가 발생되기도 합니다. 그럴 때마다 점주와 공사 책임자의 커뮤니케이션이 원활치 못하다면 공사를 잠시 중단해야 할 수도 있고, 공사 책임자의 임의적인 결정에 의하여 진행되기도 합니다. 간혹 기본 설계와 다르게 임의로 진행된 부분으로 인하여 분쟁이 발생되기도 합니다.

당구장 인테리어 공사가 현실적으로 당구재료상을 통하여 기본 설계도면 없이 진행되는 경우가 대다수임을 감안하면 생각보다 심각한 문제가 될 수도 있습니다. 어쩌면 창업자는 의논의 과정 없이 일방적으로 진행된 결과물을 받아들일 수밖에 없을 수도 있죠. 문제가 되든 안 되든 공사 과정에서 점주와 공사 책임자와의 커뮤니케이션은 매우 중요합니다. 그래야 '내가' 원하는 또는 설계된 결과물에 최대한 근접한 결과물을 얻을 수 있습니다.

커뮤니케이션의 방법으로 다음과 같이 제시합니다.

첫째, 설계도면으로 이야기하자.

설계도면은 계약과 결과물까지 모든 것을 의미합니다. 설계도면에는 구조를 비롯하여 유리, 필름, 대리석, 도배, 칠 등의 구체적인 마감재가 명기되어 있습니다. 때문에 공사금액과도 직결됩니다. 이러한 설계도면이 없다면 주먹구구식 공사가 될 수밖에 없으며 그 결과물을 예측할 수 없습니다.

때문에 창업자의 생각과 다르게 표현된 결과물에 대한 분쟁의 원인이 되기도 합니다. 만약 설계도를 작성할 수준이 안 되는 업체를 선택하였다면 '설계 용역'을 주는 방법도 좋은 방법입니다. 이 기본 설계도에 의하여 공사가 진행이 되고, 현장의 상황과 창업자의 마음의 변화로 인하여 변경해야 할 부분이 있다면 합리적이고 즉각적인 대처가 가능해질 것입니다. 공사 진행 과정에 무엇인가가 변경된다는 것은 비용과 시간에 직결됩니다. 아무리 간단한 공사라 하더라도 설계 비용의 지출에 망설이지 말았으면 하는 바람입니다.

둘째, 일원화된 창구를 만들자.

어떠한 협의와 의논을 하고자 하는 경우 창업자 1인과 공사 책임자 1인이 의논하여 결정하는 것이 바람직합니다. 창업자의 경우는 간혹 현장에서 일하는 목수, 전기 기술자와의 직접적인 접촉을 통하여 무언가 요구 사항을 전달하곤 합니다. 그러나 돌아오는 대답은 "책임자 김실장과 의논하세요"라는 답뿐입니다. 또는 "알았습니다!"라고 말하지만 결과물은 반영되지 않는 경우도 있습니다. 이러한 원인은 현장의 기술자는 어디까지나 공사 총책임자에게 지시를 받고 일당을 받기 때문이기도 하며, 때로는 각 부분별로 일정 금액을 결정하고 작업을 진행하기 때문에 비용과 직결되어 있기 때문입니다. 더 큰 문제는 현장에서 창업자의 한 마디 한 마디의 요구 사항이 받아들여진다고 하더라도 그것들이 합쳐졌을 때의 결과물을 장담할 수 없다는 것입니다. 돈 문제는 돈으로 해결될 수 있지만 최종 결과물은 그 의미가 다르게 됩니다.

또다른 사례로 동업자가 있는 경우에 각각의 요구 사항을 전달하는 경우도 있습니다. 이런 경우 더 큰 혼란이 빚어지게 됩니다. 공사 책임자의 입장에서는 누구의 의견을 듣고 진행해야 할지 난감해지기 때문입니다. 공사 총책임자의 머릿속에는 전체를 그리고 각 부분부분의 마감선까지를 고려하여 모든 것을 결정하게 됩니다. 때문에 창업자의 각각의 요구에 대하여 가능한 것과 불가능한 것을 구분하기도 합니다. 때문에 일관된 의사결정의 1:1 주체가 반드시 필요하게 됩니다.

셋째, 하루에 한 번은 현장에 들러 의논하자.

다른 이유를 다 뒤로 하고서라도 '내 것'에 관심을 갖고 확인을 하는 것은 당연합니다. 공사 진행 과정에는 큰 문제가 없는지, 아랫집 윗집의 주인들과의 분쟁은 없는지, 앞으로의 공사 진행 일정은 어떻게 되는지 등등에 대한 확인과 의논은 필수 과정이라 할 수 있습니다. 창업자가 공사 총책임자를 100% 신뢰하는 경우라도 필수적입니다. 창업자는 늘 궁금한 것이 많습니다. 저기에는 왜 석고보드를 쳤는지? 저기는 왜 합판을 쳤는지? 저기는 왜 다른 곳과 다르게 튀어나와 있는지? 저기는 왜 들어가 있는지 등등에 대하여 말입니다. 아마도 정상적인 공사 책임자라면 이러한 점주의 궁금증을 자세하게 설명해 줄 것입니다. 점주의 이러한 관심과 궁금증의 적극적인 해소는 만들어질 내 당구장에 대한 애착이 될 것이며, 결과물에 대한 만족도를 높이는 방편이 되기도 합니다. 누군가에게 "매장의 구석구석 내 노력과 고민이 녹아 든 결과물이야"라고 자신 있게 이야기할 수 있다면 그보다 더 큰 당구장에 대한 애착은 없습니다.

추가하여 당부를 하면 '창업자 스스로 욕심을 부리지 말자.'입니다.

사람이기에 예산을 고려하여 설계되고 계약된 내용과는 다르게 더 좋은 것을 하고 싶고, 더 잘 만들고 싶은 욕심이 생기게 됩니다. 하나 하나의 추가적인 변경은 자칫 전체의 구도를 망칠 수도 있습니다. 공사 책임자와

우리 당구장이라도 해 볼까?

의 전체 구도와 비용에 대한 충분한 의논을 거쳐 결정할 것을 권합니다. 하나 만 더, 하나 만 더 하고 욕심을 부리다가는 큰 비용의 소요와 함께 전체를 망치는 결과를 가져오게 되기도 하니 특별한 주의를 당부드립니다.

창업자와 공사 책임자와의 원활한 커뮤니케이션은 결과적으로 완성도 높은 당구장을 만들고 창업자의 장사의 목적에 맞는 '당구장 상품'을 만들어 내는 데에 있습니다.

3. 설계도면을 반드시 작성하자!

당구장 인테리어 공사를 하는 데 설계도면을 작성하는 경우가 과연 몇 %일까요? 100평 이하의 당구장에서는 거의 없다고 보아도 무방할지도

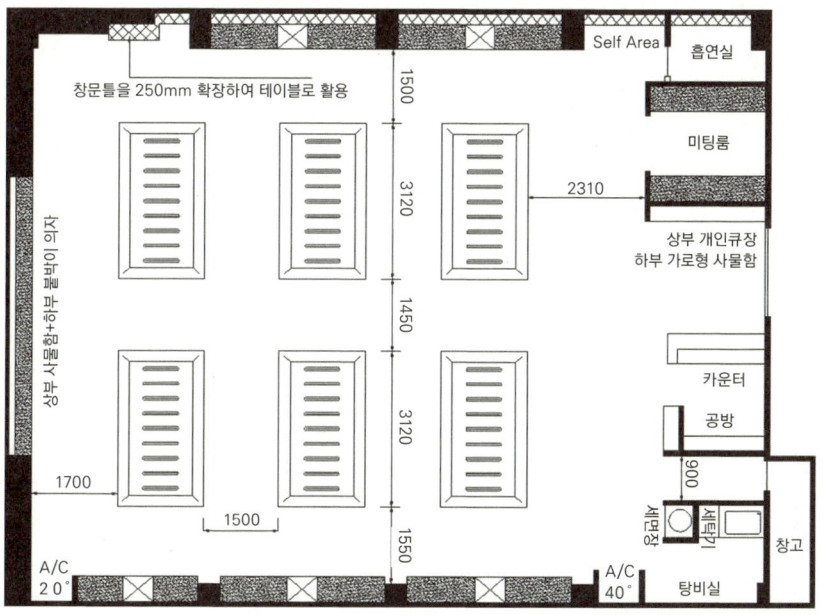

〈그림 25〉 당구장 레이아웃 배치도 사례

모르겠습니다. 특히 당구재료상을 통하여 공사를 진행하는 경우에는 더 더욱이 그럴 가능성이 높습니다. 현실적으로 인테리어 설계까지가 아니더라도 카운터의 위치와 구조, 싱크대 및 세면장의 위치, 의자 및 주판대의 형태와 배치가 기록된 〈그림 25〉와 같은 레이아웃 도면이 있는 경우조차도 드문 일입니다.

대부분이 〈그림 26〉과 같이 당구대가 몇 대가 어떻게 들어갈지에 대한 기본 배치도만이 있는 경우가 대부분입니다. 경우에 따라서는 "여기에 당구대 8대 들어갑니다"라는 말 한 마디의 조건으로 인테리어 공사가 진행되는 경우도 비일비재합니다. 단순히 당구대를 배치하고 당구를 치는 데 큰 문제가 없는 당구장을 만들 것이라면 이러한 기존 방식도 '틀리다' 할

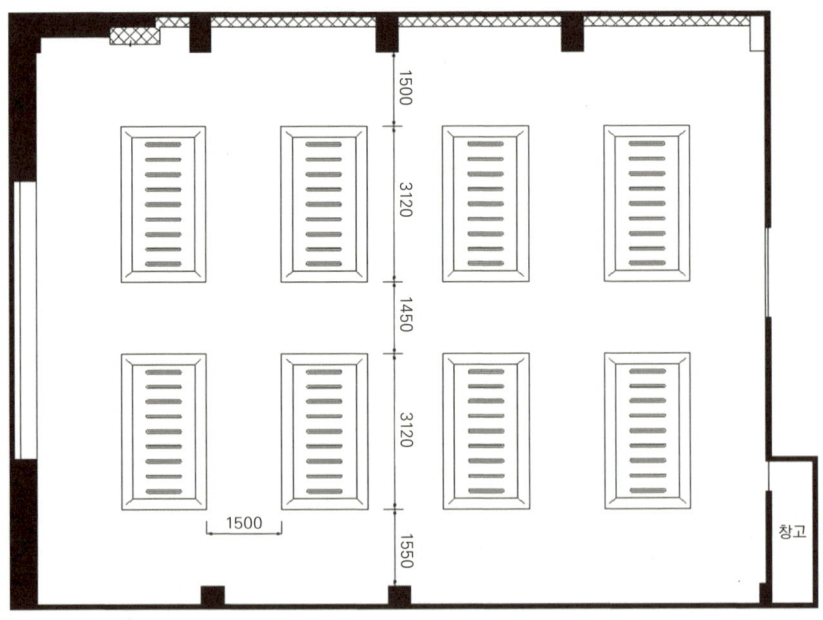

〈그림 26〉 일반적인 당구대 배치도 사례

수는 없습니다. 당구대가 있고, 손 씻는 곳이 있고, 돈 받을 카운터만 있으면 되는 구조면 충분합니다. 오래 전 창업자의 생각이 그랬고, 당구장을 찾는 고객의 수준이 그랬고, 그것에 불만이 없던 시절에는 말입니다.

그러나 현재 당구장의 영업 환경을 대입하면 장사에 큰 문제가 있습니다. 왜냐하면 당구장을 찾는 고객의 수준이 변했고 요구 사항이 변했기 때문입니다. 더 이상 당구장을 찾는 고객이 '옛날식' 당구장을 원하지 않으며, 고객이 원하는 환경의 수준이 많이 높아져 있습니다.

〈그림 27〉은 당구장을 찾는 고객의 변화된 성향을 나타내는 지표인 '당구장 선택의 기준'에 대한 설문의 결과입니다. 표에서 보듯이 '단순히 당구를 친다'라는 주된 목적 이외에 고객 스스로가 당구를 즐겁게 즐기기 위한 당구장이 갖추어야 할 조건에 대하여 구체적으로 생각하고 있으며 그 기준이 명확하다는 것에 주의해야 합니다. 이러한 고객의 요구는

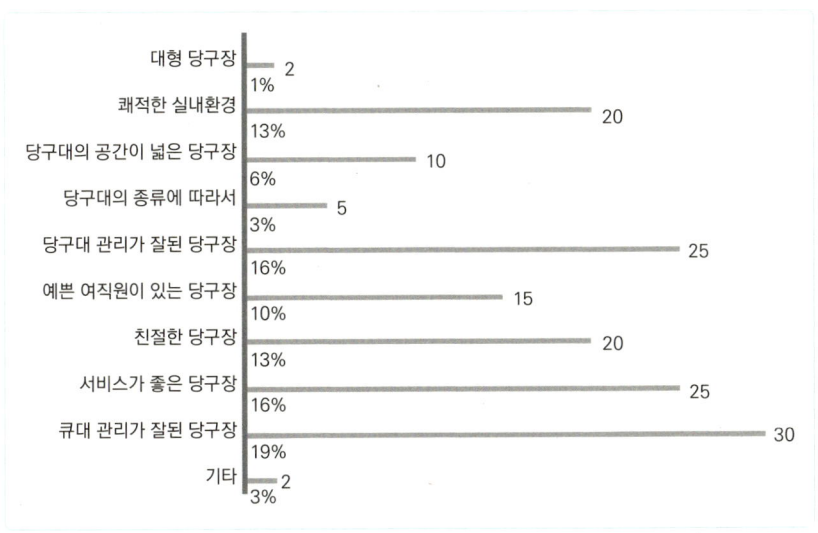

〈그림 27〉 고객의 당구장 선택 기준

'이곳에서 내가 당구장 장사를 어떻게 해야 할까?'에 대한 창업자의 면밀한 장사의 방법에 적합한 당구장 공간의 상품화로의 인식 전환이 반드시 요구됩니다.

인테리어 설계도는 단순히 당구장의 모양과 형태를 결정하는 것에서 한 발 더 깊이 들어가 창업자의 장사의 방법에 대한 전략적인 표현이 됩니다. 당구대 배치도는 '이 공간에 당구대가 몇 대까지 들어갈 수 있다.'라는 개념이며 당구장 레이아웃은 '이 공간에 당구장 장사를 위한 이러저러한 각종 시설물들과 함께 당구대 몇 대가 어떻게 들어갈 수 있다.'라는 개념이며, 인테리어 설계도는 당구장 레이아웃에 첨가하여 내가 하고자 하는 장사의 방법을 원활하게 수행할 수 있는 구체적인 시설물의 구조와 형태와 종류를 세부적으로 표현하는 과정이라 정의할 수 있습니다. 그렇기에 인테리어 설계 과정에는 창업자의 장사 방법에 대한 구체적인 의견이 매우 중요하게 됩니다. 예를 들어 '음료수는 얼음과 함께 셀프서비스를 하겠다.'라는 방법이 결정되었다면, 음료를 비치할 테이블 또는 음료용 디스펜서가 설치될 공간이 반드시 필요하며, 제빙기가 설치될 공간과 수도시설이 요구됩니다.

이러한 요구 사항을 도면에 반영하고 그에 맞는 시공 방법까지를 결정해야만 원활한 공사의 진행과 함께 장사의 방법에 만족도 높은 결과물이 나오게 됩니다. 만약 '고객이 각자의 당구대에서 전화기의 충전을 하게 하겠다.'라는 방법을 생각했다면, 당구대의 주판대 테이블마다 충전기를 설치할 수 있는 콘센트가 있어야 하고, 기존의 테이블보다는 조금 더 여유 있는 테이블의 크기를 확보해야 합니다. 이렇듯 창업자의 여러 가지 장사의 방법을 반영하고 그에 적합한 구조, 형태, 마감재, 시공 방법 등을 결정하여 도면으로 표현한 것이 바로 '인테리어 설계도'가 됩니다. 이렇듯 인테리어 설계는 단순히 공사의 편의성과 공사 기간의 단축과 비용의 절감을 위한 목적으로 하는 도면의 표기에서 한 발 더 나아가 창업자의 구체적인 '장사의 방법'을 반영하는 중요한 설계도가 됩니다.

더불어 우리가 간단한 공사라고 하더라도 인테리어 설계도를 작성해야 하는 또 하나의 이유는 앞에서도 잠시 언급했듯이 공사의 범위를 명확히 하고자 함에 있습니다. 〈그림 28〉과 같이 각 부분별로 표기된 마감재와 작업의 방법들을 명시함으로써 작업자의 올바른 공법에 대한 판단과 함께 빠르고 정확한 시공이 이루어지게 됩니다. 이는 결과적으로 비용

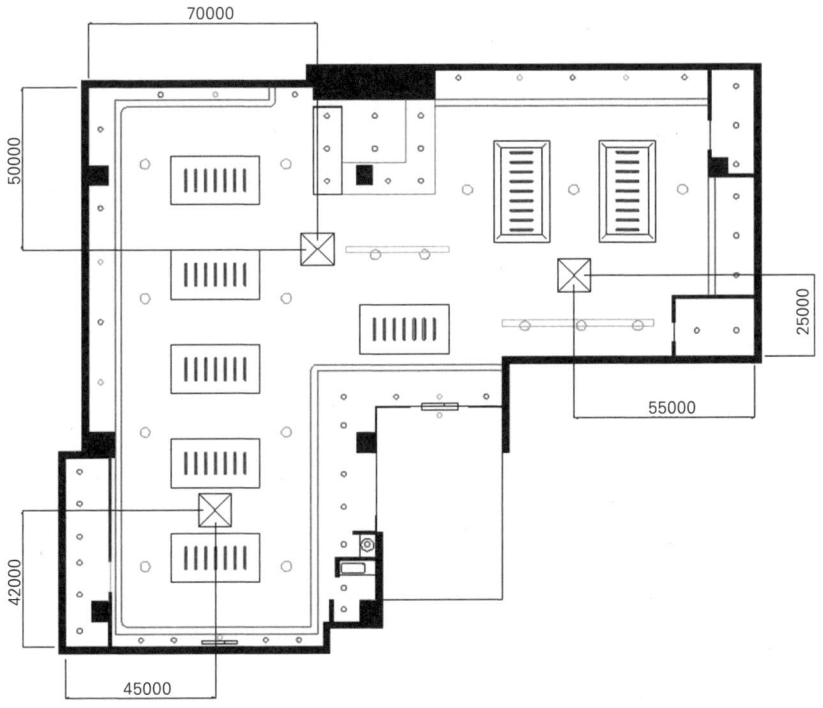

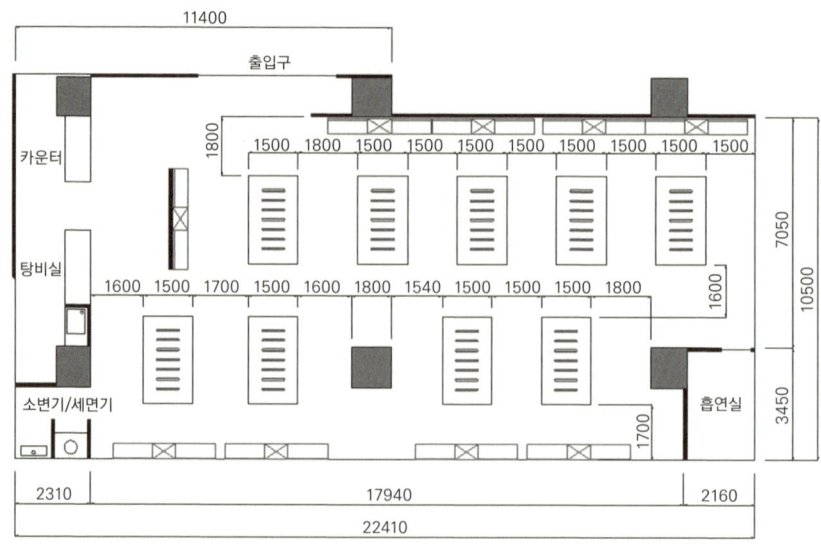

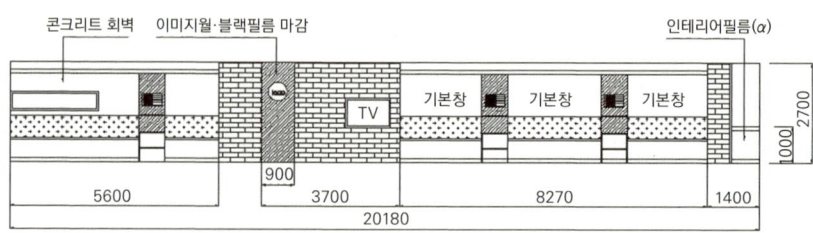

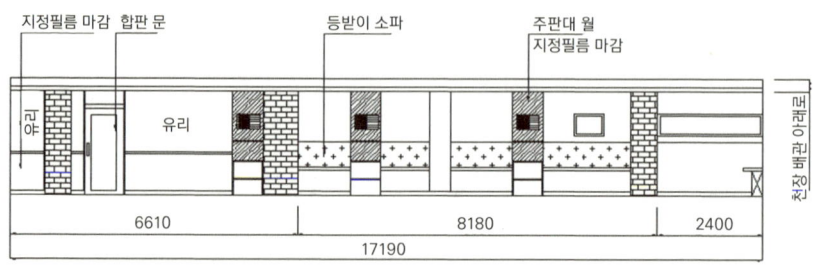

〈그림 28〉 당구장 인테리어 설계도 샘플

우리 당구장이라도 해 볼까?

의 절감과도 직결됩니다. 처음부터 창업자와 공사 책임자 사이에서 말로 '여기는 이렇게, 저기는 저렇게 하자!' 의논된 사항들은 최종 결과물이 상호간의 생각 차이와 작업자의 이해 부족으로 처음의 의논과는 다르게 전혀 다른 결과물로 나타나기도 합니다. 이럴 경우 창업자와 공사 책임자 사이에서 불필요한 분쟁이 발생되기도 하며, 마음에 큰 상처를 받기도 합니다. 처음 장사를 시작함에 있어서 이러한 분쟁으로 인하여 마음에 상처를 받고 침울하게 시작해야 하는 것 자체가 창업자에겐 큰 손실임에 분명합니다.

설계도를 만들면 설계 비용만큼의 창업비용이 더 소요된다고 생각하는 것이 일반적입니다. 그러나 설계 비용 100만 원, 200만 원은 현장에서 하루의 공사비에 해당합니다. 공사가 진행되는 초기에 현장에는 책임자 1명, 목수 2~3명, 전기기술자가 현장에 상주하게 됩니다. 이들의 일당과 경비를 산정하면 대략 100만 원이 소요되는데, 공사 초기에 이들이 도면 없는 현장에서 일의 순서를 못 잡는다거나, 혼돈스러운 상황에 불필요한 잦은 의논이 이루어진다면 이 모든 것들은 손실이 됩니다. 자칫 빠르게만 공사를 하겠다고 생각하여, 후(後)공정인 도배, 칠, 필름 등의 마감재를 고려하지 않은 공사가 진행된다면 그야말로 낭패가 아닐 수 없습니다. 마감재에 따라서 목공의 치수가 달라지며 전기 배선의 형태도 달라지게 되기 때문입니다. 결과적으로 이러한 모든 것을 시간으로 환산하면 설계도를 만드는 비용은 공기의 단축과 안정된 마감으로 충분히 보상받고도 남습니다.

〈그림 29〉는 실제 현장의 기본 설계도면 이외에 2.5D로 표현된 상세도입니다. 주요 부분에 있어서 상세도가 준비된다면 당구장 설계도면으로

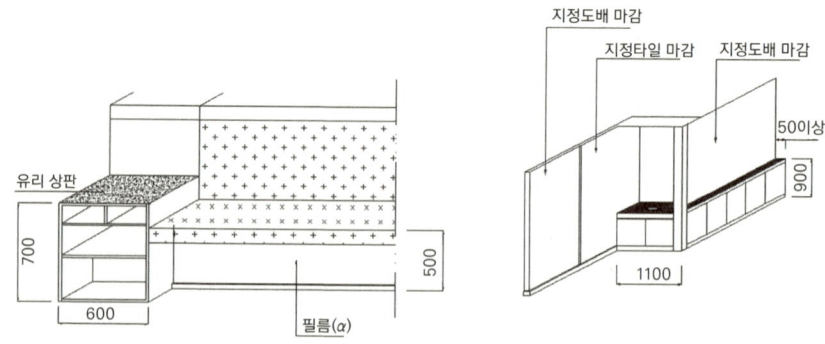

〈그림 29〉 당구장 기본 설계도 2.5D 샘플

도 충분하며 현장에서 작업자와의 원활한 의사소통에도 매우 유용하게 사용이 됩니다.

다시 한 번 강조합니다. 당구장 설계도면은 단순히 시공자의 작업 편의와 공사의 범위 설정을 위한 당구장의 구조, 형태, 마감재, 시공 방법을 표현하는 도면의 기능에서 한층 더 나아가 내가 운영할 '당구장 상품'에 대한 구체적인 생각의 표현이며 장사의 시작이 됩니다.

4. 당구장 인테리어 시공의 방법

자! 이제 인테리어 설계의 중요성과 '내 상품', 즉 '장사가 잘 되는 당구장'을 만들기 위한 기본적인 마음가짐이 준비가 되셨죠? 그럼 이제부터 당구장 인테리어 시공의 실전적인 이야기를 하겠습니다.

당구장 인테리어를 하는 방법은 공사의 방법에 따라서 '직영 공사'와 '외주 공사'로 나눌 수 있으며 외주 공사는 '상업인테리어 업체를 통한 시공'과 '당구재료상을 통한 시공'의 두 가지 방법이 있습니다. 부가적으로

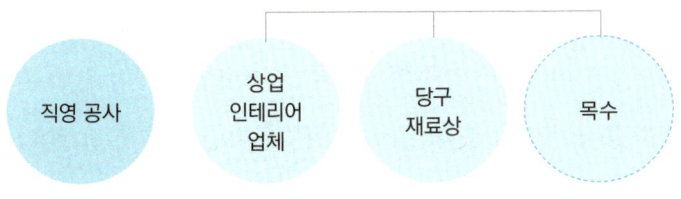

직영 공사 | 상업 인테리어 업체 | 당구 재료상 | 목수

〈그림 30〉 당구장 인테리어 공사의 방법

'목수'의 총괄 책임하에 인테리어 공사를 진행하는 방법도 작은 공사에서는 간혹 이루어지고 있습니다.

첫째, 직영 공사의 방법입니다.

직영 공사라 함은 설계부터 목수, 전기, 타일, 칠, 도배, 청소에 이르기까지 모든 과정을 창업자가 직접 인부를 고용하여 진행하는 형태입니다. '나홀로 인테리어'라고 이야기하면 이해가 빠를 것 같습니다.

타업종의 인테리어 경험이 있거나 잘 아는 목수가 있다면 비교적 간단한 형태의 인테리어는 직영 공사를 하는 것도 비용절감의 측면에서 시도해 볼 수 있습니다. 다만, 규모가 크거나 무언가 많은 시설물들이 배치되는 경우에는 가급적 직영 공사를 피하는 것이 좋습니다.

〈표 29〉는 직영 공사를 위한 각 부문별 인건비 예시이며, 당구장 공사에 주로 사용되는 마감재들을 정리하였습니다. 필자가 직영 공사를 함에 있어서 당부할 것은, 반드시 레이아웃 설계도와 함께 인테리어 설계도를 작성할 것을 권합니다. 이 설계도면을 기본으로 각 부분별 기술자들과 작업 내용에 대한 협의와 공사비를 산정하여야 합니다. 대략 구두상으로만 '이렇게 저렇게 해 주세요' 하는 것은 작업의 범위가 명확하지 않기 때문에 분쟁의 원인이 됩니다. 직영 공사의 경우는 공사의 모든 책임을 창업자가 지는 것이기에 공사 시작 전에 많은 부분에 대한 결정이 이루어져 있

어야 합니다.

〈그림 31〉은 인테리어 공사를 위한 표준공정의 예시입니다. 표에서 보듯이 목공 공사와 전기 공사는 거의 같은 일 수만큼 함께 진행이 되며, 마무리에 2~3일 정도 등기구 및 전열기구 설치 작업을 하게 됩니다. 여기까지가 완성되면 기본 골격이 완성된 것입니다. 이 골격에 인테리어필름, 칠,

〈표 29〉 기술자별 표준인건비 및 작업형태

구분	통상 인건비	작업형태
목공기술자	200,000 ~250,000원	·기본벽체 및 구조물을 만드는 데 필요한 목공작업 ·일당 또는 일괄수주 방식으로 작업하며 일당 외 기계품(목공사에 필요한 장비사용료)이 별도의 비용으로 책정됨
전기기술자	200,000 ~250,000원	·전기, 전열, 냉난방배선 등의 전기 공사 작업 ·일당 또는 공사면적을 계산하여 일괄수주 방식으로 진행하기도 함
필름기술자	200,000 ~250,000원	·인테리어 필름 마감공사 작업 ·일당 또는 작업면적을 계산하여 일괄수주 방식으로 진행하기도 함
타일기술자	250,000 ~300,000원	·타일, 파벽돌, 대리석 등의 마감작업 ·일당 또는 작업면적을 계산하여 일괄수주 방식으로 진행하기도 함
도장기술자	200,000 ~250,000원	·벽체 및 천장 등의 칠 작업 ·일당 또는 작업면적을 계산하여 일괄수주 방식으로 진행하기도 함
설비 공사	견적가	·수도설비 및 온수기 설치작업 ·주로 작업 내역을 확인 후 견적가로 작업
도배공사	견적가	·벽체 및 천장 등의 도배작업 ·주로 작업 내역을 확인 후 견적가로 작업
바닥공사	견적가	·카페트, 데코타일 등의 바닥작업 ·작업 평수를 계산하여 평당 가격으로 작업
유리공사	견적가	·강화도어, 유리 마감작업 ·작업 평수를 계산하여 평당 가격으로 작업

* 일당으로 기술자를 고용하여 작업을 진행할 경우 일당 이외에 별도의 식대, 교통비 등의 경비를 지불해야 한다.

〈그림 31〉 인테리어 표준공정표

구분	작업 내용 (일정: 22 23 24 25 26 27 28 29 30 31 1 2 3 4 5 6 7 8 9 10 11 12 13 14 15 16 17 18 19 20 21 22 23 24 25 26)
임대차계약	잔금지급
철거	철거
천장/소방	천장 텍스 및 소방공사
인테리어설계	내부구성 설계 및 예산(안) 확정
인테리어공사	철거/환기/설비/냉난방 비교견적 및 일정 확인 · 설비공사 · 타일공사 · 설비공사 마무리 · 마감청소 · 환기 및 냉난방 공사 · 도장공사 · 기타 마감공사 · 목공사 · 전기공사 · 전기공사 마무리 · 설치
당구대설치	당구대 및 당구용품 발주 · 설치
간판	도안 및 내외부 파사드 확정 · 설치
직원교육	채용공고 및 면접 · 출근/교육
개업준비	디스플레이 및 최종점검

도배, 타일 등의 각종 마감재를 붙이는 작업을 합니다. 작업 책임자인 점주는 목공사가 마무리되는 시점에서 〈표 29〉의 공정에 따른 일정에 맞추어 같이 각각 마감재의 시공 면적을 미리 산출해 두어야 견적을 받고, 마감재별 시공 일정의 협의가 원활히 이루어진다면 직영 공사로 당구장 인테리어를 시공하는 데 무리가 없습니다. 그리고 다시 전기기술자가 등과 전열기구와 스위치를 설치하면 기본 공사가 마무리가 되고 당구대를 설치하고, 마무리로 청소용역업체 또는 인력사무소의 청소아줌마 2~3명의 도움을 받아 현장의 쓰레기들을 정리하고 당구장 내부의 이곳 저곳을 깨끗하게 청소만 하면 모든 인테리어 공사가 마무리가 됩니다.

직영 공사는 많은 부분에서 창업자의 직접적인 의사결정을 요하며 공사기간 동안의 많은 시간투자와 노력이 필요합니다. 그 보상은 외주 공사를 했을 때 지불되는 총책임자의 인건비와 경비 그리고 회사의 이윤을 절감할 수 있다는 것입니다. 물론 실제적인 절감은 계산상 100이라고 가정했을 때, 50~60% 정도의 절감효과가 있습니다. 그 이유는 어차피 공사 총 진행자인 '내'가 소비하는 경비가 들어가고, 전문가들에 비하여 인부와 자재를 원활히 수급하고 활용하는 노하우가 떨어지기 때문에 어쩔 수 없는 손실이 있습니다. 그럼에도 불구하고 비교적 간단한 공사에서는 시도해봄 직한 인테리어 공사의 방법입니다. 〈그림 32〉는 〈표 29〉 순서를 참고하여 직영 공사를 위한 인테리어 순서도를 다시 한 번 정리하였습니다. 정리된 순서도에 의하여 차분히 생각하고 실행한다면 '직영 공사'도 크게 어렵지만은 않을 것입니다.

둘째, 외주업체를 이용한 인테리어 공사의 방법입니다.

외주업체를 이용한 공사의 순서는 [업체선정→설계→시공]의 순서에

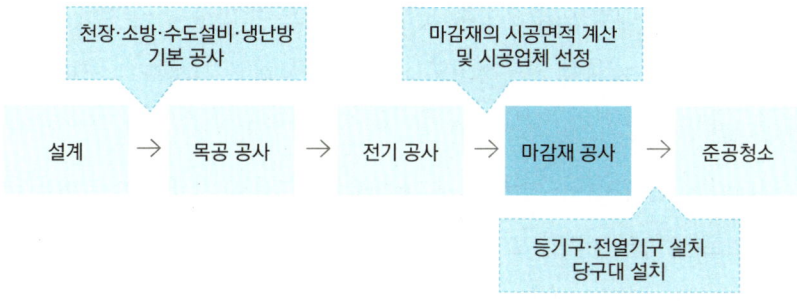

〈그림 32〉 직영 공사 시 인테리어 순서도

의하여 진행됩니다. 그러나 당구업계의 현실상 설계를 외주로 줄 경우에는 [설계→업체 선정→시공]의 순서에 의하여 진행이 됩니다.

업체 선정의 과정에서 '내가 생각하는 구조와 형태를 적용한 장사의 방법'을 구체적으로 적용하여 하나의 인테리어(안)을 만들어낼 수 있는 업체를 선택하는 것이 핵심입니다. 이 과정에서 몇몇 곳의 업체를 접촉하여 '나의 요구 조건'을 반영한 인테리어(안)을 제안 받아 선택하는 것도 좋은 방법이 됩니다. 실제 창업자는 인테리어(안)을 제안 받는 과정에서 창업의 생각과 현장 상황을 고려한 디자인과 공법 그리고 예산에 대한 종합적인 판단을 통해 실현 가능한 업체마다의 경험과 노하우가 반영된 인테리어(안)을 제안받을 수 있습니다.

일반 상업인테리어 업체를 선택할 경우에는 믿을 만한 검증된 실력 있는 업체를 선택하고 이 업체와 함께 세부적인 설계를 진행하는 것이 좋습니다. "실장님, 그럼 견적은요?" 그렇죠. 원칙적으로 견적금액은 설계가 완성이 되어야 완벽하게 구성이 됩니다. 때문에 설계도를 기준으로 한 견적과 금액의 협의가 합리적이라 할 수 있습니다. 때문에 설계 완료 후 시공업체를 교체해야 할 경우에는 설계비용을 창업자가 지불하는 것이 합리적입니다. 반대로 외주용역을 통하여 설계를 진행하고 이 설계도면을 기본으로 여러 업체의 견적을 받아보고 시공업체를 선정하는 것도 합리적입니다.

인테리어 견적서는 시공업체에 따라서 각 부분별 자재와 인건비를 세부적으로 표기하는 경우도 있고, 공사 내용별로 통칭하여 표현하는 경우도 있습니다. 필자의 경험으로 '설계도면이 명확한 경우'에는 개별 업체마다 견적의 차이는 크지 않습니다. 결론적으로 견적을 받는 과정에서 공사의 범위가 같기 때문에 마감재의 구입처에 따른 자재값 정도의 차이와 시공업체의 규모에 따른 일반관리비 정도의 차이로 인한 총 공사비용의 5% 내외에서 차이가 있을 뿐입니다. 견적을 받고 업체를 선택하는 과정에서 '작업 범위의 동일함'은 매우 중요한 포인트입니다. 그리고 이 원칙은 설계도서의 명확함에서 출발하게 됩니다. 업체 선정이 완료되고 설계가 완료되었다면 이제 본격적인 공사가 시작이 됩니다.

직영 공사를 하든, 외주업체를 이용하든, 그것은 어디까지나 창업자의 선택입니다. 각자의 상황에 맞게 선택하고 좋은 결과물을 얻어냈다면 그것으로 된 것입니다. 상황에 따라서 비용이 조금 더 들 수도 있고, 덜 들 수도 있습니다. 명확한 설계를 통한 공사의 진행이라면 그 결과물은 같을 것이기 때문입니다.

그러나 실제 창업 현장에서는 설계 과정을 무시하고 사진 몇 장과 구두(口頭)로만 공사의 범위를 이야기하고 "다 돼요", "잘해 주세요", "네 잘해 드릴게요"라는 말과 함께 '평당 얼마'의 공사비 산정으로 업체가 선정되고 진행이 됩니다. 지금까지는 그럴 수도 있습니다. 당구장이 '상품'의 개념이 없었을 때는 그럴 수도 있었고 그래도 됐었습니다. 그러나 앞 장에서도 설명했듯이 내가 운영할 '당구장 상품'을 만드는 일임을 생각한다면 더 이상 이런 주먹구구식의 견적과 선택은 있을 수 없는 일이며 '상품'을 대충 만드는 것임을 명심해야 합니다. 꼼꼼하게 준비하고 점검하여 '내가 운영하는', '내가 생활하는', '장사가 잘 되는' 당구장의 기틀을 마련하는 데 소홀함이 없어야 합니다.

〈표 30〉 인테리어 견적 시 주요 분쟁의 사례

소방공사	스프링쿨러, 완강기 등의 설치비용
환기공사의 수준	환기duct 구성에 소요되는 비용
냉난방기 간선비용	냉난방기 설치를 위한 전기 공사의 비용
승압공사 작업비용	전기용량 증설에 따른 차단기 설치 및 인건비
차단기 교체비용	기본 설치된 차단기 이외에 전기안전검사를 위한 차단기의 교체 및 추가 비용
도배지의 재질	실크 도배지와 일반 합지의 선택에 의한 분쟁
인테리어 필름의 재질	인테리어 필름의 방염·비방염 및 특수소재의 선택에 의한 분쟁
도장공사의 수준	칠 작업 시 도장면의 마감 수준에 의한 분쟁

* 상기의 분쟁을 원칙적으로 해소하는 방법은 견적시에 세부적인 항목에 대한 협의가 반드시 필요함.
* 논의되지 않은 견적은 통상적으로 창업자의 부담으로 비용 처리하는 것이 일반적임.
* 특히, 당구장 공사의 경우 고급 마감재 사용이 일반적이지 않으므로 반드시 마감재의 수준에 대해서는 명확한 명기 또는 의논이 필요함.

5. 장사의 방법을 반영한 설계를 결정해야 한다

당구장 인테리어설계는 단순히 당구대, 큐 장, 카운터, 세면장, 싱크대를 배치하고 나머지 벽면을 어떻게 할 것인지를 결정하는 단순한 과정이 아닙니다. 지금까지 대부분의 당구장 창업자가 분명 "70평인데 인테리어 깔끔하게 해 주세요!"라고 누군가에게 요청을 하였고 〈그림 33〉과 같은 당구장의 모습을 받아들였습니다.

'당구장은 이래야 돼!'라는 기존의 생각이 지배적이었죠. 그리고 그것을 누구도 '틀리다'라고 말하지 않았습니다. 그 결과 우리의 당구장은 대

〈그림 33〉 전형적인 형태의 당구장

우리 당구장이라도 해 볼까?

부분 2015년 지금도 20년 전 당구장의 모양을 그대로 유지하고 있죠. 이 와중에 생각이 남다르고 장사에 경험이 있는 누군가는 새로운 패턴의 인테리어와 구조와 서비스로 당구장 창업에 큰 성공을 거두기도 하였습니다. 이들의 특징은 당구를 잘 치는 것과는 전혀 다른 '장사의 특징'이 있습니다. 즉, 전통적인 당구장의 고정 관념에서 벗어나 자신만의 '장사의 방법'에 능통해 있다는 것입니다. 그리고 그 장사의 방법을 원활히 수행할 수 있는 인테리어의 구조와 더불어 업무적인 동선과 고객의 행동 예측까지의 치밀함을 반영하여 당구장을 만든다는 것입니다. 이들의 인테리어 구성에서의 치밀함이 계획되어 있든 우연이든 간에 결과는 같습니다.

그들의 대표적인 요구들은 이런 것입니다.

"손님이 여기서 손을 씻고 계산을 하러 오는 길이 다른 손님에게 방해되지 않는 동선을 이루었으면 합니다."

"휴게공간은 카운터와 별개로 떨어졌으면 하고, 다른 손님과 떨어져 독립적이었으면 합니다."

"소변기는 반드시 내부에 있으면 좋겠어요. 단 그 출입구가 당구장 홀에서 가려졌으면 합니다."

"손님이 자유롭게 음료를 가져다 먹을 수 있는 구조였으면 합니다. 그러니 여기에는 높은 형태의 self bar의 구조를 만들어주세요."

"계산대에서 손님이 당구장의 이벤트를 한 번씩 반드시 확인할 수 있어야 해요. 안내판이 설치될 수 있는 구조를 만들어주세요."

등등 자신이 생각한 장사의 세부적인 방법을 구사하기 위한 요구 조건들을 이야기합니다. 이러한 것들이 의도되고 설계에 반영되어 완성된 당구장의 형태는 기존의 당구장과는 사뭇 다른 형태의 결과를 가져옵니다.

내 장사에 대한 이러한 구체적인 구상이 없었던 창업자가, 개업 이후에라도 누군가에 배운 것 또는 본 것들을 적용하는 것도 장사에 도움이 되긴 합니다. 그러나 창업자가 본격적인 장사에 돌입하기 전에 장사의 방법을 구상하고 예측 가능한 모든 것을 반영하여 실행하는 것과는 많은 차이를 보이게 됩니다.

우리는 흔히 이러한 장사의 준비를 '기획력' 또는 '비즈니스 설계'와도 비유하며 당구장에서의 실제적인 표현이 '당구장 인테리어 설계'가 됩니다. 굳이 당구장이 아니라 하더라도 우리가 어떠한 매장을 방문했을 때, 매장의 구성 형태와 인테리어 패턴만 보아도 그 매장의 장사의 방법이 눈에 들어오는 경우를 경험할 수 있을 것입니다.

매장의 어딘가에 TV와 넓은 소파가 있다면, 고객은 '여기서만 TV를 보고 휴식을 취하라는 것이구나'라고 짐작할 수 있습니다. 또 매장의 어딘가에 티백녹차와 정수기와 종이컵이 가지런히 비치되어 있다면 '이것은 셀프로 자유롭게 이용하라는 것이구나'라고 짐작할 것이 분명합니다. 또 국제경기용 당구대 옆 경기자 석과는 별도의 넓은 공간에 1인용 의자가 당구대를 향해서 가지런히 정렬되어 있다면, '여기에 앉아서 경기를 관전하라는 거구나!'라고 짐작할 것입니다. 또 주판대 테이블의 서랍에 줄, 사포 등의 큐 손질용 도구가 각각 비치되어 있다면 '손님이 자유롭게 큐 손질을 하라는 의미구나'라고 짐작하고 행동할 것이 분명합니다.

장사의 방법과 서비스의 방법과 접객의 방법은 운영자마다 각각 자신만의 방법과 노하우가 있을 것입니다. 자신이 기획한 것들을 실용적이고 효과적으로 완성하여 장사에 반영하는 최적화된 당구장 구조와 형태를 만들어 내는 것이 실제적인 당구장 인테리어 설계가 됩니다.

6. 당구대 배치도 작성 및 레이아웃 설계도 작성 방법

당구대 배치도와 레이아웃 설계도면에 대한 부분은 앞서도 잠시 언급했듯이('2부 3. 설계도면을 반드시 작성하자' 참고) 개념상 구성에서 큰 차이를 보이게 됩니다.

당구대 배치도는 그야말로 '이 건물에 당구대가 몇 대가 들어갈까?'의 단순한 개념이며 레이아웃 설계도는 당구대를 비롯하여 카운터, 싱크대, 세면장, 화장실, 바, 흡연실, 휴게실, 냉장고, 냉난방기, 정수기 등의 매장 내 전체 시설물의 배치와 함께 고객의 동선과 근무자의 편의성을 포함하며 여기에 창업자가 구상한 장사의 방법을 효과적으로 수행할 수 있는 부분까지를 표현하게 됩니다.

때문에 우리가 건물을 알아보고 당구재료상에 "80평인데 당구대가 몇 대 들어갈까요?"라는 질문에서부터 치명적인 오류가 발생되곤 합니다. 이 질문에 "약 10대에서 11대가 들어가겠군요"라는 대답을 듣게 되는데, 이는 어디까지나 해당 건물에 당구대를 포함한 기본 시설물을 구성하는

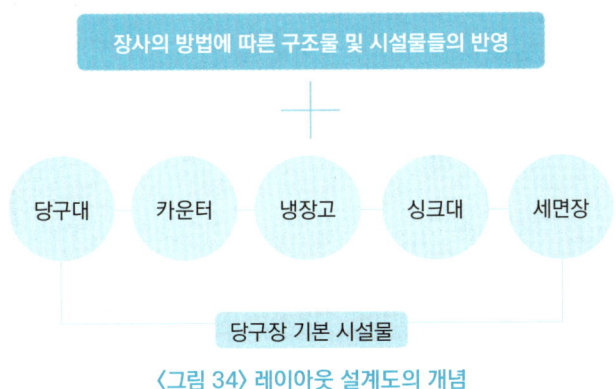

〈그림 34〉 레이아웃 설계도의 개념

수준에서의 표현입니다. 창업자는 이 답변을 레이아웃 설계도에서 고려한 모든 것들을 포함하여 당구대가 10~11대가 들어가는 것으로 이해하기 때문입니다.

참고적으로 당구재료상에 당구대 배치 가능 대수를 문의했을 때, 위와 같은 답변을 창업자인 우리가 나무랄 일은 절대 아닙니다. 통상적인 보통의 창업자는 당구대와 세면장과 카운터와 싱크대 공간만의 구성으로 당구장을 창업하고 있기 때문에 그 기준에 맞춘 답변을 전혀 틀렸다고 할 수는 없기 때문입니다. 다만 필자는 지금의 시대상을 당구장 장사의 현황과 창업자의 앞선 생각을 읽지 못했다는 것이 안타까울 뿐입니다.

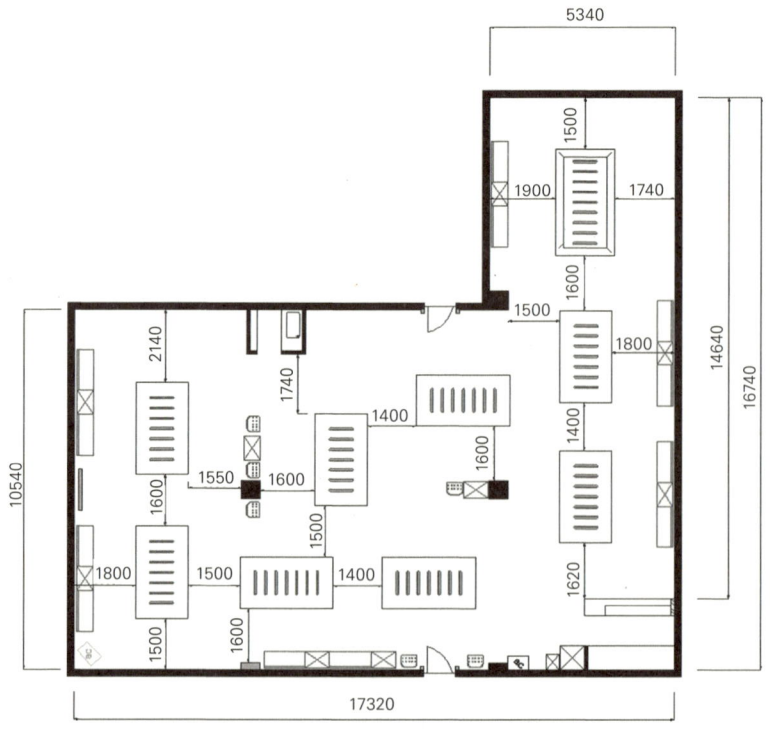

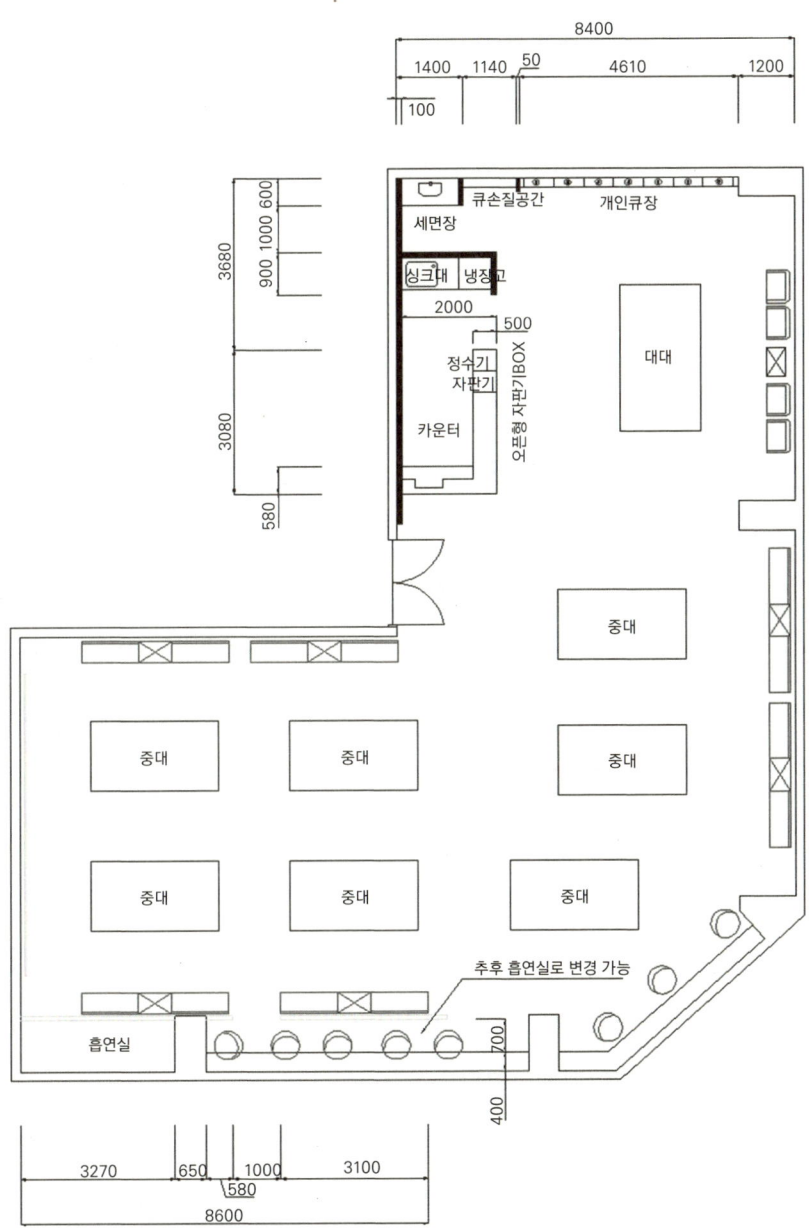

8400

1400   1140 50   4610   1200

100

3680

900 1000 600

3080

580

큐손질공간   개인큐장

세면장

싱크대 | 냉장고

2000

500

정수기
자판기

어른형 자판기 BOX

카운터

대대

중대

중대   중대   중대

중대   중대   중대

추후 흡연실로 변경 가능

700

흡연실

400

3270   650   1000   3100

580

8600

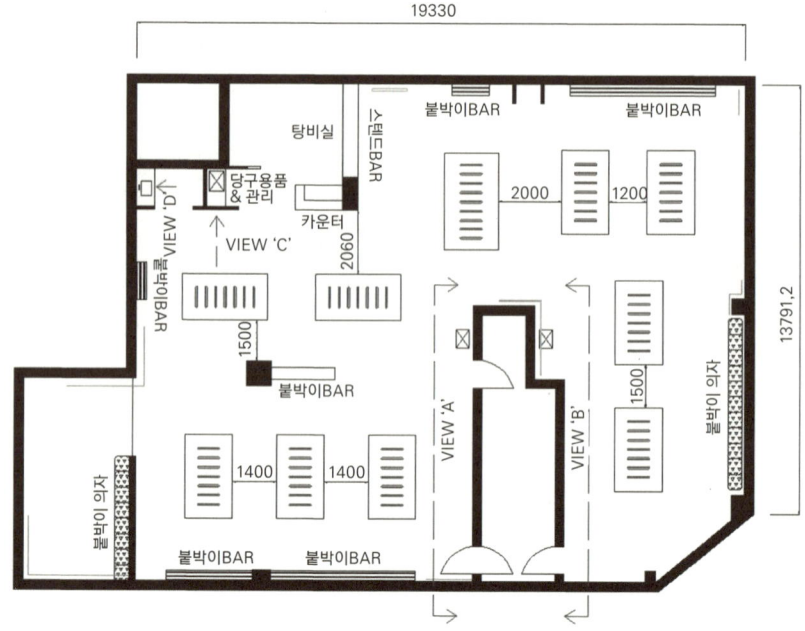

〈그림 35〉 당구장 레이아웃 설계도 사례 모음

　〈그림 35〉는 최근 만들어지고 있는 당구장의 다양한 레이아웃 설계도의 사례입니다. 참고하여 필요한 구조와 구성품을 익혀둔다면 창업의 준비 과정에 많은 도움이 되리라 생각합니다.

　그럼 올바른 당구대 배치도와 레이아웃 설계도를 작성하기 위해 창업자가 준비해야 할 것들을 알아보겠습니다.

　첫째로 해야 할 것은, 현장의 정확한 실측입니다. 건물 내부의 한쪽을 기준선으로 하여 각 부의 치수를 측정하여 기록합니다. 특히 기둥의 크기와 출입문의 크기와 비상구 등의 위치를 정확히 측정합니다. 더불어 출입구의 위치와 상하수도의 위치와 배전함의 위치를 정확히 기록합니다.

레이아웃 설계도 작성을 위한 현장 실측에 따라서 만들어질 당구장의 전체적인 구조가 많은 차이를 보이게 되므로 가급적 정확한 현장 실측이 이루어져야 합니다. 참고로 부동산에서 제공하는 건축물 도면은 실제와 다를 수 있으며 기본 시설물의 세부적인 표기가 없습니다. 반드시 현장 실측 할을 권합니다.

이렇게 실측이 완료되었다면, 둘째로 내가 운영하고자 하는 당구장에 필요한 비품, 집기, 특이 시설물들인 당구대·주판대·큐꽂이·붙박이의자·등박스·카운터·개인큐장·사물함·세면장·휴게실·흡연실 등을 정리하고 해당 규격에 맞게 CAD에 옮겨 당구대 배치도와 당구장 레이아웃 설계도면을 작성하면 됩니다.

현실적으로 CAD를 활용해 정확한 레이아웃 설계도면을 창업자가 직접 작성하기에는 무리가 있습니다. 때문에 레이아웃 설계도면을 작성할 수 있는 당구재료상 또는 당구장 전문 설계업체에 의뢰를 하는 것도 좋은 방법입니다. 경험이 없는 초보 창업자라면 레이아웃 설계도를 작성하는 과정은 반드시 당구장 창업전문가와 직접 의논하는 것이 좋습니다. 경험이 많은 전문가들은 창업자가 제시하는 요청 사항에 대한 상세한 자문과 함께 자신의 운영노하우를 반영한 최적의 당구장 레이아웃 설계도를 제공할 것이 분명합니다.

(현실적으로 필자가 운영하는 ABBI연구소 이외에는 당구장 레이아웃 설계도를 직접 작성하여 제공하는 당구재료상이 거의 없다는 것에 필자의 마음이 답답하고 안타깝습니다. 당구재료상에서 외주 설계업체를 활용하여 고객에게 제공되기라도 한다면 참 좋은 일일 텐데 말입니다.)

7. 당구장 인테리어의 형태별 사례

앞에서도 틈틈이 언급했듯이 당구장의 인테리어는 '내 장사의 방법을 반영하고 있다!'라는 기본적인 생각을 창업자는 갖고 있어야 합니다.

우선 당구장 장사의 방법에 의한 구분을 알아보겠습니다. 우리가 대표적으로 일반 당구장, 포켓전용 당구장, 대대 전용 당구장으로 당구장의 형태를 구분할 수 있습니다. 다시 일반 당구장은 상권에 따라서 직장인을 대상으로 하거나 학생을 대상으로 하거나 동네의 거주민을 대상으로 하거나 적절하게 혼합된 고객을 대상으로 장사를 하게 됩니다. 우리는 이러한 대상고객의 파악과 함께 이들을 대상으로 한 다양한 '장사의 방법'을 구사하게 되는데요. 그 방법에 따라서 다양한 구조와 시설물과 마감재의 형태가 달라지게 됩니다.

이 구분을 우리가 오해 없이 잘 이해해야 하는데, 예를 들어 30대의 직장인을 타깃으로 하는 사무단지의 독립 상권에서 창업을 한다고 가정해 보죠. 창업자는 인근 사무단지의 직장인들을 타깃 고객으로 하는 장사의 방법을 구성하고 그에 적합한 분위기와 구조를 갖춘 인테리어 설계와 시공이 필요하게 됩니다. 만약 이들을 대상으로 근무시간 중에 잠시 짬을 내어 쉴 수 있는 당구장이라는 설정을 했다면, 그들이 당구게임이 아니더라도 편하게 자리할 수 있는 공간과 환경이 조성되어야 함이 당연합니다. 이런 것들을 위한 부가시설로 안마기, TV, 남성잡지 등의 비품을 비치하고 운영할 수 있는 구성도 당연히 따라와야겠지요. 창업자의 이러한 생각이 '인테리어에 반영되어 있느냐? 없느냐?'는 장사에 막대한 영향을 미치게 됩니다.

또 다른 예로 만약 창업자가 "난 고객에게 럭셔리하고 특별한 서비스를 제공할 거야!"라는 장사의 방법을 택했다면 그에 걸맞는 구조와 인테리어 마감재를 선택해야 합니다. 우리는 현수막과 간판에서 '럭셔리', '최고의 시설', '최상의 서비스'라는 문구를 많이 봅니다. 그러나 그 안의 현실은 그와는 전혀 다른 당구장에 적잖이 당황하곤 합니다. 차라리 그런 홍보문구를 안 쓰느니만 못하죠.

또 우리는 "우리 당구장은 항상 큐 손질과 당구대 관리에 최상의 노력을 기울이고 있습니다!"라는 홍보 문구를 보곤 합니다. 이 홍보 문구를 충족하는 시설로 전용 큐 손질의 공간과 함께 큐 손질을 하고 있는 공간에서의 점주의 의도적인 액션을 필요로 하게 됩니다. 또는 벽면 어딘가에 큐 손질을 하고 있는 점주의 사진과 관리 방법, 당구대를 청소하는 점주의 사진과 방법을 붙여 놓을 필요도 있게 됩니다. 이런 점주의 장사의 방법 하나 하나를 당구장 인테리어에 반영한 설계와 시공이 반드시 필요합니다.

마지막으로 한 가지 예를 더 들겠습니다. 대학교 앞 상권에서의 당구장 장사를 선택했다고 가정을 해보죠. 우리의 인테리어는 10~20대가 좋아할 만한 컬러의 패턴과 다트와 PC 등의 시설물들을 구성해야 하고 그것들을 독립적으로 이용할 공간을 만들어야겠죠. 그리고 학생들이 자유롭게 음료를 셀프로 이용할 수 있는 공간의 구성과 정수기, 티백, 커피 등의 비치가 필요할 것입니다. 이러한 모든 부분이 인테리어 설계에 반영되어야 합니다.

〈그림 36〉은 우리가 일반적으로 많이 보는 당구장의 사진입니다. 이곳에서 우리가 앞서 가정한 장사의 방법을 구사할 수 있을까요? 공간이 안 되

고, 시설이 안 되면 그 서비스도 없는 것이고 계획된 장사의 방법도 구사할 수가 없는 것입니다. 서비스는 할 수도 있습니다. 그러나 서비스에 꼭 맞는 구성이 반드시 맞아떨어져야 한다는 것이 필자의 생각입니다. 믹스커피는 종이컵에 마셔야 제격이고, 맥주는 살얼음 낀 유리잔에 마셔야 제격이고, 스테이크는 예쁘게 장식된 커다란 접시에 담아야 맛이 나듯이 장사의 방법과 서비스에 맞는 최적의 구성이 있다고 믿습니다. 창업자가 생각한 서비스 '그것'을 할 수 있는 구조와 형태를 찾는 것이 장사의 시작입니다.

〈그림 36〉 일반적인 당구장의 모습

우리 당구장이라도 해 볼까?

그럼 일반적인 분류에 의하여 인테리어의 형태를 알아보겠습니다.

〈그림 37〉은 운영자의 영업적인 특수 목적에 의하여 구성된 구조물과 편의시설들에 대한 실제 사례입니다.

포켓전용 당구장 유료음료 부스

포켓볼 전용공간

고객용 안마 부스

고객용 대기 및 PC사용 다목적 공간

대대고객을 위한 개인 사물함

대대전용 당구대의 대기좌석

고객 휴게실 흡연실

고객 다용도 휴게실 대대전용 주판 시스템

〈그림 37〉 당구장의 구조물과 편의시설

참고1 세대별로 선호하는 당구장 인테리어의 패턴을 '조도', 즉 당구장의 어둡고 밝음의 정도로 세대의 선호도를 대변하여 분류를 하곤 합니다. 그러나 필자의 생각은 좀 다릅니다. 세대별로 감각과 당구장의 이용 목적이 다르다는 데 주목합니다. 즉, 밝고 어두움의 차이가 아닌 당구장 이용 목적에 알맞은 당구장의 분위기와 감각입니다.

인테리어 패턴은 유행이 있기에 '딱! 무엇이다!'라고 정의를 내리긴 어렵습니다만 세대별로 당구를 즐기는 목적을 생각하면 '감각과 편안함'의 정도로 구분지을 수 있을 듯합니다.

참고2 당구장의 규모가 클수록 다양한 시설물을 갖추고 당구 종목별 구획을 나누는 특징을 볼 수 있습니다. 즉, 7대~8대 당구장 여러 개가 함께 있다고 보아도 좋습니다. 구조적으로 대형 당구장의 경우는 특히 조심해야 할 것이 고객과 직원의 동선을 잘 분리하는 것입니다. 자칫 너무 넓은 공간에 구분 없는 공간의 구성과 복잡한 동선으로 인하여 손님도 직원도 혼란스런 미아가 되어 버릴 수 있기 때문입니다. 중소형 당구장의 경우는 입장→당구치기→손 씻기→계산→퇴장으로 이루어지는 '1개 고객 동선'의 구성에 '복잡함과 걸림이 없는' 정도의 생각으로 구성이 가능합니다만, 대형의 경우는 입장→당구치기→손 씻기→계산→퇴장으로 이루어지는 기본동선 외에 '부가동선1', '부가동선2'의 구성에 대한 추가적인 구성과 점검이 필요하게 됩니다.

8. 공정별 주요 시공 사례 및 주의점(목공 공사, 전기 공사, 마감재 공사)

외부업체에 인테리어 공사를 의뢰하는 경우에는 총책임자와의 원활한 커뮤니케이션만 이루어진다면 공사에 아무런 지장이 없겠지만, 간혹 직접 기술자들을 불러 공사를 진행하는 직영 공사의 경우에는 창업자가 모든 공정에 대하여 일의 순서와 진행 방법을 숙지하고 있어야 합니다. 특히 직영 공사의 경우 목수가 거의 모든 공정을 총괄한다고 보아도 무방하며, 목수의 작업 부분이 후 공정에 막대한 영향을 줌으로 반드시 목수에게 각 부분의 마감재를 명확히 설명해 주어야 합니다. 앞에서도 잠시 이야기했듯이 마감재가 도장, 타일, 도배, 인테리어필름 등 마감재가 무엇이냐에 따라서 선택되는 자재의 종류와 시공법이 달라지기 때문에 충분한 설명이 필요합니다.

지금부터 각 부분별로 공사진행 시에 주의할 것들에 대하여 이야기를 하겠습니다.

첫째, 목공 공사는 전체의 뼈대를 만드는 작업과 같습니다. 때문에 전체 공사 중에 가장 비용도 많이 들고, 시간도 많이 소요됩니다. 목공 공사의 주요 내용은 〈그림 38〉, 〈그림 39〉와 같습니다. 특이 목공 공사의 첫날은 자재를 현장으로 올리고 레이저와 먹줄을 이용해 당구대가 놓여질 위치와 벽체 등의 구조물이 들어갈 정확한 위치에 실제 크기의 밑그림을 그립니다.

〈그림 38〉 자재 올리기 및
바닥과 천정에 먹줄 놓기

　다음은 정해진 위치에 뼈대를 세우고 석고보드, 합판, MDF 등과 같은
자재를 이용해서 구조물을 마감하게 됩니다. 여기까지가 목공 공사의 전
체입니다. 이렇게 완성된 곳에 마감재들을 붙이게 되는 것입니다.

〈그림 39〉 목공 공사의 기본 구조물 만들기

　둘째, 전기 공사는 기본적으로 목공 공사와 함께 협의하에 같이 진행되는 것이 정석입니다. 전기 공사의 주요공정은 목공사의 진행 일정과 맞추어 [기본 배선→차단기의 구성→전열 기구 및 등기구의 설치]로 진행됩니다. 전기 공사의 진행 과정에서 특별히 주의할 것은, 가급적 전기선을 노출시키지 않기 위해서는 목공기술자와의 팀워크가 필수적입니다. 자칫 목공기술자와 전기기술자의 작업 공정이 엇갈리게 되면 전기배선들이 지저분하게 노출되는 경우가 발생될 수 있습니다.

우리 당구장이라도 해 볼까?

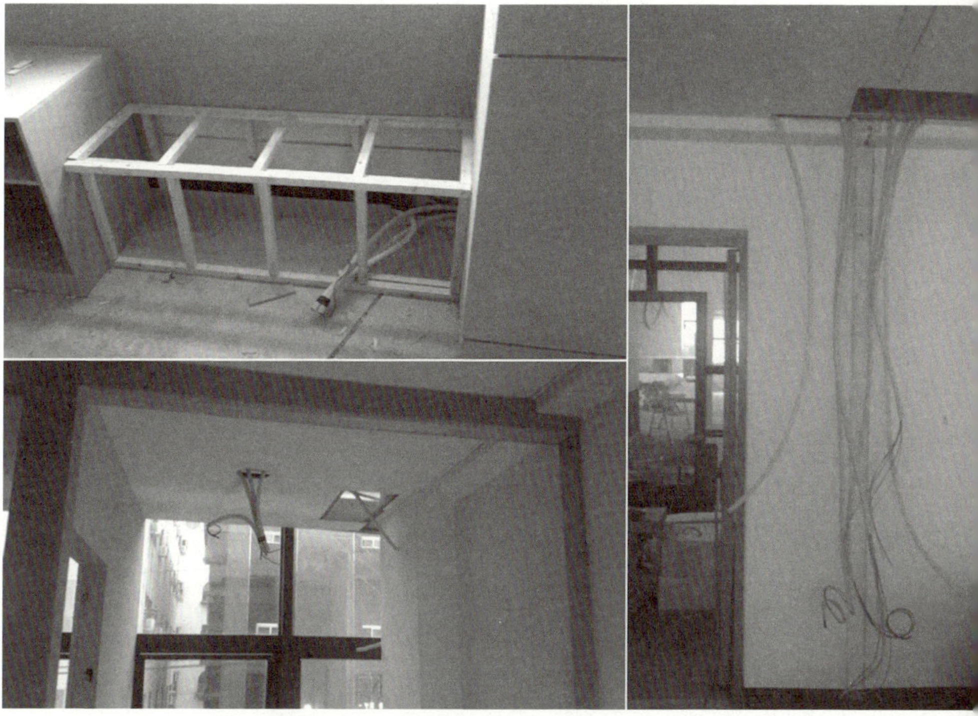

〈그림 40〉 등기구 및 전열기구 설치를 위한 전기배선 작업

〈그림 41〉 등기구 설치 및 차단기의 구성

전기 공사의 범위를 가정하고 견적을 받을 때 우리가 특별히 주의해야 할 것은 에어컨배선과 환기시설의 배선과 증설을 위한 차단기의 추가 설치 및 작업 비용에 대한 부분입니다.

이 비용의 문제로 현장에서 창업자와 인테리어 시공업체 또는 전기기술자와의 분쟁이 비일비재하기 때문입니다. 각 부분별 견적을 받을 때 '전기작업의 범위와 비용'에 대한 명확한 협의 과정을 거칠 것을 당부합니다.

셋째, 설비 공사는 〈그림 31〉(p. 177)의 공정표에서 보듯이 제일 앞과 제일 뒤에 일정이 잡혀 있는 것을 알 수 있습니다. 설비 공사의 주된 작업의 범위는 기본 배관(상하수도의 배관)과 수도설비를 이용한 시설물의 설치입니다. 즉, 목공 공사 이전에 정해진 위치에 기본 배관을 설치하고 나면 목공기술자가 벽체 등을 만들어 감출 곳은 감추어 가면서 공사를 진행합니다. 모든 마감재의 공사가 끝나고 나면 마지막으로 싱크대, 세면기, 소변기, 정수기 연결, 온수기 등의 수도설비를 이용한 장비들을 설치하게 됩니다.

〈그림 42〉 기본 배관 작업

우리 당구장이라도 해 볼까?

특히 주의할 것은 간혹 이 모든 것을 기본 배관 기관에 마무리하려는 경우가 있으나 이럴 경우 반드시 배관의 노출과 함께 설비시설의 설치에 문제가 발생됩니다. 절대로 한 번에 될 수 없는 공정이기에 반드시 처음 견적을 받을 때 기본 설비와 함께 마감재 공사 마감 이후에 설비들을 추가적으로 설치해 주어야 함을 통지해야 합니다.

〈그림 43〉 수도설비의 마무리 설치

넷째, 마감재 공사에서 가장 중요한 것은 각 마감재별 일정의 배분입니다. 당구장의 대표적인 마감재로는 도장(칠), 도배, 인테리어 필름을 들 수 있으며 부분적으로 타일과 유리가 사용되며, 각각 자재의 품질과 설계품질에 따라서 기능적으로나 감성적으로나 창업자의 만족도는 분명히 달라지게 됩니다.

그리고 각각의 마감재의 시공 특성에 따라서 완성도를 높이기 위해 먼저 해야 할 것과 나중에 해야 할 것이 존재합니다.

예를 들어 도장공사와 타일(파벽돌)공사가 있다고 가정하면, 그 순서는 타일공사→도장공사가 되어야 합니다. 왜냐하면 도장공사를 먼저 한 이후에 타일공이 들어와서 벽돌을 갈아내며 먼지가 날리게 되면 애써 칠한 도장면이 더러워지게 되죠.

또 다른 예로 인테리어 필름공사와 도배공사가 있다고 가정해 보면, 필름공사→도배공사의 순서로 진행되어야 합니다. 왜냐하면 도배공사는 기본적으로 각진 면을 덮어가는 형태이며, 필름공사는 접어 넣는 방식이기에 순서가 바뀌게 되면 도배와 필름이 만나는 각진 면의 필름이 모두 일어나게 되어 깔끔한 마감이 이루어지지 않게 됩니다.

우리가 마감재 공사 진행 과정에서 또 하나 신경을 써야 할 것은, 모든 마감재 공사가 완료된 이후의 공사인 콘센트 및 등기구 달기, 싱크대와 세면기 부착 등의 작업 일정까지도 꼼꼼히 챙겨야 합니다. 자칫 시공기술자의 일정을 배려하여 작업순서가 바뀌게 되면 마감품질에 막대한 차질을 가져올 수도 있습니다.

다시 한 번 당부드립니다.

마감재 공사의 핵심은 각각의 마감재 작업일정을 부분별 시공자와 협의를 통하여 순서에 맞게 잘 챙기는 것입니다.

다섯째, 바닥공사는 사실상 카페트와 데코타일의 결정의 과정입니다. 당구장 바닥의 경우, 발의 피로도와 소음 감소의 목적으로 특별한 경우가 아니고서는 대부분 카페트를 설치하는 것이 정석으로 되어 있습니다. 그러나 청소와 관리의 용이함을 이유로 데코타일이 설치되는 경우도 많이 있습니다. 이 선택은 손님의 유형에 따른 장사의 패턴에 의하여 결정하면

〈그림 44〉 인테리어 필름작업을 위한 기초 작업 및 시공

〈그림 45〉 칠 공사를 위한 기초 작업 및 시공

<그림 46> 도배 작업을 위한 풀칠 및 도배지 붙이기

비교적 손쉬운 선택이 될 수 있습니다.

　예를 들어, 스포츠마니아적 성향이 강한 고객층이라면 카페트를, 유흥 놀이문화 계층이라면 데코타일이 선호되고 있습니다. 그러나 이러한 고객의 성향과는 무관하게 관리 편의성에 의한 선택 또는 점주의 당구 성향에 따라서 결정되기도 합니다.

<표 31> 카페트와 데코타일의 장단점

	카페트	데코타일
장점	·장시간 당구게임에도 발의 피로도가 덜함 ·당구장의 소음을 부분적으로 흡수함	·청소에 용이함
단점	·음료수 등의 오염에 취약함 ·청소에 시간이 많이 걸림 ·먼지가 발생될 우려가 있음	·장시간 게임에 발이 불편함 ·당구장 소음의 원인이 되기도 함

　지금까지 당구장 인테리어 공사 시에 주의해야 할 것들에 대하여 간략히 알아보았습니다. 실제적으로는 대부분의 창업자가 외부 공사업체를

〈그림 47〉 바닥공사를 위한 준비 작업 및 시공

통하여 인테리어 공사를 진행하기에 지금의 이 설명이 굳이 중요하진 않을 수도 있습니다. 그러나 창업자가 과정에 대하여 알고 있다는 것은 원활한 공사 진행과 공사 책임자와의 효과적인 의사소통에 기본이 될 것입니다. 공사 진행 과정에는 공사 책임자의 무책임한 진행으로 낭패를 보는 경우도 있으며, 창업자의 터무니없는 요구가 문제가 되기도 합니다. 때문에 지금까지 설명한 인테리어 공사에 기본이 되는 것들을 창업자가 숙지하고 있는 것이 좋습니다.

참고로, 만약 창업자가 직영 공사(직접 각 부분별 인부를 섭외하여 공사를 진행하는 경우)를 시행할 때, 현실적인 방법은 목공 공사의 목수 팀장과 모든 것을 의논하는 것이 가장 합리적입니다. 앞에서도 설명했듯이 목공 공사는 전체의 기틀을 만드는 과정이며 마감재의 선택에 따라서 목공 공사의 자재와 형태와 작업 방식이 변화되게 됩니다. 잘 만들어진 목공 공사의 뼈대에 도배, 도장, 타일, 인테리어필름 등의 마감재를 붙이는 작업을 하면 모든 공정이 마무리가 됩니다. 통상 마감재 공사는 일당으로 일하는 경우가 드물며 초보자가 관리·통제하기도 어렵습니다. 때문에 '일괄 수주방식'이 통상적으로 적용됩니다. 마감재 별로 하나하나 불러서 견적을 내고 공사 일정이 겹치지 않도록 진행하면 큰 무리가 없습니다. 간단한 인테리어의 경우는 공사 책임자의 인건비 정도는 절감할 수 있습니다. 그러나 규모가 크고 복잡한 경우에는 가급적 외부업체에 의뢰하여 전체를 적정한 가격으로 협상하여 진행할 것을 권장합니다. 자칫 관리자 인건비 아끼려다 전체를 망칠 수도 있습니다.

"당구장 공사하는 데 며칠이나 걸릴까요?"

"이까짓 거 일주일이면 끝나요! 하하하 저를 믿고 맡겨 주세요!"

일주일 뒤, 울상인 점주를 참 많이도 보았습니다.

"실장님, 전 이런 결과물을 원한 건 아니었어요. 제가 생각한 인테리어가 아닙니다."

"사장님, 무엇을 기대하셨어요? 제가 말씀드렸잖아요. 불. 가. 능. 하. 다. 고. 요."

"…"

한가로이 연구실을 지키고 있었습니다. 잠시 블로그에 올릴 이야기를 쓰기도 하고, 수집해 놓은 자료들을 늘어 놓고 통계를 내고 있었죠. 그날따라 즐겨먹던 맥심커피를 찐하게 탔습니다. 무언가 달달한 것이 필요했죠.

"카톡! 카톡!"

노란색 SNS가 울립니다. 경박스럽기까지 합니다.

"카톡! 카톡!"

확인하지 않습니다. 지금은 집중해서 통계를 내고 있는 중이니까요. '1'을 지우진 않습니다. 그런데 이미 내용을 읽었죠. '1'을 지우지 않고도 메시지의 내용은 어느 정도 파악을 했습니다.

얼마 전 상담을 하고 개략적인 도면을 그려드린 고객입니다.

내용의 요지는 '도면에 있는 구성으로 일주일이면 된다고 해서 맡

겼는데, 결과물이 생각과 너무 달라서 속이 상한다는 것'이었습니다. 답답한 마음에 제게 하소연을 하고 있는 것입니다.

무시할 수 없기에 '1'을 지우고 사장님과 전화통화를 통하여 상황 이야기를 들었습니다.

"사장님 공사는 잘 끝나셨어요?"

"아뇨, 속상해 죽겠어요! 정말 후회막심이에요. 제가 그때 왜 실장님 이야기를 무시했는지 모르겠어요"

대충 짐작은 가지만 그래도 모른 척해야만 합니다.

"무슨 일이 있으셨나요?"

"실장님, 그려주신 도면을 보이고 견적을 몇 곳 받았는데요. 그대로 하는데 일주일이면 된다고들 하더라구요. 그래서 견적이 제일 싼 곳에서 공사를 했습니다. 그런데 우리가 그린 도면과는 다른 마감재가 사용이 되는 부분도 있고, 결정적으로 벽체들이 삐뚤빼뚤 미치겠어요."

"아, 목공 공사를 제대로 안 한 모양이군요! 분명 벽체공사에 대한 시방을 명확히 해 드렸는데요."

"네, 잘 모르겠어요. 벽지 밑에 그냥 콘크리트에요. 울퉁불퉁 난리도 아닙니다."

"제가 공사 기간 2주 잡았잖아요. 그걸 일주일에 완공하려면 목공 공사를 최소화할 수밖에 없어요. 그리고 실제 사장님께서 업체와 계약한 공사비를 보면 공사 내용이 대략 짐작이 갑니다."

"에휴~ 답답해요. 앞으로 장사를 어찌할지 걱정입니다."

우리 당구장이라도 해 볼까?

"사장님, 이제 어쩔 수 없어요. 현재의 상황에서 최선의 방법을 찾아야 합니다. 당구대가 들어오고 냉장고, 텔레비전 등의 집기들이 들어오고, 이것저것 자리를 잡으면 지금 보시는 것보다는 훨씬 좋을 게 분명해요. 너무 낙담하지 마세요. 장사가 인테리어만 가지고 하는 것은 아니잖아요~"

"네, 실장님이 좀 도와주세요!"

"…"

실제 당구장 인테리어 공사 기간은 최소가 일주일입니다. 고급 마감재를 사용하거나 깔끔한 벽체의 구성을 위해서는 목공 공사 기간이 대략 4~7일 정도를 잡아야 하기에 2주의 공사 기간은 무조건 잡아야 하죠.

최소한의 공사 일정에서의 공정을 살펴 볼까요?

목공 공사와 전기 기본 공사 2~3일→도배 1일→등기구 달기 1일→싱크대·세면대·타일 공사 1일→바닥 카페트 또는 데코타일 1일의 공사 일정이 소요가 됩니다. 최소한의 비용으로 최소한의 일정이 소요되는 인테리어의 형태입니다. 이렇게 만들어진 당구장의 모양과 형태가 대략 짐작이 될 것입니다. 이러한 일정과 공사가 무조건 나쁜 것은 아닙니다. 이에 합당한 공사 비용의 지불이 되었고, 점주가 미리 예상했다면 아무런 문제가 될 것이 없습니다.

"최소의 비용으로 깔끔하게만 인테리어해 주세요. 깔끔하게만요!"

실제 창업 현장에서 점주의 가장 많은 요구 사항이 '깔끔하게'입니다. 그런데 말이죠. 이 깔끔하게라는 것이 현실적으로는 참 광범위하고 난해하기만 합니다. 거기에 '최소의 비용'이란 요구가 더해지게 되면 인테리어 공사를 진행하는 책임자는 참 난감해지기 마련입니다.

현실적으로, '최소의 비용으로 깔끔하게'는 불가능한 말일지도 모릅니다. 그 깔끔하다는 의미에 대한 공사의 범위가 명확하지 않다면, 분명 분쟁의 원인이 될 것이 뻔합니다.

"아니, 여기 도배지가 울퉁불퉁~ 하잖아요."

점주가 삐딱하고 울퉁불퉁한 벽에 도배지가 붙어 있는 것을 보고 푸념을 합니다.

"깔끔하게만 하라고 해서 목공으로 작업을 하지는 않았습니다. 깔끔하게 도배지만 붙였는 걸요"

"아니, 깔끔하게 해달라고 말씀드렸잖아요!"

"사장님. '최소한의 비용으로'라고도 말씀하셨잖아요!"

"…"

"전 비용을 최소화하는 방법으로 깔·끔·하·게 작업했습니다. 여기 벽에 목공 작업을 하고 도배지를 붙였다면 더 깔끔했겠죠. 그런데 그 비용은 견적에 포함되지 않았습니다."

"…"

실제 창업 현장에서 비일비재하게 분쟁이 발생하는 부분이죠. 누구의 잘못도 사실은 아닌 것 같습니다. 창업자는 보다 명확하게 원하는 인테리어의 형태를 요구했어야 하며, 작업자는 작업 방식에 대한 설명을 사전에 명확히 전달했어야 합니다.

기본적으로 깔끔한 구성이 되려면, 건물의 콘크리트 벽체에 목공 작업을 통하여 벽체를 만들고, 거기에 도배지, 타일, 인테리어필름, 칠 등의 마감재 작업을 하는 것이 기본이 됩니다. 그러나 이렇게 했다가는 '최소의 비용'은 이미 물 건너간 이야기가 됩니다.

창업자는 보통 인테리어 공사의 경험이 없기 때문에 남이 해놓은 것을 겉으로만 보고 '깔끔하게'라는 주문을 핵심으로 했을지도 모릅니다. 그 속의 구조나 작업 과정들을 모르는 것이 당연합니다. 어찌 보면, 필자가 견적을 내고 공사를 하는 작업자의 입장을 모르는 것은 아닙니다.

세부적인 세세한 것까지 모두를 창업자에게 알려주고 견적을 낸다면 아마도 창업자가 생각하는 공사비용을 훌쩍 넘을 것이 뻔하기 때문에 공사 견적에 대한 두려움이 존재할 것입니다.

분명 누군가는 "네 가능합니다. 깔끔하게, 저렴하게 공사해드리죠!" 할 것이기 때문입니다.

약간은 울퉁불퉁한 벽체, 휘어진 기둥(원래 있는 그대로의 기둥모양), 월넛과 오크 색상 정도의 기성품 몰딩, 부분적으로 노출된 전기선들, 이런 것들을 감수할 수 없다면 돈을 들여야 합니다.

다시 말해서, 저렴한 비용의 깔끔한 인테리어는 없습니다.

유명 체인점의 매장을 방문해 보면 깔끔하게 이름표를 붙인 점원들이 손님을 밝은 얼굴로 맞이합니다.

"어서 오세요! 주문 도와드릴까요?"

다음 손님에게도, 그 다음 손님에게도 함박 웃음을 지으며 말을 건넵니다.

"77번 손님 주문하신 음료 나왔습니다. 맛있게 드세요!"

다음 손님에게도, 그 다음 손님에게도 말이죠.

연습되어진 정형화된 내용을 읽듯이 말하고 있다는 것을 바보가 아닌 다음에야 모두가 알 수 있죠. 간혹 진정으로 '내가' 맛있게 준비된 음료를 마셨으면 하는 오지랖 넓은 직원의 친절함에 감동을 하기도 하죠. 그리고 아주 가끔 조금의 다른 복장을 한 점주의 서비스를 받기라도 하는 날이면 그야말로 감동인 날이죠.

시작부터 이야기가 이상한 곳으로 흘렀습니다. 사실 필자의 머릿속에는 인테리어의 개념에 하드웨어적 시설물의 형태와 디자인과 함께 그 매장 속에서 일을 하는 직원의 복장과 행동 요령 또한 정해진 인테리어의 소프트웨어적 요소라고 생각하기 때문일지도 모릅니다. 이 두 가지가 더해지고 어울려지게 되어야 매장의 컨셉이 명확해지기 때문입니다.

대부분의 당구장은 점주 1명 또는 직원 1명 또는 아르바이트 1명으로 운영이 되고 있습니다. 때문에 그 완성은 점주입니다.

저기 점주의 형이 다가옵니다. 두렵죠. 오늘은 또 무엇을 이야기할 지 걱정이 앞섭니다. 나는 현장을 빙빙 돌아 숨을 곳을 찾아야 합니다. 눈에 띄이지 않으면, 또 듣지 않아도 될 이야기를 안 들어도 되고, 싸울 일도 없으니 말이죠.

목수와 바쁜 척을 해 봅니다.

"반장님, 여기는 타일이 붙을 곳이니 수직, 수평이 잘 나와야 해 요."

뜬금없는 이야기에 목수 반장이 빤히 쳐다봅니다.

"조실장, 왜? 왜? 여기에 타일 붙는 거 알아!"

"그렇죠? 알고 계시죠? 하하하."

등 뒤에서 점주의 형이 인사를 합니다. 아이고 바쁜 척 하는 것도 통 할 리가 없습니다.

"안녕하세요! 실장님~"

"아, 오셨네요. 오늘은 빨리 가실 거죠? 하하하."

"푸 하하하, 제가 괴롭히긴 많이 괴롭혀드리나 봐요^^"

현장을 이리저리 둘러보더니 오늘도 한 가지 요청을 합니다.

"실장님, 여기에는 타일보다는 음…, 도배가 좋지 않을까요? 그리고 여기는 이렇게 'ㄱ'자로 된 선반을 만들어 넣는 게 어떨까요?"

아! 다시 시작되었습니다. 오늘도 어김없이 점주의 형 이야기를 들 어야 합니다. 그리고 다시 점주와 의논을 해야 합니다. 듣는 것은 괜찮 은데, 둘의 의견이 너무나도 차이가 많습니다.

"음. 동생분과는 의논이 되신 거에요? 작업을 하는 것은 어려운 것이 아닌데 말이죠. 동생분의 동의가 있어야 할 것 같아요."

"돈은 제가 드리는 거에요. 그러니 제 말대로 해 주세요."

그렇게 자리를 뜬 점주의 형님은 캔 커피 한 봉 다리를 사들고 나타나더니 다시 이야기합니다.

"실장님, 동생보다는 제가 경험이 많아요. 그러니 제 의견대로 일단 작업을 해 주세요. 동생은 제가 나중에 이야기할게요."

한참의 시간이 흐른 뒤, 마감이 다가왔습니다. 이제 정해진 마감재들을 붙이고 꾸미기만 하면 되죠.

"아니 실장님, 여기는 타일 붙이기로 했던 곳인데, 왜? 'ㄱ'자 테이블이 있는 거죠?"

"형님께 이야기 못 들으셨어요?"

"네, 전 몰랐어요. 이거 다시 부수고 타일 붙여주세요!"

"…"

"제게 이야기를 해 주셨어야죠. 운영은 제가 하는 거랍니다. 다 생각이 있어서 타일을 붙이자고 한 건데, 우리 설계도 그렇게 됐었잖아요."

"… 그렇죠."

이러 저리 현장을 둘러보던 점주가 몇 가지 같은 지적을 합니다. 애당초 형의 말을 듣는 것이 아니라는 생각을 합니다. 그러나 당시의 상황에서는 어쩔 수 없는 일이었지만 결과적으로 참 난감한 상황이 되어 버리고 말았죠.

다행이 형과 동생의 의견 합의하에 부분적인 재변경으로 공사는 잘 마무리가 되었지만, 누구도 100% 만족할 수 없는 결과물에 아쉬움이 남는 것은 사실입니다.

창업 현장에서는 형, 동생, 아버지, 어머니, 친구, 그리고 그냥 아는 사람들이 들락거립니다. 그리곤 자신만의 의견을 조금씩 보태죠.

'여기는 이렇게 하는 게 좋지 않을까?'

보통은 흔들리게 마련입니다. '맞아 그렇게 하는 것이 좋을지도 몰라!'라고 말이죠.

이렇게 누군가의 한 마디를 점주가 거르고 결정되면 사실 아무 문제가 없습니다. 그러나 관련된 누군가가 개별적으로 한가지 한가지의 요청을 작업자에게 지시한다면 큰 낭패를 겪을 수도 있습니다.

현장에서는 어쩔 수 없이 조금씩 변경되는 부분이 있을 수 있습니다. 바꾸어야 할 것은 비용을 감수하면서까지라도 바꾸어야 하죠. 그러나 신중해야 하고 그 최종 의논과 최종 지시는 반드시 일원화되어야 합니다. 자칫 개별개별의 요청과 지시로 인하여 전혀 엉뚱한 결과를 낳는 일은 피해야 합니다.

"이거 얼마 들어갔을 것 같아?"

"음, 한 2,000만 원쯤? 도배하고 타일 붙이고 바닥했으니 그 정도면 충분하지 않을까?"

"헐~"

"이거 3,000만 원 들었어! 이 공사를 하는데 정말이지 힘들었다구!!"

"그래? 그냥 깔끔하기만 한데, 그 돈 다 어디 갔니?"

"…"

"내 보기엔 저 타일에 돈 좀 들어갔을 것 같고, 아 필름을 붙였구나! 거기에도 좀 들어갔겠네~"

"맞아, 그 돈 다 저 벽 속에 있어!"

"벽에?"

"그래, 저 마감재를 붙이려면 목공작업이 많이 들어가드라구. 타일 값, 필름 값이야 얼마 하겠니? 그 마감재를 붙이기 위해 반드시 해야 하는 밑작업들이 만만치가 않더라. 나도 직접 보지 않았다면 몰랐을 거야."

"아, 그렇구나. 결국 다 저 벽 속에….'

인테리어가 끝나고 청소가 모두 끝난 상태에서 누군가에게 대략의 소요비용을 물으면 인테리어 공사 경험이 없는 분들의 경우 대답이 거의 뻔하죠. 공사 과정을 알거나 공사 중 공정을 보지 않았다면 모를 일입니다. 실제 마감재의 가격은 싼 거나 비싼 거나 큰 차이가 없죠. 그 마감재를 붙이기 위한 밑 작업에 큰 노력과 비용이 들어가게 됩니다.

03

디스플레이

인테리어가 끝나고 당구대를 설치하고 본격적인 장사를 시작하고 한참의 시간이 흐른 뒤, 당구장을 방문해 봅니다. 장사를 시작할 때와는 다른 것들이 곳곳에 보입니다. 세면장의 거울 앞 선반에 빗과 핸드크림이 있고, 화사한 화분도 있고, 못 보던 액자도 있습니다. 창가의 휴게실에 비치된 컴퓨터 앞에는 '여러 고객을 위한 pc입니다. 게임은 하지 마세요~'라는 안내문구가 정갈하게 붙어 있습니다.

카운터 앞 요금표에는 '오늘도 이용해 주셔서 감사합니다'라는 고마움의 표현을 담은 안내판과 작은 바구니에 사탕들이 담겨 있습니다. 주판대의 머리에는 '개인 큐 만들어 드립니다'라는 표어와 함께 개인 큐 사용의 장점과 개인 큐를 신청하는 방법들이 안내되어 있습니다. 아! 당구장을 들어서는 출입구에 하얀색 화이트보드에 '오늘은 햇볕이 따뜻한 날입니다. 마음 따뜻하고 포근한 하루가 되셨는지요? 이런 날 우리 당구장을 찾아주셔서 고맙습니다^^'라는 점주가 직접 써 놓은 하루의 메시지가 눈에 들어옵니다. 이것들 외에도 처음의 구성과는 다르게 무언가 당구장 주인의 당구장 운영 방법을 엿볼 수 있는 여러 가지 시설물들과 안내들이 요목 조목 비치되어 있습니다.

1. 당구장 디스플레이란?

디스플레이란 단순히 예쁘게 당구장을 만든다는 개념보다는 당구장을 운영하는 원칙과 고객을 생각하는 마음이 표현된 장치들을 의미합니다. 즉, 인테리어는 컴퓨터의 windows와 같은 기본적인 운영체계와도 같으며, 디스플레이는 한글, CAD, MS Office와 같은 소프트웨어와도 같습니다.

다시 말해서 인테리어는 우리가 '어떻게? 장사를 하겠다'는 원칙에 의하여 만들어진 기본 뼈대라면, 디스플레이는 그 운영체제를 적극적으로 운영하기 위한 하나 하나의 방법에 대한 적극적인 표현이 됩니다. 때문에 우리는 본격적으로 장사를 시작하는 시점부터 장사를 하는 기간 내내 '내 당구장'의 디스플레이에 대하여 지속적인 관심과 변화를 생각해야 합니다.

그럼 지금부터 실제 사례를 통하여 그 표현 방법을 알아보도록 하겠습니다. 우리가 당구장에 무언가를 꾸미는 상황을 생각해 보죠.

- ◆점주가 당구장 운영을 위해서 실행하고 있는 것들의 표현
- ◆점주가 손님에게 꼭 전달하고 싶은 내용
- ◆점주가 손님을 위해 실행하고 있는 행동 및 생각들
- ◆손님이 당구장을 이용할 때 지켜 주었으면 하는 것들

- 손님이 내 당구장을 효과적으로 이용하는 방법들
- 단순히 예쁘게 당구장을 꾸미기 위한 것들

이상과 같이 여러 가지 상황이 있을 수 있습니다.

이러한 것들을 효과적으로 잘 표현하여 당구장의 곳곳에 설치하고 안내하는 행위 자체가 디스플레이라고 이해하면 됩니다. 브랜드 체인점 커피숍의 사례를 잠시 들어보겠습니다. 우선 머릿속으로 커피숍에 들어가는 상상을 해보죠. 커피숍의 정문 앞에는 '오늘의 커피 3,000원'이라는 안내판이 눈에 들어옵니다. '오늘은 이것을 마셔볼까?' 하고 잠시 생각이 들곤 하죠. 주문을 하기 위해 카운터 앞으로 이동을 하면, 눈 앞에 오늘의 커피와 함께 이벤트 중인 여러 가지 작은 팻말들이 눈에 들어옵니다.

주문하는 곳 좌측 머리 위로는 'order hear'라는 팻말이 있습니다. 주문을 마치면 동그란 벨을 주죠. 이게 울리면 주문한 음료를 받아가라는 의미입니다. 주문을 마치고 잠시 고개를 돌려보면 출입구 쪽에 '24open'이라는 커다란 안내판도 보입니다. 주문한 음료가 나오고 커피 한 잔을 들이키면 나와 같은 행동을 하고 있는 손님들을 자연스럽게 볼 수 있습니다.

커피숍에서는 자연스럽게 다 마신 음료는 지정된 return bar에서 분리수거를 해야 합니다. 누가 알려주지는 않았지만 남은 음료는 여기에, 작은 쓰레기는 여기에, 1회용 컵은 여기에 라고 써 있죠. 우리가 이 커피숍을 이용하기 위해서는 정해진 이용 방법을 숙지해야 합니다. 곳곳에 설치된 안내판들이 손님인 우리의 행동을 제약하기도 하며, 혜택을 주기도 하죠.

정리해 보면 주문은 여기로 와서 셀프로, '다 먹으면 치우는 것도 손님이 해야 해!'라고 이야기해 주는 것이죠. 또 '오늘은 커피가 3,000원이고,

우리 커피숍은 24시간이니 자유롭게 이용하고, 매일매일 다양한 이벤트가 있으니 늘 이 게시판을 주시하도록 하세요'라고 고객에게 이야기해 주는 것과 같습니다. 브랜드 체인점의 경우 소소한 것들까지 본사에서 설치를 규정하고 독려하기에 큰 어려움 없이 자연스럽게 디스플레이가 이루어집니다. 점주의 입장에서는 특별한 생각이나 노력이 없이도 손쉽게 정제되고 효과적인 디스플레이가 가능하죠. 간혹 여기에 자신만의 독자적인 홍보와 디스플레이를 시도하는 경우도 있습니다.

그럼 이제 당구장을 상상해 보죠.

천장에 '3쿠션 전용 당구대'라는 푯말을 떠올려 보죠. 이 푯말을 보면 어떤 상상이 드나요? "여긴 3쿠션 전용이니 4구는 치면 안 되는구나!'라고 상상을 하게 될 게 분명합니다. 당구대 위 또는 당구대에 이러한 표식이 있다면 아마도, "여긴 대대구나, 난 4구 칠 거니까 저쪽으로 가야겠군!" 또는 "이 당구대에서 치면 되는구나" 하겠죠. 물론 굳이 써 놓거나 표식을 하지 않아도 손님이 잘 알 것이라고 생각할 수도 있고, 물어보면 '이야기해 주면 되지'라고 생각할 수도 있습니다. 그러나 앞서도 이야기했듯이 디스플레이 목적이 단순히 '예쁜 당구장'을 만들기 위한 것이 아닌 당구장의 운영 원칙과 장사의 방법이 표현된 것이기에 우리는 보다 적극적일 필요가 있습니다.

2. 당구장 디스플레이 사례

그럼 지금부터 다양한 당구장의 디스플레이 사례들을 소개하겠습니다. 이 사례들의 디자인과 내용은 반드시 절대적인 것은 아닙니다. 사례들을

통하여 '아~ 장사를 잘하는 분들은 이런 내용들을 이렇게 하는구나!'라고
참고하여 '내 당구장'에 참고하여 활용하는 것만으로 충분합니다. 참고로
디자인적인 요소를 굳이 따라할 필요도 없습니다. 잘 만들어진 디자인이
면 더 좋겠지만 '무언가를 한다'는 것이 더 중요하다고 필자는 생각합니다.

우리 당구장이라도 해 볼까?

〈디스플레이 사례 1〉

　같은 인테리어 업체에서 같은 모양으로 당구장을 만들어도 운영하는 사장님에 따라 당구장의 분위기에 많은 차이를 보이는 것을 흔히 발견할 수 있습니다. 어떤 당구장은 유독 차갑고 딱딱하기도 하고, 어떤 당구장은 포근하기도 하며, 어떤 당구장은 유난히 정갈하면서도 정돈된 느낌을 주기도 합니다. 더불어 같은 내용의 안내 문구를 쓰거나 붙이더라도 그 느낌이 운영자에 따라서 달라지게 됩니다. 이러한 원인은 간단하게 운영자의 기본적인 운영 방침과 마음가짐에 달려 있는 듯합니다. 처음 기본 인테리어가 완성된 직후의 모습은 이 모든 당구장들이 같은 느낌이었을 것이 분명합니다. 간혹 인테리어 업체에서 인테리어 시공을 완성하고, 당구대 설치가 끝나면 모든 장사의 준비가 완료된 것으로 알고 있습니다. 그러나 여기까지는 기본적인 뼈대를 만든 것과도 같습니다. 컴퓨터를 처음 사서 윈도우를 설치한 것과도 같습니다.

　당구장 운영자는 '내 당구장을 운영하고자 하는 방향과 방법'을 하나하나 매장 곳곳에 심어두어야 합니다. 이 디스플레이 활동의 선택에 있어서 운영자의 감각적인 부분이 발휘되는데, 사용되는 이미지와 폰트와 문구 등으로 표현됩니다. 예를 들어 '300 이하 찍어치기 금지'라고 할 수도 있고, '300점 이하는 찍어치기를 자제해 주세요~'라고 쓸 수도 있죠. 표현 하나 하나에 운영자의 기본적인 감각이 들어가게 되면서 당구장 전체의 분위기에 영향을 미치게 됩니다. 때로는 단호하게 때로는 완곡하게 때로는 애절하게 등등. 같은 내용이라 하더라도 받아들이는 사람의 이미지는 달라지게 됩니다. 무엇이 '옳다', '틀리다'는 아닙니다. 그것 역시도 운영자의 당구장 운영 방법에 대한 표현 방식이기 때문입니다.

오늘따라 엉덩이가 너무 무겁습니다.

저기 손님이 계산을 하기 위해 카운터로 다가옵니다. 돈은 받아야 하기에 무거운 엉덩이를 반쯤 들고 애써 카운터 끈의 모서리에 손바닥을 얹어 힘주어 일어납니다.

"9,000원입니다."

금고를 열어 1,000원의 거스름 돈을 주고는 다시 털썩 주저 앉습니다. 난 이 의자가 너무 편합니다. 목받침도 가죽으로 되어 있어서 등받이에 등을 기대고 머리에 힘을 살짝 빼면 아주 편하게 고개가 뒤로 떨어지죠. 그리곤 분홍색 삼선 슬리퍼를 신은 다리를 꼬아주면, 그야말로 편한 자세가 되죠.

아! 참, 이 검정색 의자는 회전도 되고요. 거의 눕듯이 뒤로 젖혀지기도 합니다. 거의 침대 수준이죠.

"사장님, 콜라 한 잔만 더 주세요."

"응, 그래!"

그런데 엉덩이가 안 떨어집니다. 뒤로 젖힌 고개를 애써 들고, 꼬아진 다리를 다시 펴고, 카운터 끝의 모서리를 잡고 힘주어 일어섭니다.

냉장고까지는 약 2m 거리, 분홍색 삼선 슬리퍼를 끌 듯이 걸어가 냉장고의 문을 열고, 김빠진 콜라를 꺼냅니다. 컵에 정수기의 얼음 버튼을 누르고 얼음이 만들어져 나오길 기다며 '꾹' 하고 길게 누릅니다.

'우두두두둑~ 우두두둑' 유리컵에 가득 찬 얼음을 세 개의 컵에 나누어 담고 콜라를 따릅니다.

"아, 귀찮아!"

그래도 가져다 주어야 합니다. 어쩔 수 없잖아요. 주판대 앞 테이블에 시원하게 얼음과 함께 담긴 콜라잔을 내려 놓고는 늘 하는 말을 합니다.

"맛있게 드세요!"

난 다시 카운터까지 가야 합니다. 아니 가야만 합니다.

저기엔 내가 좋아하는 검정색의 회전이 되는 그리고 목쿠션이 있는 나만의 회전의자가 있습니다.

'털썩~'

"사장님! 여기 3구로 바꾸어주세요!"

난 혼잣말로 이야기합니다. 그러나 아주 격조 있고, 품위 있게. 난 이 당구장의 사장이니까요.

"젠장~ 한 번에 좀 시켜라!"

당구장 카운터에 필자는 편안하고 좋은 의자를 잘 비치하지 않습니다. 그저 걸터 앉을 정도의 의자면 충분합니다.

왜냐면?

자꾸만 눕고 싶어지거든요.

04

익스테리어

건물의 외벽에 설치된 당구장의 간판과 각종 부착물들은 당구장을 이용할 또는 당장은 이용하지 않더라도 언젠가는 이용하게 될 상권을 이용하는 불특정 다수 누군가에게 '내 당구장'의 이미지를 심어주는 '처음'이 됩니다. 즉, 간판의 모양과 부착 위치와 건물과의 조화를 통하여 '이 당구장은 어떨 것 같다'라고 하는 당구장의 이미지를 심어주게 되며, 단순히 '좋은 당구장', '나쁜 당구장'의 구분을 넘어서 익스테리어를 보고 있는 고객의 눈과 마음에는 당구장의 인테리어와 서비스까지도 예측하기 때문에 우리는 당구장의 익스테리어에 많은 신경을 써야만 합니다. 물론 당구장이 어느 정도 자리를 잡은 후에는 실제적인 당구장의 운영 방법과 서비스와 시설의 수준이 장사의 성패를 좌우하게 되겠지만 말이죠.

그럼 지금부터 당구장 익스테리어 구성에 반영해야 할 몇 가지 원칙을 나열해 보겠습니다.

◆ 잘 보여야 한다.

◆ 당구장이라는 것이 명확하게 표현되어야 한다.

◆ 건물의 외형과 잘 어울려야 한다.

◆ 출입구의 위치를 잘 유도해야 한다.

◆ 내부 시설의 수준과 범위를 가늠케 해야 한다.

이와 더불어 디자인적인 요소도 가미가 되면 더 좋겠죠. 위에 나열된 원칙들이 누구나 생각할 수 있고 너무나도 당연한 것들이지만, 실제의 창업 과정에서는 시기적으로 인테리어 비용과 당구대 구입 비용과 비품들의 구입으로 인하여 자금의 압박을 심하게 받게 되기에 창업 초기에 계획된 구성의 익스테리어에 예정된 투자 결정을 내리지 못하게 됩니다.

원칙적으로 익스테리어의 구상은 건물을 임대하는 과정에서부터 미리 시뮬레이션이 되어야 하며, 적절한 예산의 편성이 되어야 합니다. 그러나 실제의 창업 과정에서는 잘 지켜지지 않는 듯 합니다.

예를 들어, 자리가 좋고 내부 구조도 좋은 빈 상가가 있다고 가정할 때, 우리는 돌출 간판과 전면 간판은 어느 위치에 어떻게 부착을 해서 잘 보이게 할 것인지? 그리고 상권을 이용하는 사람들의 주요 동선에서 건물 출입구까지 연계된 진입 동선을 어떻게 구성하고 유도할 것인지? 판단하고 그 결과에 따라서 간판과 각종 부착물들을 전반적으로 구성하게 됩니다. 그리고는 '얼마 정도 들겠군!' 하고 대략의 예산을 편성합니다. 그러나 창업 과정의 말미에 들어서면 초반에 구성했던 계획과는 다르게 많은 것들이 축소되고 간소화되곤 합니다.

참고 우리가 익스테리어와 간판을 자주 혼돈하여 사용하게 됩니다. 사전적인 의미로 익스테리어(exterior)는 내 당구장을 특별하게 또는 돋보이게 건물외부에서부터 출입구까지를 꾸미는 일련의 과정을 의미하며 이 외부에 당구장을 홍보하기 위해서 부착하는 모든 것을 의미합니다. 간판(sign)은 전면 간판, 돌출 간판 등 각각의 부착물을 의미합니다. 즉, 익스테리어는 요소요소의 간판 부착물들과 이들의 전체적인 조화, 그리고 디자인이 당구장의 홍보에 적합하게 구성되는 포괄적이면서도 세부적인 홍보에서의 전략적 의미를 내포하게 됩니다. 우리가 "간판을 어디에 달까?"라고 말한다면 "익스테리어는 어떻게 꾸밀까?"라고 이야기하는 대목에서 그 숨은 뜻을 짐작할 수가 있습니다. 익스테리어는 이처럼 당구장 홍보 전체에 있어서 건물의 외벽에서부터 당구장 입구까지의 일관된 하나의 이미지를 부여하기 위한 전략적인 면이 있습니다.

1. 간판의 형태적 분류

우리는 앞서 잠시 익스테리어에 대하여 알아보았습니다. 지금부터는 익스테리어 구성을 위한 사인물, 즉 간판의 형태에 대하여 알아보도록 하겠습니다. 간판을 제작하는 방법과 부착 위치에 따라서 통용되는 용어들을 알아봄으로써 창업자가 익스테리어의 구성과 시공업체의 선택에 혼란스러움을 배제하고자 합니다.

〈그림 48〉에서 보듯이 건물 외부에 부착되는 형태의 간판은 전면 간판, 돌출 간판, 지주 간판의 형태로 나뉘어지게 되며, 제작되는 재질과 형태로

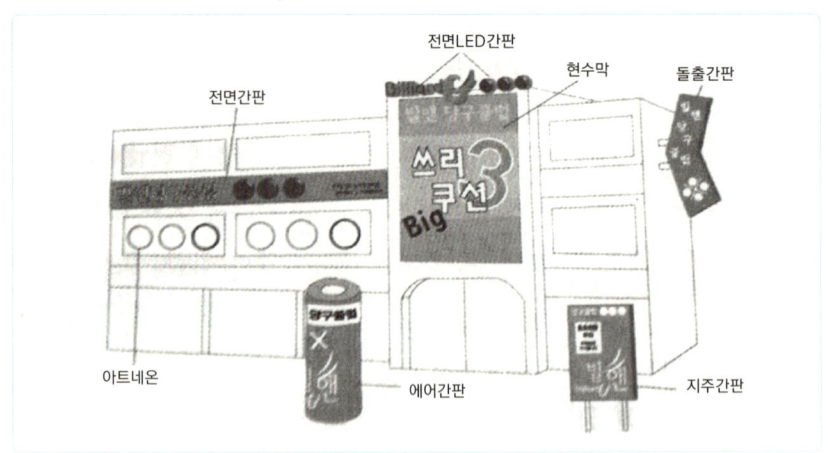

<그림 48> 간판의 부착 위치에 따른 분류

는 <표 32>와 같이 파나플렉스, 채널형, 스카시형, 실사프린팅형, 엣칭시트형 등으로 나누어 볼 수 있습니다.

<표 32> 간판의 제작 방법에 따른 분류

구분	설명
LED채널형 간판	전면 간판에 주로 사용되며 당구공·로고의 제작에 주로 사용되며 LED등 기구를 사용함
LED테두리 조명	LED를 당구공 모양의 시트지 테두리 원형에 돌려서 사용함
네온 간판	당구공 모양의 선팅 테두리 또는 글자 또는 문양을 표현할 때 주로 사용됨
파나플렉스 간판	전면 간판과 돌출 간판에 주로 사용되며 내부의 등기구를 형광등을 사용함
스카시문자	실내 사인물에 주로 사용됨(고무스카시, 유리스카시, 아크릴스카시 등)
실사프린팅	시트지에 출력하여 외벽 유리와 출입구 유리에 주로 사용됨
엣칭시트	불투명 시트지로 출입구 및 내부 디스플레이 용도로 사용됨
에어 간판	풍선 형태로 출입구 외부에 사용됨

우리 당구장이라도 해 볼까?

2. 간판 제작 사례

〈간판 제작 사례 1〉

〈간판 제작 사례 2〉

〈간판 제작 사례 3〉

〈간판 제작 사례 4〉

우리 당구장이라도 해 볼까?

〈간판 제작 사례 5〉

〈간판 제작 사례 6〉

간판의 제작은 가급적 인근 업체에서

가급적 인근의 업체를 이용하는 이유는 제작비용의 문제라기보다는 유지 보수의 문제 때문입니다. 실제 장사를 시작하게 되면 다양한 이유로 형광등의 불이 나가는 경우도 발생되며, 오랜 기간 사용하다 보면 자연스럽게 등기구를 교체하거나 천갈이를 해야 하는 경우가 발생되곤 합니다. 이때마다 멀리 있는 제작업체를 부르기란 여간 번거로운 게 아닙니다. 상황에 따라서는 수리 비용 이외에 출장비까지도 부담해야 하기에 창업자에겐 부담이 될 수밖에 없습니다. 그나마 빠르게 일처리가 되면 다행일 수도 있습니다.

형광등 하나가 나가고 간판 불 하나쯤 안 들어오는 것이 대수롭지 않다고 생각할 수도 있지만, 간판은 매장의 얼굴입니다. 듬성듬성 꺼진 간판은 얼굴에 코 하나, 눈 하나 없어진 것과도 같습니다. 비약하면 간판의 관리가 소홀하다는 것은 장사를 포기하는 것과도 마찬가지입니다.

참고2 **건물 계약 전에 간판의 위치를 파악해 두어야 합니다.**

아무리 잘된 간판도 잘 보이지 않는다면 무용지물입니다. 더불어 임대 전 건물 여기저기에 혼자만의 생각으로 간판의 부착 위치를 결정하더라도 건물 측에서 허락을 하지 않거나 법규상 문제가 된다면 간판 부착 위치에 대한 구상 자체가 무용지물이 되어 버리기 때문에 '내 당구장'을 적절하게 알리기 위한 간판의 설치 위치는 임대차 계약 전에 건물주 측과 충분한 협의가 필요하게 됩니다. 때로는 간판의 부착 위치가 모호하거나 법규상의 문제로 건물의 임대 자체를 포기해야 하는 경우까지도 발생하게 됩니다. 특히 대형 복합건물의 경우는 건물의 외벽에서부터 복도, 엘리베이터 등 전반적인 부분에서의 부착 위치의 검토와 협의가 반드시 필요합니다. 창업자인 내 생각과는 달리 기존에 입주해 있는 업종들과의 형평성과 건물의 관리 측면에서 가부가 결정되기 때문입니다.

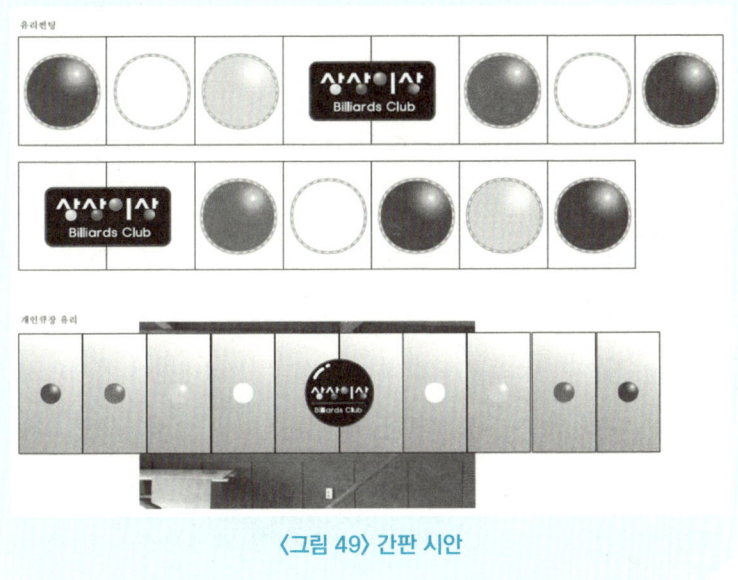

〈그림 49〉 간판 시안

이제 인테리어도 어느 정도 끝나가고, 당구대를 설치할 날짜도 확정이 되었습니다. 당구장이 바라보이는 길 건너편의 커피숍에서 난 곧 개업을 하게 될 2층의 내 당구장을 바라보고 있습니다.

아직은 바깥에서 보이는 것이라고는 간간히 왔다갔다하는 작업 인부의 머리만이 뜨문뜨문 보일 뿐입니다. 물방울이 맺힌 차가운 아이스커피를 한 모금 쭉 빨면서 문득 생각이 들었습니다. '어떻게 당구장이 눈에 잘 띄게 해야 할까?' 물론 건물을 알아볼 때부터 간판을 설치할 곳을 생각은 하고 대략의 예산을 만들어 놓았지만 구체적으로 '어떻게 해야겠다'라고 생각을 해보는 것은 지금이 처음입니다.

난 당구장을 할 건물을 확정한 다음부터 인테리어 업체의 견적을 받고, 당구대 납품업체의 여러 사람을 만나느라 너무나도 바빴습니다. 그리고 그들의 의견 하나하나를 점검하고 계약하기까지의 과정은 정말이지 머리 아프고 피곤함의 연속이었습니다. 공사를 시작한 다음부터는 더 정신이 없었습니다. 하나하나 공사 과정을 지켜보고 의논하고 결정하고 등등의 과정이 경험이 없는 내겐 너무나도 버겁고 머리 아픈 하루하루의 연속이었습니다. 중간에 간판을 어떻게 할 것인지를 생각하는 것 자체가 사실 무리였습니다.

아니 생각조차 들지 않았습니다.

그러다 오늘 문득 생각이 든 것입니다. 일단 간판 업체 한 곳에 전화를 걸었습니다.

"○○동 당구장인데요. 오셔서 견적 좀 내주시죠!"

"네 어떤 간판을 하실 건가요?"

수화기 건너편에서 내게 되묻습니다. '어떤간판?'을 할 것이냐고 말입니다.

"어떤 간판요? 글쎄요. 아직 정해진 것이 없습니다. 창문과 건물 외벽에 간판을 달 생각인데요."

새삼 내가 견적을 받기 위한 간판의 명칭도 모른다는 사실에 창피해졌습니다.

"아, 아직 무언가 결정되신 것은 없군요. 제가 가서 자세히 상담해 드릴게요."

그나마 친절한 간판 업체의 직원 덕에 한시름 놓긴 했지만 불안감이 엄습합니다. 혹시 내가 전혀 모른다고 어마어마한 견적을 주는 것은 아닐까? 아니면 굳이 하지 않아도 될 곳의 간판을 강매하지는 않을까? 모르기 때문에 혹시 당하는 것이 있는 것은 아닐까? 등등

"안녕하세요. 간판 견적 내러 왔습니다."

"아! 네, 안녕하세요."

멋적은 짧은 인사와 함께 경계심 가득한 표정으로 업체사장과 함께 밖으로 향했습니다. 그리곤 건물을 바라보고는, "2층에 당구장이 잘 보일 수 있게 간판을 달고 싶은데 어떻게 해야 할까요?"

나의 막연한 질문에 잠시 생각을 한 간판 업체의 직원은, "채널형으로 '○○당구클럽'의 글자와 당구공 3개를 배열하여 전면 간판을 하고요, 음 돌출은 약 5m 정도면 되겠군요."

"그리고요? 그것만 하면 될까요?"

"음, 좀 더 효과 있게 하려면….'

잠시 생각에 잠기더니 자신이 본 몇 곳의 당구장 사례라고 하면서 창문에 당구공 그림으로 썬팅을 하고 테두리에 LED로 조명을 넣자고 합니다.

"아 그렇게 하면 될까요?"

"네, 그 정도면 될 것 같습니다. 일단 실측을 해보겠습니다!"

그렇게 간판 업체의 직원은 건물로 올라가 기다란 줄자를 늘어뜨리고 작은 노트를 펼치고는 실측을 합니다.

잠시 그 모습을 보면서 생각을 했습니다. 그가 말한 이런저런 간판에 대한 이야기들을 사실 난 알아 듣지 못합니다. 채널형은 뭐고, 플랙스는 뭐고, 썬팅은 뭘 어떻게 한다는 거지? 참 답답하기만 합니다.

"제가 견적을 뽑아서 저녁에 전화 드리겠습니다."

"예, 견적 잘 뽑아주세요~."

뭐가 뭔지도 모르면서 견적을 잘 뽑아달라는 말을 건네고 웃으며 돌려보냈습니다. 그가 이야기하는 이런저런 간판들에 대하여 물어봤어야 한다는 후회가 잠시 들었지만 이미 늦었습니다.

"아, 물어볼 걸, 뭐가 뭔지 원! 검색이라도 해봐야겠다!"

난 이제서야 간판에 대하여 알아보는 내 자신이 한심스러웠습니다. 왜냐하면 인터넷을 통해서 이제야 간판에 들어가는 재질과 형태들을 알고는 그 비용이 만만치 않음을 알았고, 좀 전에 간판 업체의 직원이 한 이야기들을 그나마 짜깁기를 통해서 알아들었으니 말입니다.

난 몇몇 곳의 간판 업체에 더 전화를 했습니다. 좀 전보다는 좀 더 능숙하게 말입니다. 그렇게 다시 몇 곳의 업체가 다녀가고 견적서들을 받아볼 수 있었습니다.

첫 번째 견적서를 조심스럽게 열어보았습니다.

"악! 550만 원, 큰일이네. 이걸 다 하면 이렇게 비용이 많이 나오는구나! 뭔가 잘못된 것이 아닐까?"

난 첫 번째로 열어본 견적서가 무언가 잘못되었을 것이라는 작은 기대를 가지고, 두려움에 두 번째, 세 번째, 네 번째 견적서를 차례로 열어보았습니다. 그러나 나의 기대는 무너져 내렸습니다. 약간의 차이는 있었지만 큰 차이는 없었습니다. 한 곳의 견적이 나머지들보다 어마어마하게 높았다는 것 외에는 말입니다. 아마도 그 견적의 하나는 무언가 특별한 것이 있거나 그냥 비싸게 넣었으리라는 생각을 할 뿐, 고민거리가 안 됩니다.

이미 내가 예상한 비용보다 200만 원 이상이 초과되었습니다. 냉장고도 사야 하고, 커다랗고 화질 좋은 TV도 사야 하고, 의자나 테이블이나 갖가지 집기들도 사야 하는데, 자금의 압박이 옵니다.

공사 초기에는 200만 원쯤이야 별 것 아니었는데, 지금에 와서는 고민이 됩니다. 인테리어 공사비의 잔금과 당구대 대금도 지불해야 하는데, 200만 원을 더 들일 생각을 하니 마음이 편치 못합니다.

"저 조금 예산을 줄여야 하는데, 방법이 없을까요."

"200만 원을 줄이려면 채널형을 파나플렉스 간판으로 바꾸고, 창문에 LED를 빼면 되겠군요!"

"아, 그럼 비용은 줄일 수 있을까요?"

"네. 그런데 우리는 2층이니까요, 그건 불법입니다."

"아! 그럼 방법이 없는 것이군요!"

"음, 창문 LED를 빼고 내부에 들어가는 실사프린팅도 빼면 됩니다. 조금 효과는 떨어지겠지만 말입니다."

"…"

어찌해야 할지 고민입니다.

비용을 줄이고 간판의 일부를 포기해야 할지, 아니면 빚이라도 내서 간판을 모두 부착해야 할지 몇 곳의 업체를 불러서 견적을 받아 보았지만, 비용의 차이는 크게 없었습니다.

처음부터 자세히 알아보고 예산을 세우지 않은 것을 후회할 뿐입니다. 그랬다면 당구대와 인테리어 공사비에서 좀 더 탄력적인 예산을 세우고 무언가 전체적인 자금의 규모를 적절하게 배정했을 텐데….

전면 간판, 돌출 간판, 에어 간판, 창문 LED 등등 당구장 홍보를 위해서 건물의 곳곳에, 외벽과 출입구에 부착하고 설치해야 하는 간판들이 참으로 많습니다.

"여기는 돌출 간판을 8m 정도로 달아주시구요, 음~ 전면 간판은 커다랗게 외벽 전체에 설치해 주세요. 약 15m쯤 되겠군요. 그리고 창문에는 테두리에 LED를 넣어서 창문을 좀 밝혀 주세요~"

"간판 견적이 좀 나오겠는데요? 하하하."

"뭐 괜찮습니다. 홍보를 위해서인데요."

"그런데 사장님, 이거 법규대로라면 모두 불법입니다."

"네?"

"이 지역은 돌출 3m, 2층 이하 전면 간판은 채널형으로만 설치 가능하게 되어 있습니다. 결국 말씀하신 내용으로 간판을 부착하려면 무허가로 설치해야 합니다."

"네? 정말이요?"

"네, 제작해서 설치는 해드릴 수 있지만 모든 법적 책임은 사장님 몫입니다."

간판 견적을 받기 위해 '간판 업체'와의 상담에서 늘 있는 이야기입니다. 법적 규정대로 설치하자니 홍보에 무언가 큰 문제가 있을 듯하고, 그렇다고 법을 무시하자니 불법 부착물에 대한 철거와 벌금이 두렵습니다. '옥외 광고물법'의 규정은 창업 건물의 위치와 관할 시도구청에 따라서 적용 규정이 다르니, 반드시 점검하여 문제가 없도록 준비하시길 권합니다.

"실장님, 실장님 같으면 어떻게 하시겠어요?"

"…"

누군가 제게 의견을 묻는다면 할 말이 별로 없습니다.

"규정대로 해야죠! 뭐~"

그런데 말이죠. 실질적으로 제가 운영해야 하는 당구장이라면, '적절한 타협점'을 찾아 실행할 것입니다. 즉, 전면 간판과 돌출 간판은 법적 규정에 맞게 설치하고(가장 큰 비용이 소요되고, 추후 교정이 불가능하기에), 나머지 창문 LED, 현수막, 뒷문 간판, 에어 간판 등은 철거를 당할 각오를 하고 설치할 것이 분명합니다.

오랜만에 젊은 시절 직장 선배를 만났습니다.

"어, 창현아! 오랜만이다. 안 죽고 살아있었네!"

"하하, 네. 형수는 안녕하시고요? 그리고 이대리님도 잘 계시죠? 아 참~ 지금은 차장님이 되셨겠네요."

"어, 곧 차장님 오실 거야. 하하하."

잠시 후 도착할 차장님을 기다리는 장소로 우리는 당구장을 선택했습니다. 뭐 제 직업이 당구장에 관련된 일을 하고 있기에 '당구 칠 만한 좋은 당구장'을 찾는 것은 자신이 있었죠.

주변의 당구장을 둘러보던 제 눈에 쏙 들어오는 당구장이 하나 있었습니다. 깔끔하게 흰색으로 넓게 달린 전면 간판과 테두리의 반짝이는 LED, 그리고 무엇보다 깔끔한 창문, 그것이 선택의 이유였습니다.

"선배, 저 당구장으로 가자! 여기 시설이 진짜 좋을 것 같아!"

"그래? 그러고 보니 여기 간판이 바뀌었네."

"그래요?"

"응, 내가 이 동네 사니까 잘 알지. 하하."

"아, 그럼 내부도 바뀌었겠군요~."

우리 둘은 당구장에 들어서곤 깜짝 놀랐습니다. 10년은 넘어 보이는 당구대와 당구 큐들, 그리고 후덥지근한 공기… 그러나 이미 늦었죠. 이미 당구공은 당구대에 뿌려졌고, 우리는 빠른 동작으로 주인이 가져오는 콜라와 시원한 냉커피를 받았으니 말입니다.

"형, 내가 간판에 속았네~. 하하하."

"그래? 그래도 공은 잘 구른다. 뭐!"

"옛날 생각이 나네. 하하하."

그러자 선배가 한 마디 더 합니다.

"사장님에게 막 공 달라고 해 볼까?"

"앗 하하하. 있을 것 같은데요."

*막공: 필자가 고등학교 시절에는 3쿠션을 칠 때 사용하는 '막공'이 있었습니다. '먹공'이라고도 불렀습니다. 광택도 없고 가벼운 작은 3쿠션 공을 치는 고수들을 보면서 회전을 많이 주는 방법을 배우기도 했었죠.

빗줄기가 세차게 내리던 어느 날, 출근시간보다 일찍 당구장으로 향했습니다. 제 출근시간은 5시입니다. 비 탓일까? 저녁 장사를 시작하기 전에 직원과 라면 하나 끓여먹어야겠다는 생각이 문득 들었습니다. 당구장에서는 자장면! 그래 손님의 입장에서는 당구를 치는 상대방의 득점 상황을 보며 나무젓가락으로 급하게 들이키는 자장면 한 가닥이 정말 맛이 좋습니다. 그런데 당구장 사장인 나의 입장에서는 펄펄 끓는 라면에 한 달쯤 냉장고에 묵혀 있는 김치, 그리고 찬밥 한 덩이가 오늘을 버틸 수 있는 힘이 되는 별미 중에 하나입니다.

라면 생각에 일찌감치 달려간 당구장.

오후 3시.

이상하게 당구장 간판에 불이 환하게 들어와 있습니다. 원래 우리 당구장은 간판에 불을 켜는 시간이 5시로 정해져 있는데 이상한 일입니다.

"명주야! 왜 대낮부터 간판불을 켜냐?"

난 아르바이트를 하는 명주에게 화를 내듯이 물었습니다. 전기세가 많이 나올 것이라는 우려가 잠시 스쳤기 때문입니다.

"화내지 마세요~ 사장님!"

녀석이 씩 웃으며 자초지종을 설명하겠다는 듯, 내게 단호한 웃음을 보였습니다.

"지난번에 저 혼자 있을 때 말이죠. 흐린 날이 몇 번 있었어요. 그날 우연히 간판 불이 켜 있었는데, 낮부터 매출이 좋았어요. 그래서 그날부터 흐리거나 비가 오면 간판 불을 일찍 켜고 있어요."

"그랬니? 말이라도 해 주지, 녀석!"

"자, 보세요. 오늘도 낮 매출이 좋죠?"

"라면이나 먹자!"

매출이 좋아서일까?

녀석의 당구장에 대한 기특한 관심 때문일까?

유독 라면에 담긴 계란 노른자가 탐스럽고 녀석의 쩝쩝 소리도 즐겁
게 들리는 비 오는 날의 라면 파티가 즐겁습니다.

05

당구장 자리 찾기

지금부터 이야기할 당구장 자리 찾기의 방법은 필자가 2015년 출간한 『초보 창업자의 당구장 자리 찾기 실전 방법론』의 내용 중에서 핵심적인 '당구장 자리 찾기의 이해'와 '당구장 자리 판단의 방법'을 발췌하여 옮겼습니다. 이 책에서는 창업자가 자리를 찾고 판단하기 위한 핵심만을 수록하였으므로 실전에서 사용하기에는 다소 이해가 부족한 부분이 있으리라 생각합니다. 상세한 방법은 해당 서적의 1부를 심도 있게 공부해 보시기 바랍니다. 분명 창업자 스스로가 당구장 자리를 찾고 판단하는 길라잡이가 될 것입니다.

1. 당구장 자리 찾기에 대한 이해

당구장 자리의 올바른 해석과 결정 과정, 즉 당구장 점포 개발 과정은 ① 위치적인 자리를 찾고(가정하고), ② (가정된) 위치에서의 효과적인 전략을 찾는(세우는) 과정을 통틀어 당구장 점포 개발이라고 이해해야 합니다.

첫째, 위치적인 자리를 찾고는, 목표 상권(또는 목표 건물)의 특성[1]과 소비자 그룹의 상권 이용 목적과 방법[2]을 세분화하여 분석하는 과정으로, 이는 소비자 그룹이 상권을 이용하는 목적과 방법에 편리한 주목적 동선을 찾아내는 과정이 됩니다. 그 결과로 위치적인 관점에서의 당구장 자리를 선정(가정)할 수 있게 되었습니다.

둘째, 가정된 위치에서의 효과적인 전략을 찾는, 가정된 위치에서의 당구장 이용 고객의 형태적 분류와 이용 목적과 방법에 대한 세분화를 통하여 목표 상권(또는 목표 건물)에서의 적합한 창업 전략을 수립하는 과정입니다. 즉, 가정된 목표 상권(또는 목표 건물)에서의 영업 전략, 시설 전략, 경쟁 전략, 홍보 전략, 타깃 고객 선정, 예산 편성 등의 구체적인 전략을 수립하는 과정입니다. 또한, 결과로 도출된 창업 전략이 창업자가 세워둔 창업 목표와 잘 부합이 되느냐, 아니냐에 대한 판단의 과정입니다.

결론적으로 위치에 따른 창업 전략의 수립 또는 창업 전략에 따른 위치 선택 과정이 당구장 점포 개발의(당구장 자리 찾기의) 진정한 의미입니다.

때문에 당구장 자리의 해석과 판단에 있어서 '상권 내외(內外)의 어느 위치'라는 위치적인 해석만으로 이해해서는 안 되며, 위치적인 조건만을 가지고 '나쁜 자리'와 '좋은 자리'를 구분지어서도 안 되며, 그 표현 역시도 '적합한', '적합하지 않은'이란 표현이 맞을 것입니다.

.

---

1) 목표 상권의 지리적 특성, 형태적 특성, 상권 또는 건물의 형성 배경 등에 대한 구체적인 사항들을 들 수 있다. 조창현 지음, 『초보 창업자의 당구장 자리 찾기』, 글로벌콘텐츠, 2015 참조.
2) P. 91 '당구장 이용 고객의 이해' 참조.

부연하여 설명하면, 당구장의 위치적인 분포를 살펴보면, 흔히 말하는 역세권 유흥 상권의 핵심에 위치하는 경우도 있고, 동네 상권의 중심에 위 치하는 경우도 있고, 시내의 사무실 뒷골목 작은 소비 상권에 위치하는 경우도 있고, 사무실의 퇴근길 대로변에 위치하는 경우도 있고, 때로는 산업도로 변두리의 작은 상권에 위치하는 경우도 있으며, 근무하는 건물 내에 있기도 합니다. 이처럼 당구장의 위치는 유흥 상권의 중심과 주변에 있기도 하며, 소비자 그룹의 생활권에 인접한 위치에 있기도 합니다.

어느 위치를 막론하고 당구장이 성공하는 경우도 실패하는 경우도 존재하는데, 이러한 성공과 실패의 이유는 각각의 위치에서 따라서 목표 상권의 특성과 소비자 그룹의 형태와 상권 이용 목적에 의하여(위치적 특성) 당구장을 이용하는 목적과 방법이 다르게 결론지어지며, 각각 위치에서의 효과적인 창업 전략이 장사의 성패를 가늠하게 됩니다. 때문에 당구장 자리를 단순히 위치적인 특성과 조건만으로 판단해서는 안 됩니다. 즉, 당구장 자리의 올바른 해석은, 가정된 목표 상권(또는 목표 건물)이 수립된 창업 전략 또는 창업 목표와 잘 부합하는 자리냐, 아니냐에 따라서 결론지어져야 하며, 반대로 목표 상권(또는 목표 건물)에서의 위치적인 특성에 따른 유효한(적합한) 창업 목표와 창업 전략을 수립하는 것으로도 이해할 수 있습니다.

당구장의 일반적인 위치적인 특성에 대하여 설명하면, 일반적으로 당구장은 개설하고자 하는 상권과 목표 건물에 대한 유동 인구와 소비자의 목적 동선에 크게 영향을 받지 않는다고 알려져 있기 때문에 주(主)상권 또는 주(主)목적 동선에서 조금 벗어나 있다고 하더라도 영업적인 방법으로 입지적인(위치적인) 단점의 극복 가능하다는 것이 정설입니다. 다시 말해서 당구장의 이용은, 고객의 뚜렷한 이용 목적, 즉 '당구를 치자'라는 분명한 목적성이 있는 업종이기에 유동 인구에 영향을 많이 받는 소비성 타업종[3]에 비하여 충동적인 방문이 드물다는 뜻이며, 그러한 이유로 상권의 핵심요지에서 조금 벗어나 있더라도 입지적인 불리함을 영업적인 방법으로(노하우로) 충분히 극복하고 고객의 당구장 방문을 원활히 유도할 수 있다는 논리입니다. 때문에 일정한 규모의 소비 상권 또는 유흥 상권이 형성된 곳의 어느 곳이 되든 간에 위치적으로는 당구장을 개업하기에는 큰 무리가 없다는 논리입니다.

그러나 당구장의 입지적인(자리 선택의) 부분에서의 이러한 논리는 어디까지나 유동 인구를 중요시하는 업종에 비하여 비교적 자유롭다는 뜻이며, 상권을 해석하고 당구장 자리를 찾고, 선택하는 과정에서 고려되어야 하는 많은 것들 중[4] 일부일 뿐이라는 것을 알아두어야 합니다. 또한 '당구를 치자'라는 고객의 뚜렷한 목적이 있는 '시설 임대 서비스' 업종이라는, 즉 '스포츠 시설'이라는 가정하에서의 일반적인 논리라는 것도 알아두어야 합니다.

그렇다면, 당구장의 위치적 특성에 대하여 다시 생각해 봅시다.

당구장을 과연 탁구장, 볼링장과 같은 단순한 ① 스포츠 업종으로 간주하고 기존의 논리에 의하여 위치적인 선택을 해야 할 것인지? 아니면 ② 유흥 업종의 일부로 간주하고 위치적인 선택 기준을 적용할 것인지에

---

3) 소비성 타업종: 커피숍, 핸드폰 매장, 분식점, 악세서리 매장, 아이스크림 매장 등의 유동 인구의 양과 동선에 영향을 많이 받는 업종들을 일컬으며, 충동적 비목적성 소비(구매) 패턴을 보이는 업종.

4) 입점지를 최종 선택한다는 것은 자금 규모, 경쟁 상황, 건물의 형태와 구조, 상권의 형성 배경 등 수많은 것들의 종합적인 판단이다. 따라서 '유동 인구'라는 것은 그 중에 고려되어야 할 중요한 하나라는 의미이다.

대하여서는 현실적으로 생각해 볼 필요성이 있습니다. 당구장을 스포츠 업종이라는 가정에서는 상권의 형태 또는 특성에는(주목적 동선에는) 비교적 자유로운 위치의 선택이 이루어질 것이며, 유흥 업종의 일부라는 가정하에서는 상권의 형태와 특성에 매우 밀접한 연관성을 갖는 위치 선택이 필요합니다.

이를 당구장을 이용하는 고객의 이용 목적과 방법의 시각으로 표현하면, 내가 하고자 하는 당구장의 운영 형태가 동호인을 중심으로 한 국제식 대대 전용 또는 포켓 전용 당구클럽과 같은 스포츠적인 특성의 당구장의 운영 형태인지, 아니면 '놀다가' 또는 '술 한잔 마시고' 이후에 방문하게 되는 유흥업종 형태의 당구장인지에 따라서 당구장의 위치 선택과 운영 방법이 달라지게 됩니다.

당구장의 위치 선택은 당구를 즐기는 소비자가 '어떠한 목적과 이유'에 의하여 당구장을 방문하는지에 대한 검토가 필요하며, 그 이유와 목적에 부합하는 당구장 자리의 선택이 이루어져야 합니다. 즉, 검토의 결과에 따라서 해당 상권(또는 목표 건물)이 유흥업종에 가까운 입지적인 특성을 반영해야 할 수도, 스포츠 업종에 가까운 입지적인 특성을 반영해야 할 수도 있습니다. 다시 말해서 특정한 소비자의 상권 이용 목적과 소비자의 당구장 이용 목적을 반영한 적절한 곳을 선택해야 하며, 선택된 (가정된) 위치에서의 효과적인 창업 전략의 수립이 필요합니다. 반대로 창업자의 운영 목표에 적합한 고객의 형태에 알맞은 입지의 특성을 갖춘 선택이 되어야 합니다.

당구장 자리를 찾는 창업자의 입장에서는 '상권의 특성은 이미 결정되어 있다'는 가정하에서 당구장 자리를 찾고 결정해야 하며, 특성이 규정되어 있는 목표 상권(또는 목표 건물)을 이용하는 소비자 그룹의 상권 이용 방법과 이용 목적을 추론함으로써 1차적으로 당구장 개설이 가능한 위치를 가정할 수 있게 되며, 각각의 위치에서의 창업 전략을 수립(구상)할 수 있게 됩니다.

이러한 논리로, 이 책에서는 올바른 당구장 자리의 선택을 위한 접근 방법으로 '상권의 특성은 이미 결정되어 있으며, 상권을 이용하는 소비자의 목적과 방법도 이미 결정되어 있다'는 결정론적 입장에서의 '상권 중심의 분석'과 '소비자 중심의 분석' 두 가지 방향으로의 접근을 시도해 보고자 합니다.

첫째, 상권 중심의 분석은 상권의 규모와 위치에 따라서 집중 상권, 위성 상권, 단일 상권으로 나누어 볼 수 있으며, 소비자의 상권 이용 목적과 방법은 상권에서의 세부적인 위치에 따라서 단순 퇴근길 동선, 귀가길 경유지, 퇴근길 회식, 귀가길 쇼핑, 유흥업종 이용 등으로 다양하게 존재합니다. 즉, 하나의 상권은 소비자 그룹의 다양한 이용 목적과 방법에 의하여 상권 내외(內外)의 업종구성, 주요 활동 지역, 주요 활동 시간(영업 시간) 등의 특성이 이미 소비자 그룹의 동선의 형태로 표출되며 결정되어 있는 의미이며, 소비자 그룹의 결정된 상권 이용 목적과 방법에 의하여 당구장을 이용하게 되는 목적과 방법이 결정되어 있습니다.

둘째, 소비자 중심의 분석은 당구를 즐기는 소비자 그룹의 당구장 이용 목적을 중심으로 한 접근 방법입니다. 소비자 그룹의 당구장 이용 목적과 방법은 당구 동호회 활동, 퇴근 후 여가활동, 귀가 후 여가활동, 유흥활동의 일부 등으로 나누어 볼 수가 있으며 각각의 이용 방법을 가정할 수 있습니다. 즉, 소비자 그룹이 당구장을 이용하는 상황을 '목적성 방문'과

'비목적성 방문'의 경우로 나누어 생각할 수 있습니다. 다시 말해 서 '당구를 치자'라는 목적이 뚜렷한 경우와 '당구를 꼭 치겠다'는 뚜렷한 목적은 없지만 소비자의 특정한 목표 수행 과정 또는 수행 이후에 당구장을 방문하는 경우로 가정할 수 있으며, 이러한 당구장 이용 고객의 형태와 목적에 따라서 이용 가능한 당구장의 위치와 운영 형태가 결정되어 있습니다.

2. 당구장 자리 판단의 방법

당구장 자리를 찾고 판단(점포 개발)하는 방법에는 당구업계 전문가마다[5]의 여러 가지 방법이 존재할 것입니다. 예를 들어 상권의 중심 사거리의 코너자리가 유효하다든지, 지하철역에서 가까워야 한다든지, 유동 인구가 많아야 한든지, 주거지 입구의 버스정류소이어야 한다든지, 직장인이 많은 지역이어야 한다든지, 눈에 잘 보이는 건물이어야 한다든지 하는 일반적인 이유와 함께 전문가마다의 직간접 경험에 의한 당구장 자리를 찾고 판단하는 다양한 방법이 존재합니다.

일반적으로 당구장 자리를 찾고 판단하는 과정은 위에 제시한 여러 가지 이유와 경험적인 방법들에 대한 {단일 이유} 또는 {복합적인 이유의 결합}을 통하여 이루어지며, 이렇게 얻어진 특정한 당구장 자리를 창업자에게 추천하기도 하며, 창업자가 보아둔(알아본) 특정한 자리에 대한 좋고 나쁨을 판단해 주기도 합니다. 또한 이 과정에서 당구업계 전문가 개

---

5) 당구업계 전문가: 당구재료상, 당구선수(Pro Player), 당구장 인테리어 업체 등에 종사하는 사람을 말한다. 실제 창업 현장에서는 이들이 각 분야의 전문가로 통칭되기도 하며 '당구장 창업 전문가'로 불려지기도 한다.

개인마다의 경험적 직관[6]에 의하여 '이런 곳이 당구장을 하기에 좋더라'라는 종합적인 견해(見解)를 창업자에게 제시하곤 하는데 일반 창업자가 결과물로 제시된 특정 위치에 대하여 그들의 당구장 자리 판단에 대한 기준과 방법에 대한 설명을 듣는다(배운다) 하여도 그들의 추천이나 견해가 첨가된 특정한 당구장 자리에 대한 옳고 그름의 구별이 어려울 것입니다.

왜냐하면 첫째, 창업자 스스로가 당구장 자리를 찾고 판단하는 지식이나 기준이 없기에, 올바른 제시가 있다고 하더라도 근거 없는 경계와 의심이 들 수밖에 없습니다.

둘째, 당구장 전문가들이 다년 간의 성공과 실패를 통하여 직접·간접적인 경험으로 채득된 당구장 자리를 찾고 판단하는 노하우를 누군가에게 구두 설명만으로 가르쳐준다거나 이해를 시키는 것은 그 설득과 이해의 과정에서 이론적·논리적 근거가 부족하기에 사실상 어려운 일입니다.

셋째, 당구장 전문가마다 영업 형태의 기반[7]이 다르기에 선호하는 당구장 자리를 찾고 판단하는 기준이 달라지게 되며, 최종적인 선택 역시 전문가마다 달라지게 됩니다. 때문에 다양한 당구장 영업 형태를 모르는 일반 창업자에게 쉽게 납득이 가능한 선택의 명확한(보편 타당한) 근거를 제시하는 데에는 어려움이 있습니다.

---

6) 경험적 직관은 감각, 경험, 연상, 판단, 추리 따위의 사유 작용을 거치지 아니하고 대상을 직접적으로 파악하는 작용으로, 전문가마다의 수많은 경험과 체득된 노하우를 바탕으로 당구장 자리를 판단하는 과정에서의 목표 상권 또는 목표 건물에 대한 '적합', '부적합'에 대한 즉각적인 반응으로 이해할 수 있다.

7) 영업 형태의 기반: 각각의 전문가마다의 특성으로 이해할 수 있으며, 그들의 주된 업(業)에 근거한다. 즉, 당구선수는 대대 중심의 동호회 운영 방식에 유용한 프로그램의 운영에 유리하며, 실전 경험이 많은 당구재료상의 경우는 각각의 주요 거래처가 있는 상권에 유리한 영업 방법에 대한 노하우를 가지고 있다. 때문에 이러한 경험과 노하우를 기반으로 한 점포의 위치에 대한 선호에 대한 차이를 보이게 된다.

이러한 이유로, 창업자가 당구장 자리에 대한 어떠한 견해를 듣거나 배우다고 하여도 사실상 이해하기도 판단하기도 어려워집니다. 그렇다면, 당구장 창업자는 어떠한 기준과 방법으로 좋은 자리를 찾고 판단을 할 것인가? 안타깝게도 현재까지 당구업계에는 그 방법도 기준도 없는 것이 현실입니다.

당구장 창업의 과정을 {① 자리를 찾고 선정하고, ② 전략을 구상하고 ③ 손익을 따져보고, ④ 창업을 하고}의 과정은 정해져 있는 사실이지만, 그 방법에 대한 구체적인 내용과 검증된 정론이 없는 것이 현실입니다. (①, ②의 순서는 바뀔 수 있음.)

때문에, 당구장 자리를 찾는 과정에서부터 누군가의 감각적인 경험에 의존해야 하며, 때로는 그 의존 자체가 오류인 경우가 발생되기도 합니다. 더 큰 문제는 {① 당구장 자리를 찾고 선정}하는 과정에서의 검증된 기준과 방법이 없기 때문에 점포 개발 과정에서 발생되는 근본적인 오류 자체를 창업자가 알지 못한다는 것입니다. 결국 오류로 시작된 첫 단추는 {② 전략을 구상하고, ③ 손익을 따져보고, ④ 창업을 하고}의 전체 과정 자체의 생각과 행동이 무의미해지는 상황을 초래할 수밖에 없습니다.

그렇기 때문에 이 책에서는, 당구장 창업의 경험이 없는 일반 창업자도 보편 타당한 기준에 의하여 당구장 자리를 찾고 판단하는 효과적인 방법을 제시하고자 하며, 당구장 창업자가 제시될 방법을 이해하고 몇몇 곳의 사례를 직접 대입해 본다면, 스스로 당구장 자리를 찾는다거나 누군가의 추천이 이루어진 특정한 당구장 자리에 대한 옳고 그름을 판단하는 데 충분한 효과를 볼 수가 있습니다.

본격적인 방법의 제시에 앞서, 방법에 대한 설명의 편의를 위하여 한 가지 가정을 세우도록 해 봅시다.

당구장 자리를 판단하는 상황은 ⓐ점포를 어느 정도 정해 놓고(추천을 받은 상황) 판단을 하는 경우와 ⓑ점포는 정하여지지 않았지만 특정 상권 만을 정해 놓은 상태에서의 유효한 자리에 대한 넓은 범위의 판단이 필요한 경우가 있을 것입니다. 어떠한 경우라 하더라도 제시하는 방법에 의한 판단은 유효하며 여기서는 후자의 기준, 즉 상황 ⓑ를 가정하고 설명합니다. (ⓐ의 경우, 방법의 적용은 같으며 방법에 의한 결과와 정하여진 당구장 자리를 중심으로 한 검토가 이루어지면 됩니다.)

당구장 자리를 찾고 판단하는 방법은 다음과 같습니다.

방법 1) 상권 내 진입 가능성 및 이용 목적의 판단

방법 2) 동선의 점검·분석

방법 3) 당구장 자리의 1차 가정

방법 4) 전략 구상 및 선정

위의 순서에 의해 당구장 자리에 대한 판단이 이루어지게 됩니다. 방법 1), 방법 2)는 당구장 개설이 가능한 점포의 위치를 선정하기 위한 지표(指標)가 되며, 방법 3)은 당구장 개설이 가능한 점포의 위치들을 1차적으로 가정하게 되며, 방법 4)는 최종적인 선택을 위한 전략적 수단이 됩니다.

여기서는 그 방법에 대한 원리만을 제시하며, 각 상권의 이해에서 5) 상권의 형태별 실제 사례를 통하여 보다 구체적으로 논하기로 합니다.

'방법'의 구체적인 설명에 앞서 방법 1), 2), 3), 4) 구성의 이론적 근거가

우리 당구장이라도 해 볼까?

되는 기본적 사고의 원리인 세분화(細分化), 추적(追跡), 조합(調合)에[8] 대한 설명을 먼저 하려고 합니다.

첫째, 세분화는 목표 상권의 건물 내부까지 최소 단위의 연관된 연속적인 상권의 분할을 의미합니다. 즉, 넓은 범위에서부터(상권 외각에서부터) 더 이상 나눌 수 없는 상권 내(內) 구성까지를 분할하고, 다시 목표 상권과 건물 내부의 상권 구성까지를 최소화하여 분할하는 연속적인 활동입니다.

〈그림 50〉에서 전체를 하나의 상권으로 가정하면, 상권 내부의 사거리 또는 업종의 특성과 동선에 따라서 ABCD의 형태로 나누고, 다시 업종의 특성과 동선에 따라서 A-1, A-2, A-3, A-4의 형태로 나누는, 건물 내부까지 연속적인 반복의 과정입니다.

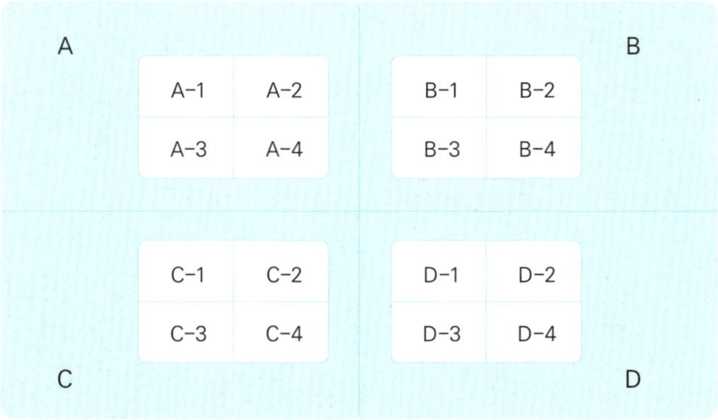

A					B
	A-1	A-2	B-1	B-2	
	A-3	A-4	B-3	B-4	
	C-1	C-2	D-1	D-2	
	C-3	C-4	D-3	D-4	
C					D

〈그림 50〉 상권의 분할 및 세분화

---

8) ·세분화(Subdivison): 사물이 여러 갈래로 자세히 갈라짐, 또는 그렇게 갈라지게 하다.
　·추적(Trace): 사물의 자취를 더듬어 가다.
　·조합(Combination): 여럿을 한데 모아 덩어리로 짜다.

둘째, 추적은 세분화된 결과에 대한 추론(推論) 활동을 의미하며, 넓은 범위로의 확산된 인근 상권과 소비자 그룹을 가정하고 상호간의 연관성과 영향력 등의 관계를 밝혀내는 활동을 의미합니다. 즉, 〈그림 50〉에서 세분화된 상권과 상권과의 관계(A와 B, A와 B-1, A-1과 D)를 분석하고, 〈그림 51〉과 같이 각각의 분할된 상권을 이용할 것으로 예상되는 소비자 그룹을 가정하여 분석하고, 영향력이 있을 것으로 판단되는 인근 상권들을 가정하고 영향력의 관계를 분석하는 연속적인 활동입니다. 각각의 소비자 그룹은 목표 상권을 이용할 수도, 인근 상권 A를 이용할 수도, 둘 다 이용할 수도, 둘 다 이용하지 않을 수도 있는데 그 원인은 소비자의 상권 이용 목적에 의한 것이며, 이는 세분화된 상권까지의 이동 동선으로 표현

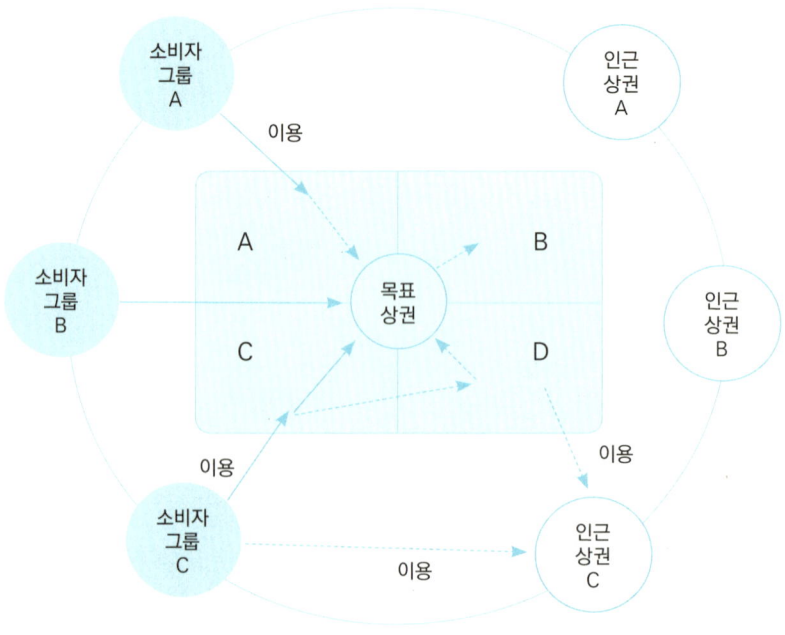

〈그림 51〉 소비자 그룹의 상권 이용분석

이 됩니다. 이처럼 '추적'은 세분화된 목표 상권 간의 관계, 목표 상권과 소비자 그룹 간의 관계 분석을 비롯하여 목표 상권에서 넓게 확장된 인근 상권과 목표 상권과의 관계, 인근 상권과 소비자 그룹과의 관계를 추론하고 분석하는 연속적이고 반복적인 활동이 됩니다.

결과적으로 세분화와 추적의 반복적이고 연속적인 활동을 통하여 목표 상권(또는 목표 건물)을 이용하는 소비자 그룹이 이용 목적에 의하여 세분화될 것이며, 세분화된 각각 상권에 대한 이용 목적이 내포된 목표 상권 내외(內外)의 소비자 동선 파악이 가능해집니다.

셋째, 조합은 세분화와 추적의 결과물로 얻어진 상권의 정보들과 소비자동선과 소비자 그룹을 연결하는 활동으로써, 〈그림 51〉에서 {소비자 그룹 A→A 목표 상권}, {소비자 그룹 B→목표 상권}, {소비자 그룹 C→C→목표 상권}, {소비자 그룹 C→D→ 목표 상권}, {소비자 그룹 C→인근 상권 C} 등의 형태로 그룹을 짓고, 각각의 조합에 대한 당구장 고객의 형태와 상권의 특성들을 구분지어 표현하면 됩니다.

'조합'의 과정을 통하여 기본적으로 당구장 영업이 가능한 위치의 1차 선정이 이루어지며, 각각의 위치에 따른 전략적인 창업과 운영을 위한 사고(思考)를 할 수 있는 기반 정보가 마련됩니다. 즉, 세분화되어 설정된 각각의 그룹별로 타깃 고객, 매장의 유효 규모, 경쟁 상황 등에 대한 세부적인 정보들의 조합을 통하여 최종적인 당구장 자리의 선택이 이루어지는 전략적 선택을 할 수 있게 됩니다.

이러한 기본 원리를 기초로 시작된, 당구장 자리를 선정하는 방법 1), 2), 3), 4)는 세분화, 추적, 조합의 반복적이고 연속적인 고찰과 검증을 통하여 얻어진 하나의 표준화된 방법입니다. 제시될 방법과 함께 기본 원리를 이해하고 적용한다면 예외적인 당구장 자리에 대한 부분까지도 창업자가 충분히 검증하고 찾아낼 수가 있습니다.

기본 원리를 좀 더 부연하여 설명하면, 큰 상권이건 작은 상권이건 소비자의 이용 목적에 의하여 특정 업종이 하나씩 발생하고, 집단을 이루게 되며, 해당 집단을 이용하는 소비자의 규모와 특성에 맞추어진 연관 업종이 함께 더해짐으로써 하나의 규모 있는 상권으로 발전하게 됩니다. 점이 모여 선이 되고, 면이 되고, 입체를 이루는 수학적 원리와 같습니다. 이러한 원리로 상권마다 업종 구성의 집단적 특징이 규정되는데, 이는 소비자가 상권을 이용하는 주된 목적에 해당됩니다. 이렇게 형성된 하나의 상권은 그 규모와 위치에 따라서 한 가지의 특성을 가질 수도, 중복된 여러 형태의 특성을 가질 수도 있습니다. 상권의 특성을 규정짓는 최소 단위는 단일 점포의 업종이며, 두 개 이상 단일 점포들의 집합이 상권의 특성으로 표현됩니다. 즉, 상권 내 업종의 구성 형태에(조합에) 따라서 상권의 특성이 결정되는데, 이 특성은 소비자 그룹의 상권 이용 목적에 의하여 결정됩니다. 이렇게 구성된 상권을 최소 단위로 쪼개고, 쪼개어진 상권을 이용하는 소비자 그룹을 규정 짓고, 소비자 그룹이 상권을 이용하는 각각의 동선을 규정하는 활동을 세분화로 이해하면 됩니다.

세분화의 개념은 상권과 고객을 최소 단위로 쪼개는 것으로 이해하면 쉽습니다. 예를 들어 대형 건물의 경우는 건물 자체를 세분화하여 생각해야 할 필요가 있는데, 건물의 출입구에서부터 각 층별로 구성된 상점들의 형태와 특성을 파악함으로써 '몇 층이 당구장을 하기에 유리할까?' 또는 '건물의 어느 부분이 (같은 층에서의 위치) 유리할까?' 등에 대한 생각까지도 세분화 활동을 통해서 결정할 수가 있습니다. 또한 당구장 이용 고객

<표 33> 당구장 이용 고객의 형태적 구분

형태적 구분	성별	연령	직종	위치	이동 방법
	남자	10~20대	학생	인접(隣接)	도보 이동
	여자	30~40대	공장근로자	인근(1~2km)	버스
		50대 이상	사무직	원거리(區)	지하철
			주민	원거리(市)	자가용

을 가정함에 있어서도 형태적으로 <표 33>(독자의 편의를 위해 다시 게재함)과 같이 세분화해야 합니다.

이렇게 세분화된 상권과 소비자 그룹을 중심으로 목표 상권(또는 목표 건물) 주변에 대한 연관성과 영향력에 대한 상호 관계를 <그림 52>와 같이 점검하고 분석하는 과정이 '추적'입니다.

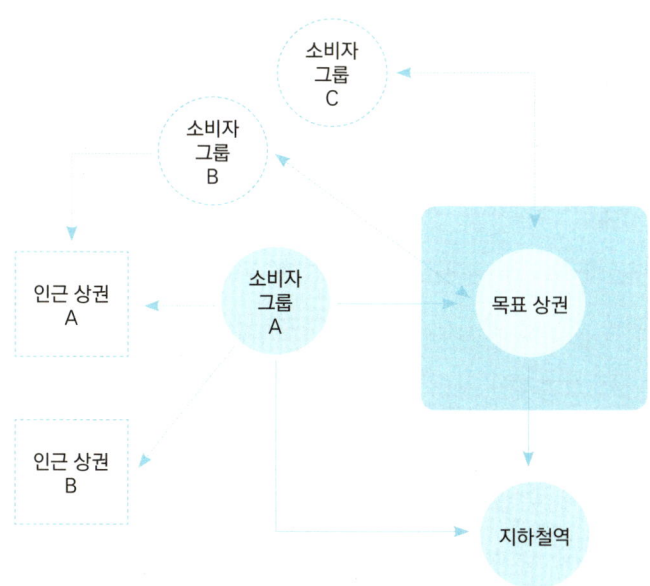

<그림 52> 소비자 그룹과 이용 상권의 연계성 분석

간단하게는 각각의 세분화된 소비자 그룹이 목표 상권(목표 건물)까지 이동하는 과정에 대한 동선을 추론(推論)하는 활동이며, 목표 상권(목표 건물)을 이용하는 다양한 목적과 탈(脫)상권(다음 행선지까지의 이동)에 대한 소비자 그룹의 목적과 동선을 추론(推論)하는 활동입니다.

다시 말해서, 세분화의 과정이 넓은 범위에서부터 좁은 범위로 잘게 쪼개는 과정이라면, 추적은 〈그림 52〉와 같이 소비자 그룹과 인근 상권에 대한 넓은 범위로까지의 확대된 가정(假定)을 통하여 상호간의 연관성과 영향력을 점검하는 과정입니다. 세분화와 추적의 활동은 연결된 세분화된 각각의 상권과 상권, 인접한 상권과 목표 상권, 각각의 상권과 소비자 그룹과의 관계를 쇠사슬처럼 연결하여 그 관계를 사고하고 분석하는 연속적인 활동입니다.

세분화와 추적을 통하여 목표 상권(또는 목표 건물)의 특성, 소비자의 특성, 소비자의 주목적 동선이 파악이 되었을 것이며, 더불어 상권 내의 경쟁자에 대한 정보들도 부가적으로 취득이 되었을 것입니다.

조합은 앞서 설명했듯이 이러한 결과물을 하나하나의 특성 있는 그룹으로 묶어내는 과정으로, 1차적인 당구장 자리에 대한 선정이 가능해지며, 당구장 자리의 세분화로 이해해도 좋습니다. 즉, 당구장을 개업하기에 가능한 위치들을 각각의 조합별로 나누고 세분화된 고객과 상권의 특성에 따라서 개별적인 창업 전략을 구상함으로써 '나의 현실과 가장 적합한' 또는 '상권 내에서의 성공 전략에 가장 잘 부합하는' 당구장 자리의 최종적인 선택을 위한 수단으로 이해해도 좋습니다.

당구장 자리를 찾고 판단한다는 것은, 기존에 존재하는 상권에서의 입점위치(자리)를 결정하는 과정임을 생각해야 합니다. 다시 말해서 '이 상권에서 어디가 당구장하기에 좋은 위치일까?'를 결정하는 방법이므로 '소비자 그룹' 중심의 상권 해석과 동선의 분석이 필요합니다. 당구장의 입지는 (위치는) 상권의 내부, 상권의 입구와 출구, 소비자의 주거지(근무지)에서 상권으로 이동하는 동선 등 다양하게 존재하는 데 각각의 위치마다 장단점이 존재하게 되며, 상권에 따라서 어느 곳이 가장 유효한 위치인지는 상권의 특성과 소비자 그룹의 상권 이용 목적에 따라서 달라지게 되므로 세분화된 상권과 소비자 그룹을 기반으로 한 면밀한 분석을 요구하게 됩니다.

세분화된 소비자(고객)의 상권 이용 목적은 반드시 소비자 그룹의 '동선'으로 표현됩니다. 예를 들어, 퇴근을 하는 과정에서 ① 바로 버스 또는 지하철을 이용하여 퇴근하는 경우, ② 간단히 맥주 한 잔을 하고 버스 또는 지하철을 이용하는 경우를 가정해 보면 ①, ②의 목적을 수행하는 과정에서의 주동선은 서로 다를 수도, 같을 수도 있게 되며, 그 결과에 따라서 소비자 주동선이 다르게 표현될 수 있으며, 당구장 위치 역시 소비자 주동선의 형태에 따라서 달라지게 되며, 고객의 형태에 따라서 영업 방법 또한 달라지게 됩니다. 때문에 '조합'의 결과에 따라서 각각의 당구장 위치에 대한 종합적인 창업 전략과 영업 전략이 구성되어야 합니다.

결론적으로, 세분화, 추적, 조합의 과정은 상권의 특성과 소비자의 특성, 소비자의 목적 주동선(主動線)[9] 분석을 위한 기본 원리이며, 이는 곧 전략적 창업을 위한 당구장 자리 선정의 기본 원리가 됩니다.

---

9) 상권 이용의 주목적이 되는 행위를 위한 정해진 이동 동선을 말한다.

지금부터 설명할 방법 1), 2), 3), 4)는 세분화(細分化), 추적(追跡), 조합(調合)의 기본 원리를 일반 창업자가 간단하게 적용할 수 있게 표준화한 방법입니다.

방법 1) 상권 내 진입 가능성 및 이용 목적의 판단

당구장을 개설하길 원하는 상권이 있다는 가정하에서, 〈그림 53〉, 〈표 34〉와 같이 목표 상권 [T]를 중심으로 ① 연계된 상권과 주변 상권[10]을 설정하고, ② 설정된 상권을 이용 가능한 사무 단지(또는 주거지)를 설정하고, ③ 그 이용 가능성과 이용 목적을 점검합니다.

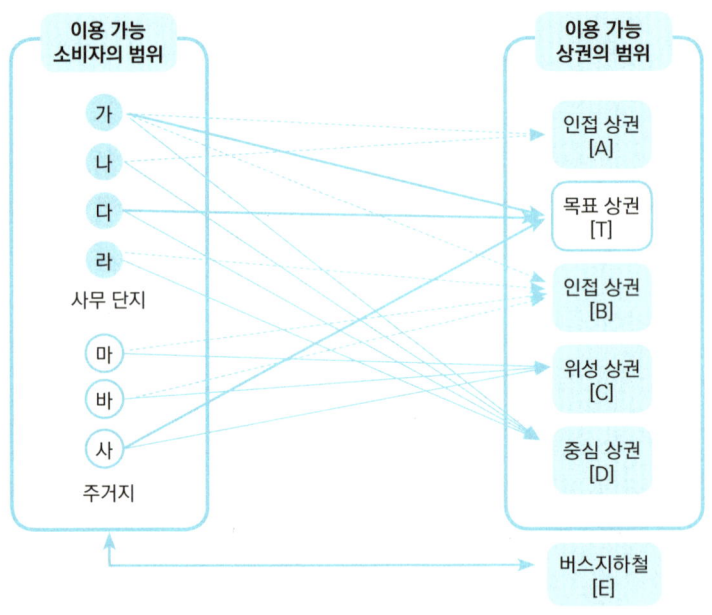

〈그림 53〉 상권의 영향권 관계도

---

10) 당구장을 개설하고자 하는 목표 상권(목표 건물)의 주변의 모든 상권을 의미하며, 연계된 영향력 있는 상권을 모두 포함하여 의미한다.

방법 1)의 설정에서 주의할 것은 이용 가능성이 있는 모든 사무 단지와 주거 단지를 소비자의 범위로 설정해야 하며, 목표 상권 [T]를 중심으로 이용 가능성이 있는 주변의 모든 상권을 검토의 범위로 설정해야 합니다. 즉, 모든 가능성을 열어두고 〈그림 53〉과 같이 목표 상권 [T]와의 상호 관계를 검토해야 합니다. 이 방법을 통하여 목표 상권 [T]와 인접한 상권과의 관계와 인접한 상권들과의 관계(인접 상권 C와 A와의 관계, 인접 상권 B와 중심 상권 D와의 관계)가 유추가 될 것이며, 그 관계에 따라서 개설될 당구장의 상권 내 위치에 따른 이용 가능 고객의 형태와 타깃 고객 선정의 기준이 마련됩니다.

〈표 34〉 소비자 그룹의 목표 상권 이용 상황의 예측

영향권	이용 상권	이용 목적	접근 방법	특이 사항
가	A	퇴근길 소회식	도보	[E]까지의 동선 첫 번째 상권
	B	퇴근길 소회식	도보	[E]까지의 동선 두 번째 상권
	T	퇴근길 소회식	도보	[E]까지의 동선 세 번째 상권
	D	퇴근길 소·대회식	버스·지하철	3km 내 위치
	E	퇴근길 지하철역	도보	
다	T	퇴근길 소회식	도보	[E]까지의 동선 첫 번째 상권
	D	퇴근길 소·대회식	버스·지하철	3km 내 위치
	E	퇴근길 지하철역	도보	
사	T	귀가길 동선 위치	도보	[T]와 인접한 주거지 상권
	C	귀가길 동선 위치	도보	[T]와 인접한 주거지 상권
	E	귀가길 지하철역	지하철	

〈그림 53〉과 같이 소비자의 범위와 상권의 범위에 대한 관계도가 완성되었다면 〈표 34〉와 같은 이용 목적과 접근 방법과 특이 사항을 조사하고 기록합니다. 즉, 〈그림 53〉의 소비자 이용 범위(가, 다, 사)의 소비자들이 각각의 상권을 이용하는 이유·목적·상황 등에 대한 전반적인 내용을 파악하면 됩니다. (여기서는 간략하게 기록하였지만 특이 사항에 대한 조사와 기록은 자세하면 자세할수록 좋습니다.)

방법 2) 동선의 점검

목표 상권 [T]를 이용하는 소비자(가, 다, 사)의 주거지(또는 근무지)에서부터 상권 [T] 입구까지의 이동 방법(동선)을 〈그림 54〉와 같이 조사·

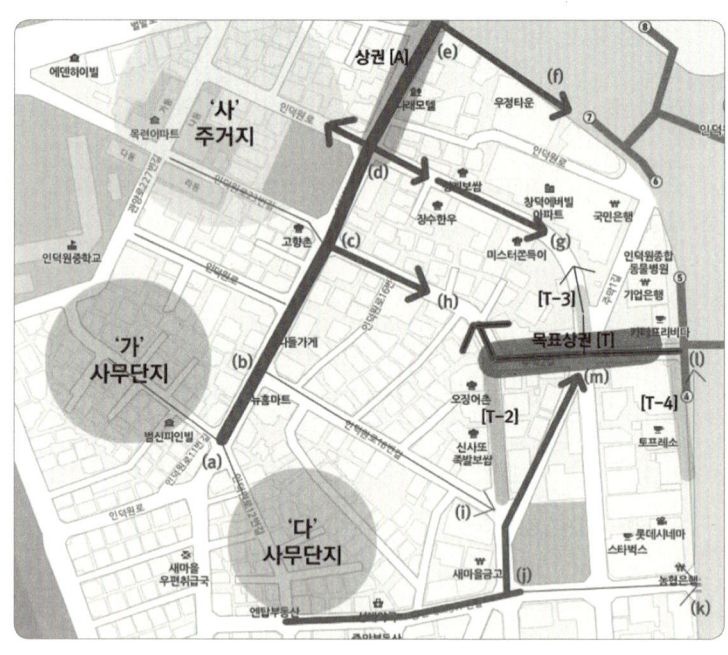

〈그림 54〉 소비자 그룹의 상권 주동선 점검

기록합니다.

동선을 조사하는 과정에서 주의할 것은, 기존의 경험(당구장을 비롯한 타업종의 개설 경험과 목표 상권 [T]에 포진한 상가들의 특징적인 형태)에 따라서 상권 내 주요 동선의 형태를 섣불리 유추(類推)하지 말아야 합니다. 왜냐하면 조사자의 경험에 따라서 비추어진 상권의 형태적인 모양과 동선이 기존의 경험과 유사하거나 같을 수도 있지만, 그 주변 상황에 따라서 동선의 특징은 방법 1)의 조사 결과에 의하여 전혀 다른 형태를 가질 수도 있으며, 그 결과에 따라서 당구장 자리의 최적 위치도 다르게 선택될 수 있기 때문입니다.

이 책에서 제시하는 방법은 상권 내에서의 유동 인구의 움직임만을 파악하는 방법이 아닌 소비자(가, 다, 사) 중심의 넓은 범위에서부터 시작하여 목표 상권의 중심에까지 이르는 상권과 동선의 연관성을 중요시하는 당구장 자리 판단의 방법이기 때문에 당구장 자리를 판단하는 시각이 다릅니다. 즉, 목표 상권 [T]에서의 고객은 상권의 이용 목적에 의하여 세분화되며, 방법 3)에서 가정될 당구장 자리들에서 고객의 형태와 영업 방법 등을 구체화할 수 있는 객관적 기준을 마련할 수 있습니다.

때문에, 주요 동선의 조사 과정은 반드시 소비자(가, 다, 사)의 입장에서 이용 가능한 동선을 직접 경험해(움직여) 보아야 하며, 인접한 상권과 연계된 상권까지의 총체적인 점검이 이루어질수록 그 정확도가 높아지게 됩니다.

조사의 방법은 간단합니다.

이용이 가능한 소비자(가, 다, 사)에서 목표 상권 [T]까지의 이동 방법을 〈그림 54〉에서와 같이 이용 빈도와 목적에 따라서 {핵심동선, 주동선, 보조동선}의 3단계로 구분하고 각각의 동선에 대한 해석을 〈표 35〉와 같이 이끌어내면 됩니다. 여기서는 선의 굵기로 핵심동선, 주동선, 보조동선의 형태로 구분하였으며 주요 교차점과 주요 진행 방향을 화살표로 표기했습니다. 〈표 35〉의 해석은 각각의 동선에 따른 이용 이유에 해당합니다.

동선의 검토에 있어서 특이할 만한 사항은 '사' 주거지 경우는 역방향(지하철역, 버스정류소에서부터 주거지 진입)의 검토가 동시에 이루어져야 함을 알 수 있는데, 지하철 출구 7번의 경우는 단순 귀가의 목적일 경우에 해당될 것이고, 출구 5번과 출구 4번의 경우는 목표 상권 [T]를 거쳐 주거지로 진입하는 경우에 해당합니다. '가', '다'의 사무 단지는 퇴근길 동선 이외의 역방향의 검토는 생략해도 무방합니다.

창업자가 지역의 특성을 전혀 모르는 상태에서 목표 상권과 연관된 주요 동선을 점검하는 과정은 낯설고 지루하고 힘든 과정임에 틀림 없습니다. 단순히 목표 상권 [T]를 중심으로 하는 하나의 상권에(목표 상권T) 국한된 진입과 퇴로만을 점검하는 것은 간단한 일일 수 있지만, 〈그림 54〉의 연계된 인접한 상권 [A], [B]와 소비자(근무지, 주거지)의 모든 동선을 점검하고 기록하는 일은 쉽지만은 않은 것이 사실입니다. 그러나 이 과정을 게을리하지 말아야 하는 이유는 개설할 당구장의 위치 선정을 위한 충분한 객관적 근거 자료를 만들기 위함이며 선정될(방법 3에서 가정될) 위치들에서의 전략적 선택까지도 염두해 둔 방법이기 때문입니다.

부연하면, 상권 내에서 어느 곳이 당구장을 하기에 적절한지에 대한 판단을 위해서는 단순히 상권의 규모와 모양새(일자형, 십자형 상권의 모양 등)만을 가지고 상권의 '입구가 좋을 것이다'와 '중간이 좋을 것이다' 등의

〈표 35〉 소비자 그룹의 동선 이용 목적

소비자 그룹	주요 동선	주요 이용 상권	동선의 이용 이유
사(주거지)	d-e-f	상권[A]	[사]주민의 소비형 상권으로 퇴근질 주요 동선
	d-g	T, T-3	귀가후, 유흥 목적의 목표 상권으로의 주요 진입로
	d-g (역방향)	T, T-3	[사]주민의 퇴근질 주요 동선
	c-h	T, T-2	귀가후, 유흥 목적의 목표 상권으로의 주요 진입로
	c-h (역방향)	T, T-2	[사]주민의 퇴근질 주요 동선
가(사무 단지)	a-b-c-h	T, T-2	[가]사무 단지 직장인 퇴근길 1차 통로 (단순 퇴근 및 상권 진입을 위한 주요 이동로)
	a-b-c-d-e-f	상권[A]	[가]사무 단지 직장인 퇴근길 2차 통로 (단순 퇴근 및 상권 진입을 위한 주요 이동로)
다(사무 단지)	i-m	T, T-2, T-3	[다]사무 단지 직장인 퇴근길 1차 통로(상권 진입)
	i-k-j	T-4	[다]사무 단지 직장인 퇴근길 2차 통로(단순 퇴근)

위치적인 판단을 해서는 안 됩니다. 그 이유는 각각의 소비자 그룹과 인접한 상권과의(영향권 내의 상권과의) 관계에 따라서 주요 동선이 다르게 형성되며 가정된 위치마다의 영업적인 특징이 다르기 때문입니다. 결국 최적의 당구장 자리가 상권의 중간일 수도, 후면일 수도, 초입일 수도, 대로변일 수도, 전혀 다른 제3의 위치일 수도 있습니다.

방법 3) 당구장 자리의 1차 가정

방법 2)에서 목표 상권 [T]와 연관된 소비자의 동선이 결정이 되었다면 이제는 〈그림 55〉와 같이 당구장 개설이 가능한 위치를 1차 가정하고 주요 대상 고객을 유추해 보는 일입니다. 당구장 개설이 가능한 위치를 표기하는 방법은 조사된 {주요 동선과 주요 동선의 교차점}과 {상권과 동선의 교차점}에 표기하면 됩니다. 이 과정에서 당구장이라는 특수성을 고려할 필요는 없으며, 이 단계에서는 '당구장 개설이 가능한 위치의 예측'이라는 측면으로 가능성 있는 위치 전체를 선택하고 가정된 자리마다의 주요 대상 고객과 위치적 특성을 분류하는 것으로 충분합니다.

　창업 초보자라 하더라도 방법 2)의 동선에 대한 조사가 충실히 이루어졌다면 〈그림 55〉와 같이 개설이 가능할 것으로 예상되는 위치를 자연스럽게 표기할 수가 있게 되며, 위치마다 〈표 36〉과 같이 대상 고객과 동선에 따른 위치 특성에 대한 예측이 누구나 가능하게 됩니다.

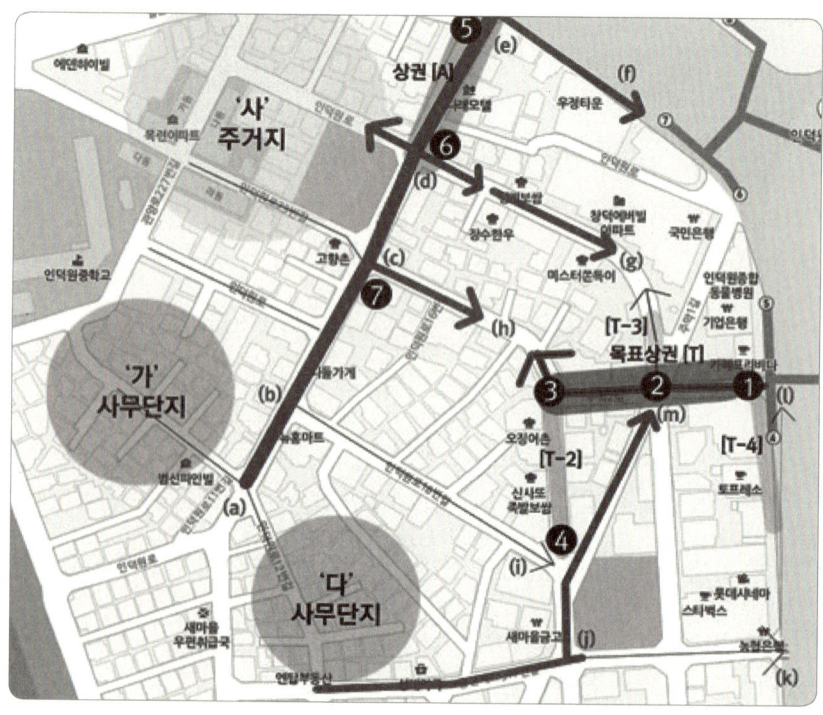

〈그림 55〉 당구장 개설이 가능한 위치의 표시

〈표 36〉 대상 고객과 동선의 특성

위치	가능성	주요 예상 고객	특징
[1그룹] ①	상	가, 다 사(일부)	퇴근길 유흥 중심
[1그룹] ②	상	가, 다 사(일부)	퇴근길 유흥 중심
[1그룹] ③	상	가, 다 사(일부)	퇴근길 유흥 중심
[2그룹] ④	하	가, 다	퇴근길
[3그룹] ⑤	중	사, 가(일부)	퇴근길
[3그룹] ⑥	상	사, 가(일부)	주거지 진입 및 퇴근 동선
[2그룹] ⑦	중	사, 가(일부)	퇴근 동선

〈표 36〉의 조사에 의하여 각각의 위치에 대한 당구장 고객의 형태적 분류 기준에 따른 고객의 형태적 분류가 가능하게 되며, 각각의 위치에서의 영업적인 특성을 예측할 수 있습니다. 이는 곧, 창업자가 '어떻게 장사를 할 것인가?' 하는 전략적인 결정을 위한 방법 4)의 중요한 지표가 됩니다.

〈표 36〉의 해석에 대한 이해를 돕기 위해서 간략하게 각각의 자리마다의 특성을 유추하여 설명하면 다음과 같습니다. 여기에서는 목표 상권 [T]를 가정한 조사가 이루어졌지만 상권 [A]에 해당하는 ⑤, ⑥, ⑦의 경우도 목표 상권 [T]의 소비자와 중복되므로 함께 염두해 둔 분석이 필요할 것으로 생각됩니다. 〈표 36〉에서 보듯이 주요 고객과 특징에 따라서 목표 상권 [T]에 위치한 [1그룹] ①, ②, ③ 자리와 [2그룹] ④, ⑦ 자리와 상권[A]에 위치한 [3그룹] ⑤, ⑥ 자리로 나눌 수가 있으며 다음과 같은 각각의 위치적인 해석이 가능합니다.

[1그룹] ①, ②, ③은, 전체 소비자(가, 다, 사)와 상권[A]를 통합하는 상권으로 보아야 하며, 소비자의 의지에 따라서 선택되는 필수 주동선의 역할을 수행하게 됩니다. ①, ②, ③의 각각의 위치는 당구장 영업의 특징에

큰 차이는 없다고 보는 것이 맞습니다. 다만, ①의 위치의 경우 인근의 사무 단지와의 출퇴근 연계성이 있다면 ②, ③에 비하여 유리한 위치적 조건을 갖게 됩니다.

[2그룹] ④는, '다' 사무 단지에서의 퇴근길 주동선으로 1차적으로 당구장이 위치할 만한 곳이나 목표 상권 [T]와 근거리에 존재함으로 목표 상권[T]에서의 강력한 경쟁자가 있을 경우는 성공 가능성이 낮다고 볼 수 있습니다.

[2그룹] ⑦은, '가' 사무 단지의 퇴근 통로와 '사' 주거지의 교차점으로 1차적으로 당구장이 위치할 만한 곳이며 [3그룹] ⑤, ⑥ 자리의 당구장들과의 경쟁 구도를 가질 가능성이 높습니다.

[3그룹] ⑤, ⑥은 '사' 주거지의 소비 상권으로 구성되어 있는 전형적인 주거지 단일 상권으로 해석이 가능하며 '가' 사무 단지의 직접적인 퇴근길 동선에 해당됩니다. 때문에 목표 상권 [T] ①, ②, ③과는 별개의 단일 상권으로 이해해야 하며 성공 가능성이 높은 당구장 자리에 해당됩니다.

위에서 살펴본 바와 같이 당구장 자리로 가정한 ①, ②, ③, ④, ⑤, ⑥, ⑦에 대하여 각각의 위치에 대한 해석을 창업자 스스로 유추해 보는 것이 중요하며 자세하면 자세할수록 좋습니다.

이 과정에서 '당구장만의 위치적 특징'[11]이 있을 것이라는 생각은 하지 않아도 되는데, 그 이유는 이미 방법 2) 동선의 점검 과정과 방법, 3) 당구

---

11) 특별하게 '당구장'에 적용되는 상권 내의 특징적인 구조가 있을 것이라는 생각과 '당구장 위치'는 '이려해야 한다'라는 막연한 상상 등을 말한다.

우리 당구장이라도 해 볼까?

장 자리 1차 가정의 과정에서 충분히 그 특징이 반영되었기 때문입니다.

방법 4) 전략 구상 및 점포 선정

지금까지 설명한 방법 1), 2), 3)에 의하여 당구장 개설이 가능한 점포를 〈그림 55〉 ①~⑦과 같이 가정하여 표기하였다면, 이제 각각의 위치에서의 전략 구상과[12] 함께 점포를 최종적으로 선정해야 합니다. 가정된 각각의 위치는 상권의 형태와 주요 대상 고객에 따라서 영업적인 특성을 달리하게 되는데 이를 염두한 전략의 구성과 선택이 되어야 합니다. 즉, 각각의 가정된 당구장 자리에서의 시설, 서비스,[13] 규모, 투자 예산, 영업 방법, 홍보 방법, 경쟁 방법 등에 대한 전반적인 전략의 구성이 이루어져야 한다는 뜻입니다. 흔히들 점포를 결정하는 과정에서 간과하기 쉬운 부분이지만 '자리가 반이고 전략이 반이다'라는 말을 명심해야 합니다. 즉, 방법 4)는 자리를 찾는 방법의 최종적인 단계로 나머지 반, 즉 전략에 해당합니다. 아무리 좋은 자리라고 하더라도 그 자리에서의 장사 방법이 맞지 않는다면 자리의 좋고 나쁨이 의미가 없어지게 됩니다. 또한 잘 구성된 전략에 의해서 장사의 방법이 결정되었다 하더라도 창업자의 운영 능력과 자금 규모에 맞지 않는다면 최종적으로는 선택되면 안 되는 자리가 됩니다. 방법 1), 2), 3)의 과정이 넓은 범위에서의 '당구장하기에 유효한 자리의 파악'이라는 개념이라면 방법 4)는 보다 적극적인 전략적인 점포 선택의(당구장 자리의 선택) 방법입니다.

---

12) 성공적 운영을 위한 입점 예정지에서의 최적화된 시설 전략, 운영 전략, 홍보 전략 등의 구체적인 사업 계획을 의미한다.

13) 음료, 먹거리, 이벤트, 강좌, 기타 고객을 대상으로 하는 당구장 영업을 위한 운영프로그램 등의 전반적인 고객서비스를 의미한다.

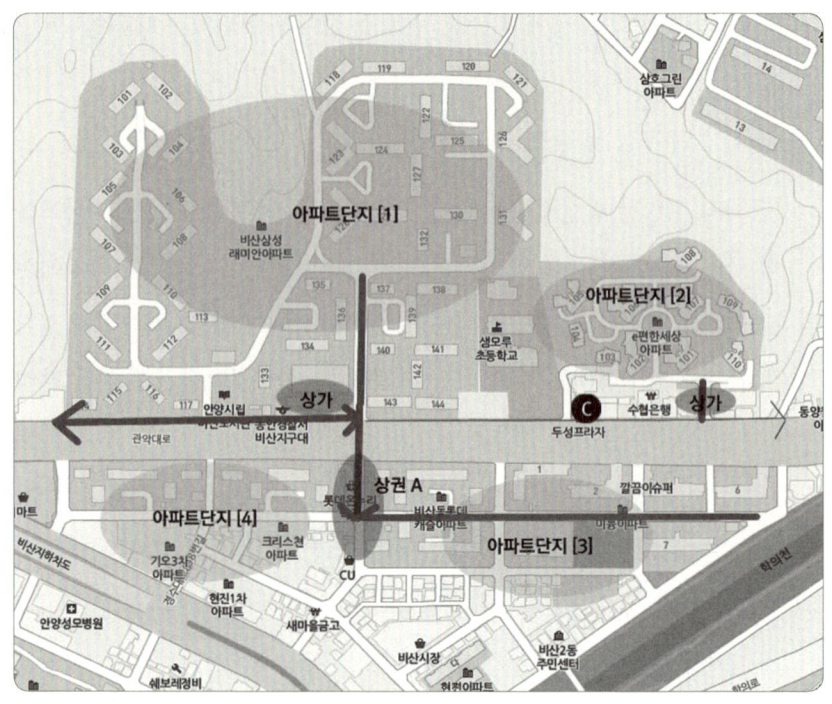

〈그림 56〉 동일 업종의 브랜드 변경 후 성공사례

  잠시 타 업종의 사례를 통하여 그 중요성을 상기시켜 주고자 합니다.

  〈그림 56〉은 아파트 단지의 커피전문점의 사례로 동일한 위치 'C'에서 {독립점 ○○커피숍에서 체인점 A브랜드로 교체}된 경우입니다. 이 사례는 위치적인 변화와 상권의 변화가 전혀 없는 상태에서 영업의 형태와 브랜드만 바뀌었을 뿐이지만 그 결과는 실패와 대박으로 극명하게 나타난 사례입니다. 물론 이 결과를 단순히 체인점의 브랜드파워로 인식할 수도 있겠지만 독립 점포 ○○커피숍이었을 때는, 아파트단지 [2], [3]을 대상으로 영업이 이루어졌던 것과 비교하여 체인점 A브랜드로 교체된 이후에는 아파트단지 [1], [2], [3], [4]를 대상으로 하는 영업의 형태로 변화되었

다는 것을 우리는 심각하게 생각해 보아야 합니다.

즉, 타깃 고객에 맞추어진 시설, 운영, 홍보, 서비스의 변화가 영업 영향력의 범위까지도 확대된 변화를 주었음에 주목을 할 필요성이 있습니다.

다시 본론으로 돌아와서, 당구장 역시도 상권의 형태와 타깃 고객의 특성에 따라서 창업 전략이 반드시 변화되어야 함을 심각하게 생각해야 합니다.

즉, 각각의 위치에서 전략을 대략적으로 구성해 봐야 합니다.

◆ 해당 위치에서의 적정한 당구장의 규모는?

◆ 어떠한 고객서비스를 구성할 것인가?

◆ 당구장 시설의 수준은 어떻게 할 것인가?

◆ 홍보는 어느 지역을 중심으로 어떻게 할 것인가?

◆ 경쟁 구도와 경쟁의 방법은?

◆ 이러한 요건을 갖추는 데 필요한 소요 예산은?

위와 같이 각각의 위치에 대하여 〈표 37〉과 같은 개괄적인 비교·검토를 통하여 창업자의 상황에[14] 가장 적합한 위치의 선정이 최종적으로 이루어져야 합니다.

---

14) 목표 상권 또는 목표 건물에서의 유효한 창업 전략, 즉 창업자의 자금 상황, 성격적 성향, 거주지 위치 등과 더불어 창업자가 생각하는 당구장의 운영 목적에 부합할 수도, 아닐 수도 있다. 창업자의 이러한 개개의 상황을 비교·검토하여 최종 선택이 이루어져야 한다. 창업자의 상황이 목표 상권에서의 상황과 맞지 않는다면 과감하게 포기하는 것도 '좋은 선택'일 수 있다. 특히 점주의 성향적인 부분과 목표 상권에서의 유효한, 적절한 장사의 유형은 장사의 지속성과도 관련이 있으므로 신중에 신중을 기해야 한다.

〈표 37〉 가정된 위치에서의 기본 구상

타깃 고객	가, 다, 사 직장인 및 30~40대,
적정 규모	12대~15대 (국제식 대대 2대, 포켓볼 1대 포함)
시설 수준	30~40대에 적합한 안정감 있는 형태의 구성
서비스A 구성	당구 강습, VIP락카의 구성
서비스B 구성	별도의 음료·간식 서비스 매뉴얼 구성
투자 예산	2억~2억 3천(보증금 포함)
홍보 방법	전단지, 라이터, 시스템북 배포 및 인근 상가와의 제휴
경쟁 방법	A당구장, C당구장과의 경쟁 전략 구성

지금까지 당구장 자리를 찾는 방법 1), 2), 3), 4)를 제시했습니다.

이 방법은 세분화(細分化), 추적(追跡), 조합(調合)의 기본 원리를 적용하여 간소화·표준화한 것입니다. 제시된 방법의 활용만으로도 당구장 자리를 찾고, 판단하는 데에 충분하다 믿으며, 기본 원리에 대한 많은 생각과 이해가 이루어진다면 일반적인 당구장 창업을 위한 위치 선정 이외에 예외적인 형태와 특수 목적의 당구장 창업에도 활용이 될 것입니다.

지금까지 『초보 창업자의 당구장 자리 찾기』의 본문 중에서 당구장 자리 찾기의 이해와 당구장 자리 판단의 방법을 소개하였습니다. 당구장 자리를 직접 찾아야 하는 창업자분들은 최소한 이 책의 발췌된 내용의 이해에서 더 나아가 각각 분류된 상권에서의 당구장 자리에 대한 특징과 이해를 심도 있게 공부할 것을 권합니다.

'빠꿈이'라는 말을 표현을 들어보았죠? 필자는 당구업계의 빠꿈이라는 분을 몇몇 분을 알고 있습니다. 그 중에 한 분의 이야기를 하려고 합니다. 내가 알아 온 5년 동안 이 분은 당구장 4개를 팔고 현재도한 개의 당구장을 새롭게 운영 중에 있습니다. 현재 운영하고 있는 당구장의 매출은 아직은 기대 이하의 매출을 하고 있지만 곧 정상화되겠죠. 늘 그랬듯이 말입니다.

이분은 어느 날 동내의 허름한 당구장 하나를 인수합니다. 자리를보는 눈은 저의 경험상 탁월한 촉 같은 것이 있는 듯 합니다. 아직까지실패한 적이 없으니 말이죠.

"조실장, 깔끔하게만 인테리어해 주고, 당구대는 새 것으로 하고,큐는 음⋯ ○○브랜드의 큐로 해줘! 참~ 이번에는 카운터를 좀 크게만들어주도록 해. 좀 다른 생각이 있거든."

늘 그렇듯이 꼭 필요한 부분만을 이야기하고는 자리를 떠납니다.

"저 사장님, 이번에는 카운터를 왜 크게 만드는지 여쭈어도 될까요?"

저는 기존과 다른 요구에 질문을 던졌습니다.

"조실장, 이번에는 기존보다 규모가 좀 크고, 손님의 편의성을 높여보려고 해. 조실장 같은 선수가 새삼스럽게 뭘 그런 걸 묻고 그래~ 하하하!"

다시 제가 물었습니다.

"여기 이 당구장을 매입한 특별한 이유라도 있으세요?"

저의 이 질문에 한 수 가르쳐주겠다는 말투로 눈을 찡긋하고는 동네 골목에 서서 그의 이야기를 시작합니다.

"자, 봐! 여기가 주 출입구 맞지? 여기 당구장이 3개야. 그 중에 여기가 꼴등이지. 아주 망했어. 그런데 여기 이 당구장이 20년 된 자리야. 그동안 흥하고 망하고를 반복했었어."

"아, 그래요? 20년이요?"

"그래, 난 이 자리에 대한 여러 가지 정보 중에서 20년에 주목했지. 그리고 유추하건대 기본적으로 당구를 치는 자원이 풍부하다는 결론을 얻었고, 흥망을 반복했기에 자리에 대한 검증은 되었다는 판단을 했어. 그리고 추가적으로 얻은 정보들 중에 기존의 점주가 골방에서 카드 방을 직접 운영하며 함께 했다는 것을 알았고, 그것이 직접적인 매출 하락의 원인이 됐을 것이라는 판단을 했지."

"아, 그렇군요. 그렇다면 그 카드방을 운영했다는 것 이외에 자리에 대한 확신은 또 어디에서?"

추궁하듯 하는 저의 질문에 씩 웃으며 이야기를 합니다.

"조실장이 그 질문 할 줄 알았어. 자, 여기가 주동선이고 그렇지? 그리고 이 동선을 통과하는 소방도로 위로 4,000세대의 주거지가 있는데 다들 다세대 독립주거지라 연령층도 다양하고 직업군도 다양해. 그리고 이 위치가 소방도로의 핵심목이기 때문이야. 주변의 상가들을 봐. 이 당구장을 중심으로 주거지에 있을 법한 소비적인 성향의 구성으로 되어 있어. PC방, 분식점, 핸드폰 매장, 작은 커피숍, 호프집 등등 말이야. 크지 않은 매장들이지만 좁은 지역에 알차게 구성되어 있어. 결국 여기가 요지라는 거지!"

한참 시간이 지난 후, 다시 찾은 당구장은 그야말로 문전성시를 이루고 있었습니다. 그리고 사장님은 올 겨울 성수기에 당구장을 다시 팔 것이라는 이야기를 합니다.

빠꿈이? 그들이 노리는 곳은 자리는 좋은데, 장사의 방법이 잘못되었거나 관리가 잘못되어 폐업 위기에 내몰린 그런 곳입니다. 헐값에 사서 다시 되파는 것이죠. 이 방법을 나쁘다 할 수 있을까요? 혹자는 이런 분들을 '나쁘다'라고 이야기하는 분도 있지만 필자의 생각은 좀 다릅니다. 좋은 자리를 잘 살려서 정상적인 장사를 할 수 있게 누군가에게 적정한 보상을 받고 다시 파는 것을 부당하다고 이야기하면 안 될 듯합니다. 어쩌면 이들은 실패할지도 모르는 위험을 감수하고 창업을 감행하는 것입니다. 단지 장사에 경험이 없는 보통의 우리는 그 두려움을 이겨낼 용기와 안목이 없기에 이들이 노리는 그런 자리를 선택하지 못할 뿐입니다.

안양에서 직영 당구장을 운영할 때의 일입니다. 노신사 한 분이 당구장을 찾아오셨죠. "저, 조실장님이 어느 분이시죠?" 그렇게 첫마디를 뗀 노신사와 한참의 이야기가 오가고 점포 개발부터 시작하는 '컨설팅 창업' 계약을 했습니다. 그리고 그날 이후 약 1년이 걸려서야 창업을 하였죠. 참 길고 긴 시간이었습니다. 제 기억에 최소한 100여 개 점포는 보고 30~40여 개의 점포는 가능성을 두고 비교 분석을 했던 것 같습니다. 창업자가 이 중에 결정을 못 내리고 망설였던 것은 분명 필자의 분석이 창업자에 확신을 주지 못했기 때문입니다.

"이곳은 경쟁이 너무 많군요!"

"저 옆에 15대의 대형이 있는데, 자신이 없어요."

"이곳은 너무 규모가 작군요."

"바로 옆에 프로선수가 운영하는 당구장이 있네요, 경쟁이 될까요?"

"목이 안 좋아 보여요."

"사람이 안 다니네요? 죄다 아줌마들뿐이네요. 당구 칠 사람이 있을까요?"

"임대료가 너무 비싸요. 흠 고민이 되는군요."

"너무 동네인 것 같아요. 중심가로는 자리가 없을까요?"

"왠지 느낌이 안 좋아요."

"흠 이전에 보았던 곳이 더 좋아 보여요. 아직 안 나갔겠죠?"

등등의 이유였습니다. 물론 꼼꼼하게 따져보고 결정을 해야 하는 것은 맞습니다. 그러나 어느 순간에는 결정을 해야만 합니다. 어느 자리이건 자리마다의 장단점이 존재하게 됩니다. 100% 내 입맛에 맞는 곳은 결단코 없죠. 임대료가 생각보다 조금 비쌀 수도 있고, 경쟁자가 생각보다 많을 수도 있습니다. 그런데 말이죠. 자리가 100% 맘에 들면 자금이 안 맞고, 경쟁이 많기도 하고 그렇죠. 이 모든 조건을 피해갈 수는 없습니다.

독점자리에 임대료와 자리가 모두 좋다고 하면 '망할지도 모른다는 두려움'에 휩싸이죠. 이래서는 어느 자리도 선택할 수가 없습니다. 때로는 결단력 있는 마음이 있어야 자리를 잡을 수 있습니다. 보고 또 봐봐야 결과는 같습니다.

닭이 먼저일까요? 계란이 먼저일까요?

해답이 없는 질문에 대한 답일 수도 있죠.

자리를 먼저 확정하는 것이 맞을까요? 고객층을 먼저 결정하고 그에 맞는 자리를 찾는 것이 정답일까요?

이것 역시나 정답이 없습니다.

상황에 따라서는 '내가 잘 다룰 수 있는 고객층 또는 고객의 부류를 결정하고, 좀 더 확대해서 장사의 방법을 결정하고 그에 적합한 '입지 조건'의 당구장 자리를 찾을 수도 있고, 반대로 좋은 자리를 '목'의 기준에서 선택하고 그 자리에서의 장사 방법을 결정해야 하는 경우도 있습니다.

다시 말해서, 특정한 자리에서의 특정된, 유효한 효과 있는 장사의 방법이 존재한다고 해석해도 좋습니다. 예를 들어 대대 장사를 하기에 좋은 위치가 있고, 중대 장사를 직장인 중심으로 깔끔하게 하기에 좋은 위치가 있고, 늦은 시간까지 동네 사람을 대상으로 하기에 좋은 위치가 있고, 술 마시고 놀던 사람들을 대상으로 장사하기에 좋은 위치가 있습니다. 그리고 각각의 위치에서 효과적인 장사의 방법이 존재하게 됩니다.

지금 자리가 정해진 내 당구장 자리가 '내' 건물이건, 위치가 좋아서건, 자리가 정해졌다면 이제 해야 할 일은 핵심 이용 고객을 분류하고 정의하는 것입니다. 이는 정해진 자리에서의 효과적인, 유효한 장사의 방법을 결정하기 위한 기초가 됩니다.

유흥가 한복판에서 대대 전용 당구장은 좀 어색하죠?

주택가 입구에서 "난 직장인을 대상으로 12시까지만 깔끔하게 장사를 할 거야" 한다면 말이 안 되죠.

가족이 올 수 있는 당구장을 운영해야지 하면서, 술집 즐비한 유흥가의 한복판에 자리를 잡는 것도 문제가 있는 것입니다.

"실장님, 바보가 아닌 이상에 그럴 일이 있겠습니까?"

"네, 있습니다. 아주 많습니다."

창업 현장에서는 상식에서 벗어난 사건 사고들이 참으로 많이 발생합니다. 창업자가 상식선에서 조금만 생각하면 이런 어이없는 사태가 발생되지 않겠죠. 이러한 사건 사고들은 매장의 구성에서도 발생이 되는데 같은 맥락에서 이해하면 됩니다. 말씀드렸듯이 '핵심 이용 고객'을 생각하면 그들의 상황에 맞춘 인테리어의 형태와 수준, 당구대의 구성, 매장의 분위기와 서비스의 형태 등이 결정되게 되죠. 그런데 생각하지 않는 듯 합니다.

자리가 정해졌다면 핵심이용 고객을 분류하고 정의하는 것이 급선무입니다.

한 통의 전화가 왔습니다.

한 번도 통화한 적도 없는 분입니다.

"조실장님이시죠?"

"네."

수화기 건너편에서 한 템포 쉬더니 다짜고짜 이야기를 합니다.

"장사는 잘 되는데 수익이 안 나요!"

"네?"

"당구장이 이렇게 돈이 안 되는 업종인가요?"

"임대료와 관리비가 비싼 거랍니다! 임대계약 전에 안 따져 보셨어요?"

"…"

"그리고, 사장님 당구장에서 잘 된다는 기준이 얼마인지?"

"8대에서 하루 30은 찍어요! 근데 남는 게 없어요. 제 손에 겨우 70만 원?"

"인건비를 무지막지하게 들인 게 아니라면 임대료가 비싸겠군요. 그리고 8대라면 사장님과 아침 저녁으로 파트타임을 쓰는 정도의 인건비가 들어가는 것이 정상적입니다. 그럼에도 월 70만 원이 남았다면 분명 임대료가 비쌀 듯합니다."

"맞아요. 꽤나 비싸죠. 그래도 남을 줄 알았죠. 매출이 더 오를 거라는 기대도 했어요. 그런데…."

"1일 평균 30만 원이면 잘 나오는 거에요. 중심가라고 하더라도 말이죠."

"그래요?"

"네, 올라봐야 5만 원 아니겠어요?"

최근 지방은 물론 서울·경기 외각에 신도시가 들어서면서 당구장들이 많이 들어섰습니다. 그런데 말이죠. 임대 조건이 상상을 초월합니다. 신축건물들이다 보니 관리비도 그에 따라 비쌉니다. 장사는 잘 될 듯한데 말이죠. 사견이지만 '분양'을 받는 것이 정답 아닌가 싶습니다.

3부

당구장
운영 및 실무

01

직원 및 매장관리

당구장 창업을 결심하고 인테리어할 곳과 당구대를 구입할 곳, 그리고 장사를 잘한다는 여러 곳을 둘러보고 알아보는 과정에서 '내가 하고 싶은 것'들을 한 번쯤 정리를 하게 됩니다. 최소한 고객에게 '무엇을 서비스해야겠다', '관리는 어떻게 해야겠다', '시설은 어떻게 해야겠다' 등의 상상을 하게 됩니다. 이 상상은 사실상 창업자가 운영하고자 하는 이상적인 당구장의 모습이죠. 이는 창업자인 내가, 당구장을 손님으로 다니면서 불편해 했던 것과 이런 것이 있으면 더 좋겠다 하는 것들의 표현이기도 하며, 창업자가 손님의 입장에서 생각해 왔던 당구장의 이상적인 형태입니다.

당구장 창업을 결심한 지금 이러한 잠재된 의식들이 '내가 하고 싶은 당구장'의 모습으로 표현되고 있을 것입니다. 그러나 힘든 창업 준비의 과정이 지나고 개업을 앞둔 시점이 되면 처음의 이러한 마음은 어느새 사라지고 주먹구구식의 통상적인 당구장이 되어 버리고 맙니다. 그 이유는 상상했던, 그리고 계획을 했던 것들이 구체화되어 정리되지 못했기 때문입니다. 그 결과 상상했던 서비스와 운영 방법을 구현할 수 없는 당구장이 만

들어졌기 때문일 것입니다. 결국 그저 그런 똑 같은 모양의 당구장이 되었을 확률이 큽니다. 여기에 내가 하고자 하는 운영의 방법을 적용한다고 해도 무의미한 경우가 다반사입니다.

필자가 '직원 및 매장관리'의 장에서 이와 같은 이야기를 꺼내는 데 의아한 독자가 있을 것이라고 생각합니다. 모든 일에는 순서가 있듯이 '직원관리와 매장관리'의 원칙을 세우는 데 있어서 내가 운영할 당구장의 형태와 운영 방식이 직원의 관리와 매장의 관리 방법에 적용되어야 함을 이야기하고자 함입니다. 그리고 이 모든 것들이 가급적 문서화되어 표현되고 실행에 옮겨졌으면 하는 바람입니다. 즉, 창업 초기에 서비스, 당구대 관리, 큐 관리, 시설물 관리, 고객 관리, 근무자의 근무 형태 및 업무 등에 대하여 어느 정도 구체화되어 정리되어야 하며 이를 반영한 인테리어 설계를 통한 구조적 일관성을 갖추어야 창업자가 초기에 설정한 당구장의 효율적인 운영이 가능해집니다.

만약 어쩔 수 없이 처음의 생각과는 다르게 또는 변경되어 당구장의 형태가 이루어졌다면 그에 맞는 직원과 매장관리의 방법이 변경되어야 합니다.

인테리어 편에서 언급했듯이 당구장의 형태와 구조는 내가 운영하고자 하는 당구장의 운영 방식을 결정하게 되며 운영자의 운영 방식에 대한 표현입니다. 더불어 이 결과물은 직원과 매장관리의 방식을 결정하는 중요한 요소가 됩니다. 지금부터 본격적으로 이야기될 것들은 보다 효율적인 영업을 위한 직원과 매장관리에 대한 것들을 이야기합니다. 참고로 이미 일정한 형태의 창업이 이루어진 당구장이라면 제시된 샘플을 이용하여 '나의 당구장'에 최적화된 매뉴얼을 구성하여 반영할 것을 적극 권장합니다.

1. 매뉴얼의 역할

우리가 당구장 운영을 위하여 구성하는 각종 매뉴얼은 '효율적인 당구장의 운영'에 주된 목적이 있습니다. 무언가 정하여진 것들이 없고 표현되지 않은 상태의 운영을 우리는 흔히 '주먹구구식의 운영'이라고 이야기합니다. 예를 들어 손님에게 어떤 서비스를 어느 시점에 어떻게 할 것인지? 청소는 어디를 언제 어떤 방식으로 할 것인지? 계산을 받을 때는 누가 어떻게 받을 것인지 등에 대한 구체적이고 상세한 표현이 메뉴얼입니다. 운영자에 의하여 잘 만들어진 고객서비스, 당구대 관리, 큐 관리, 시설물 관리, 고객 관리, 근무자의 근무 형태 및 업무 등에 관한 매뉴얼은 점주는 물론 직원들에게 명확한 자신의 역할을 인지하게 함으로써 업무 효율을 극대화할 수 있을 것입니다.

당구장 점주 "실장님, 우리 직원은 다 좋은데, 꼭 무엇을 시켜야만 해요! 출근해서 이것 저것 시키는 게 참 답답합니다. 할 일을 알아서 좀 하면 안 되나요~ 답답합니다."

조실장 "애구, 저 아이가 그냥 노는 건 아닐 거에요. 그저 눈치를 보는 듯합니다. 이걸 해야 할지, 말아야 할지 말이죠! 직원이 해야 할 것들을 간단히 정리해서 줘보도록 하죠."

대부분의 당구장에서 아르바이트 직원은 주인의 업무 지시에 따라서 그때그때 일을 하게 됩니다. 정해진 것이 있다면, 손님 오면 인사하고→당구공 주고→음료수 주고의 내용일 것입니다. 여기에 청소를 해야 하는 역할이 주어지죠. 그러나 직원의 입장에서 생각해 보죠. 인사를 할 때는 '어서오세요!'라고 해야 할지, '반갑습니다!'라고 해야 할지 고민이 되죠. "3구 드릴까요? 4구 드릴까요?" 하면 되는데 막상 손님이 오면 입이 벙어리가 되어 머뭇거리기 일쑤죠. 음료를 주면서 "맛있게 드세요" 또는 "필요한 것 있으시면 언제든 말씀하세요"라고 가볍게 건네면 되는데 막상 현실에서는 음료수를 내려 놓고 혹시 손님과 눈이라도 마주칠까 고개를 돌려 카운터로 돌아오기 바쁘죠. 간혹 손님과 눈이라도 마주치거나 질문이라도 받을 때면 어색함과 난감함에 주춤거립니다.

비교적 손님이 없는 한산한 시간에는 소파에 앉아서 좀 쉬고 싶기도 한데 그런 모습이 주인에게는 불만입니다. 손님 없는 시간에 자판기 커피에 물도 확인하고 커피와 종이컵도 채워 넣어두면 좋을 텐데 하는 바람이 있죠. 정 할 게 없으면 걸레 들고 주판알이라도 닦으면 좋을 텐데 말이죠. 그러나 이런 것에 불만을 갖기보다는 아르바이트 직원의 역할과 방법을 매뉴얼에 의해 명확히 해 주어야 합니다. 그리고 남는 시간에 편히 쉬는 것은 휴식으로 인정해 주어야 합니다. 서로 불만을 가질 것도 눈치를 볼 것도 없죠.

창업 초기에 당구대 닦는 것도 서툴던 창업자의 모습을 생각해 보아야 합니다. 아니 우리가 첫 직장 생활을 시작하는 어수룩한 모습을 생각하는 것이 좋겠군요. 책상 앞 PC의 파워스위치를 켜는 것조차도 '이걸 켜도 되나?' 하는 망설임과 두려움, 복사기에 용지를 넣으면서 이면지를 써야 할지 새 종이를 써야 할지 알 수 없는 혼란에 빠졌던 때를 말이죠. 아마도 제 기억엔 '외부 문서 또는 보고용 문서는 새 종이에, 내부 문서 및 개인 문서는 이면지를 활용하도록 하세요'라는 지침이 있었던 것 같습니다. 당구장을 처음 운영하는 점주인 나와 직원의 입장이 똑 같습니다. 모든 것이 새롭고 낯설고 익숙하지 않죠. 너무도 당연한 것도 이게 맞는 건지 아닌지 판단이 서지 않습니다.

창업자 "실장님 당구대는 어떻게 닦아요?"

조실장 "네, 이 천으로 이렇게 문지르거나 쓸 듯이 닦으면 됩니다."

창업자 "음료수에 얼음을 몇 개 정도 넣어야 하나요?"

조실장 "네, 3개에서 4개면 적당하지 않을까요?"

창업자 "손님이 무거운 큐 달라고 하면 어떻게 해야 하죠?"

조실장 "무거운 큐 드리면 되죠. 우리가 미리 무거운 큐를 준비해 놓는다면 이런 경우 더 좋겠죠?"

창업자 "바닥 청소는 며칠에 한 번씩 해야 하나요?"

조실장 "매일 하면 좋죠~ 그러나 다른 할 일도 많으니 이틀에 한 번씩 하는 것으로 하죠."

위의 대화는 창업 초기 창업자와 조실장 사이에서 빈번히 오가는 대화이며, 사실상 너무나 일반적인 이야기입니다. 굳이 저에게 묻지 않아도 이미 창업자가 다 아는 것들입니다. 그러나 새로운 환경에서의 불안감과 확인하고자 하는 마음이 동시에 있기에 오가는 대화들입니다. 만약 이러한 내용들이 구체적으로 해야 할 일, 시간, 목적이 정의된 문서가 있다면 창업자도 직원도 업무를 수행하는 데 있어서 매우 효과적일 것이 분명합니다.

당구장 운영이 처음인 창업자가 당구장 업무 전반에 걸쳐 하나의 매뉴얼을 구성하고 만들어 내는 것이 사실은 어려움이 있습니다. 때문에 기본

틀을 갖고 여러 번의 수정을 거쳐 '내 당구장에 최적화된' 하나의 정형화된 매뉴얼을 완성하게 됩니다. 이 책에서 제시된 매뉴얼을 기본으로 하여 내가 하고자 하는 당구장의 운영 방식을 더하여 적용한다면 훌륭한 매뉴얼이 나올 것이라 생각합니다.

부연 설명을 하면, 손님이 갖는 이미지에 대한 이야기입니다. 당구장뿐만이 아니라 손님의 입장에서는 무언가 일사분란하고 정형화된 직원의 움직임을 통하여 안정감과 함께 신뢰감을 갖게 됩니다. 예를 들어 우리가 자주 이용하는 커피숍을 생각해 보죠. 각각의 브랜드마다 원두커피와 물과 우유와 첨가되는 크림의 양이 정해진 룰에 의하여 들어갈 것이기에 맛의 일정함에 대한 신뢰를 갖습니다. 더불어 비치된 각종 판촉물들과 우리 커피숍에서는 고객을 위해 어떤 서비스를 어떻게 하고 있다는 안내 문구들을 보면서 매장에 대한 기대감과 믿음을 갖곤 합니다. 실제 그들이 이야기하는 '좋은 서비스'를 제공받고 있다는 믿음도 생기며 기대를 하게 되죠. 그리고 그러한 것들을 제공받지 못했을 때 손님은 정당한 합리적인 문제제기를 하기도 합니다. 우리의 당구장도 마찬가지입니다. 정해진 매뉴얼에 의해 공지를 하고 실행을 하는 과정을 통해 정형화된 믿음과 신뢰를, 그리고 고객에게 당구장의 이용 방법 및 준수 사항들에 대해 인지시켜 주기에 충분합니다.

당구장에서 사용되는 매뉴얼의 종류는 〈표 38〉과 같으며 제공된 샘플(〈표 3〉, 〈표 39〉, 〈표 40〉)에서 보듯이 매우 복잡하며 내용이 많습니다. 그러나 매뉴얼의 작성은 구체적이고 세부적일수록 좋습니다. 막상 글로 문서화하면 많아 보이고 복잡하지만 이 모든 것을 말로 설명하고 실행한다고 상상하면 암담하기만 합니다.

종류	구성 내용
서비스 매뉴얼	손님에게 제공되는 서비스의 종류 및 방법에 대한 내용
시설물 관리 매뉴얼	냉난방기, 간판, 환풍기 등의 시설물 관리에 관한 내용
근무자별 매뉴얼	점주를 포함한 근무자별 근무 수칙 및 해야 할 일들에 관한 내용
당구대 관리 매뉴얼	당구대의 성능 관리 및 청결 유지를 위한 내용
큐관리 매뉴얼	당구큐의 성능 관리 및 청결 유지를 위한 내용

2. 직원의 업무교육

정하여진 매뉴얼이 있다면 직원의 관리와 교육은 부연 설명이 필요 없는 정답이 있습니다. 매뉴얼에 정하여진 역할을 수행할 수 있는 교육이 실습 위주로 진행되어야 한다는 것입니다.

필자 역시도 창업 현장에서의 교육은 이론와 함께 실습 위주의 교육을 진행하고 있습니다. 말로만 설명되는 경우는 명확성이 떨어져 실무에서 누락되기 일쑤며, 숙련도에 문제가 발생되며, 손님을 맞이할 때 처음 하는 것과 같은 어색함과 미숙함이 실수로 나타나게 됩니다.

조실장 "자, 모여보세요. 일단 선화는 손님 역할을 하고, 사장님은 직원 역할을 하죠!"

이럴 때면 늘 어색해하죠.

선화(직원) "실장님 이렇게 들어오면 되요?"

"들어오는 것도 물어보니? 그냥 들어오고 싶은 대로 일단 들어와
~^^"

이렇게 어색하게 실습에 들어가고 역할을 수행해 봅니다.
드디어 선화가 당구장 현관을 어색하게 들어옵니다.

점주 "어서 오세요! 3구 드릴까요? 4구 드릴까요?"
선화 "3구 주세요."
점주 "네 알겠습니다"

미리 정해진 대화 내용이 나오자 대답은 하면서도 머리를 긁적이며 점
주님은 어색해하죠.

선화 "아, 여기는 인테리어가 참 좋아요. 누구 아이디어인가요?"

선화의 생각지도 못한 질문에 점주는 당황하고 말문이 닫힙니다. 간혹
손님은 생각하지 못한 이야기를 꺼내는 경우가 있는데 처음엔 머쓱하고
당황스럽죠. 그러나 시간이 지나면 자연스럽게 너스레를 떨기도 하며 건
네온 이야기를 되받아 새로운 주제로 손님과의 이야기를 자연스럽게 이
끌어가게 되니 걱정하지 않아도 될 일입니다.

조실장 "그럴 땐 잠깐 자랑을 하셔도 좋아요~ 그리고 정하여진 멘트를 하
시면 됩니다."

점주님 "아, 감사합니다. 음료수는 어떤 것으로 드릴까요? 메뉴판에서 골라
　　　주시면 됩니다."
선화 "전 시원한 콜라로 주세요."

잠시 후, 음료를 담은 쟁반과 함께 점주님이 당구대로 다가섭니다.

"맛있게 드세요. 더 필요하신 것이 있으시면 말씀해 주세요."

　이렇게 어색한 모습으로 역할을 바꾸어 가며 실습을 할 때면 왁자지껄
한바탕 웃음이 터지기도 합니다. 처음 해보는 것이기에 당연히 어색하고
서로의 그런 모습에 당황해하기도 합니다. 그럼에도 불구하고 이렇듯 실
습을 해보아야 하는 이유는 손님을 맞이하는 순간은 실전이기 때문입니
다. 실습의 과정에서는 실수를 해도 어색해도 한 번 웃고 다시 해보면 그
만이지만 실전은 다르죠.
　큐 관리, 고객 관리, 접객 방법, 시설물 관리 등에 대한 모든 것들을 직접
시연하고 실습하면서 교육을 진행하는 것이 원칙입니다. 직원 없이 나 혼자
당구장을 운영하는 경우에도 마찬가지입니다. 점주의 입장에서 직원이 일
하는 방식에 대한 불만은 대부분 '그의 일하는 방식'이 나와 맞지 않기 때문
입니다. 그것이 잘못된 것이든 잘된 것이든 중요한 게 아니죠. 점주인 내가 정
하여 놓은 방식과 맞는가, 안 맞는가의 문제입니다. 그렇기 때문에 모든 것
을 시연과 실습을 통하여 숙달하도록 한다면 직원과의 불필요한 마찰을 피
할 수 있습니다. 상황에 따라서는 직원의 효율적인 업무 개선의 의견을 받
아들여야 할 때도 있지만 그것도 원칙의 수행 이후의 개선이 되어야 합니다.

당구장의 주인의 경우에도 마찬가지입니다. 때로는 우리는 '내가 편한 방법'을 '업무의 개선'이라는 이름으로 고객을 생각하지 않고 일방적인 편의를 추구하여 간소화시켜 버리기도 합니다.

개선이란 실행의 결과가 같거나 상승한다는 가정하에서의 방법의 변경을 통하여 효율을 높여야 하는 것인데, 간혹 업무 편의만을 생각하는 경우가 있는 듯합니다. 예를 들어, 청소의 주기를 늘린다든지, 유리컵을 작은 플라스틱 컵으로 바꾼다든지, 그때그때 손질하던 큐 팁의 손질을 하루 두 번으로 바꾼다든지 하는 것들이 대표적입니다.

또 하나 중요한 것은 점주인 '내가' 직원에게 맡길 모든 업무에 대한 숙달이 반드시 필요합니다. '알아야 면장도 한다'라는 말이 있듯이 점주인 내가 최고의 실력자가 되어 있어야 업무 지시와 관리에 효율적이게 됩니다. 특히 큐 관리와 당구대 관리와 접객(손님 응대)에 있어서만큼은 내 당구장에서 최고의 실력자가 되어 있어야 함을 당부드립니다.

3. 직원의 채용

인테리어 공사가 완료될 시점이 되면 대부분 창업자의 머릿속에는 실질적인 운영에 관한 궁금증이 머릿속을 가득 메우게 되죠. 사실 필자의 경우 또는 준비가 잘된 창업자의 경우는 이미 창업 초기에 실전 운영에 관한 여러 가지 사항들이 정리가 완료되어 있기 때문에 이 시점에는 세부적인 것들의 준비에 들어가게 됩니다. 그러나 보통의 창업자는 이 시기에 인테리어 공사의 피로함과 더불어 실제적인 운영 방법을 고민하면서 가장 예민하고 날카로워져 있죠. 그 고민들 중 가장 직면한 것이 바로 직원의 채용입니다.

- ◆어떤 역할을 하는 직원을 뽑아야 할까?

- ◆나이는 몇 살이 좋을까?

- ◆근무시간은 몇 시부터 몇 시까지 할까?

- ◆프로 당구선수를 관리자로 채용하면 효과가 있을까?

- ◆예쁜 여직원을 채용할까?

- ◆시간당 급여는 얼마를 줘야 하지?

등입니다.

직원을 뽑기 위한 갖가지 생각들로 머리가 지끈하죠. 선택도 잘 안 되죠. 그도 그럴 것이 아직 당구장을 운영해 본 경험이 없기에 어느 시점에 어떤 역할을 하는 사람이 필요할지도 모르고, 정작 점주인 '나'의 업무마저도 모르거나 익숙하지 않기 때문입니다. 그리고 타 업종의 장사를 해보았다고 하더라도 당구장이라는 업종의 장사는 처음이니 서툴고 내가 생각하는 것들이 맞는 것인지 아닌지를 고민하는 것이 당연합니다.

간혹 필자는 다음 대화와 같은 다소 황당한 질문을 받기도 합니다. 창업자의 입장에서는 최소의 비용을 생각한 발상이지만 현실적으로는 채용이 불가능하다고 보아야 하죠.

창업자 "실장님 아르바이트 직원의 근무시간을 5시부터 9시까지 하면 될까요?"

조실장 "흠. 반대입니다. 최소 6시간 이상은 근무시간을 보장해 주어야 하지 않을까요? 일하러 와서 돈 버는 재미가 있어야 일을 하죠^^ 4시간은 아마 차비하면 남는 게 없을 거에요"

지금부터 제시하는 순서대로 직원의 채용을 생각해 본다면 무리가 없을 듯합니다.

[당구장의 영업 시간 설정→점주인 나의 근무 가능 시간의 설정→점주인 나의 당구장에서의 역할 설정→아르바이트 직원의 역할 설정]의 순서대로 정리한다면 필요한 인력의 형태와 근무 시간은 자연스럽게 나올 것입니다.

다음은 인력 채용과 관련한 대표적인 질문과 답변의 사례입니다. 참고하여 직원 채용에 활용하시길 바랍니다.

Q: 보통 시급을 얼마나 주나요?

A: 12시간 근무기준으로 시급 7,000원 정도입니다. 밥은 당연히 사주는 것이 좋습니다.

Q: 15대 당구장인데, 프로선수를 관리자로 채용할까 하는데요? 괜찮을까요?

A: 당구장을 총 관리하는 관리자보다는 '특수 목적'을 부여하는 형태로 채용하는 것이 좋습니다. 정기전, 공식시합 등의 참가로 인하여 업무 공백이 많아질 수 있기 때문이며, '장사'라는 개념으로 볼 때도 관리자적인 면이 우수한 인력을 채용하는 것이 바람직합니다.

Q: 직원의 복장은 어떻게 규정하는 게 좋을까요?

A: 깔끔한 정도의 복장이면 좋습니다. 직원들에게 통일된 셔츠나 티를 제공하고 이름표 하나를 부착하는 것도 좋습니다. 간혹 반바지를 입고 근

무하는 점주와 직원을 보곤 하는데요. 가장 부적절한 사례라고 할 수 있습니다.

Q: 여직원을 어느 시점에 투입시키는 것이 좋을까요? 그리고 역할은 어느 정도로?

A: 역할에 따라서 5시에서 11시까지가 적당하다고 생각합니다. 주로 피크타임의 보조적인 서비스 역할을 담당하게 하는 것이 바람직합니다. 간혹 여직원이 당구대를 닦는 모습을 보곤 하는데 좋은 형태의 근무 방식은 아닌 듯합니다.

Q: 저녁 장사를 직원에게만 맡겨두어도 괜찮을까요?

A: 반대입니다. 상권을 막론하고 저녁 6시부터 10까지는 반드시 점주가 장사 전체를 진두 지휘하고 적극적인 접객을 하는 것이 바람직합니다.

Q: 배우자가 장사를 좀 도우려고 하는데요. 어때요?

A: 남보다는 낫겠죠. 다만, 남을 시키는 것이 정하여 놓은 운영상의 원칙을 지키기에는 좋을 것 같습니다.

Q: 곧 개업인데 직원은 언제부터 출근을 시킬까요?

A: 개업식 이전 당구장을 준비하는 과정을 함께 하는 것은 어떨까요? 개업 일주일 전쯤부터 출근을 시킨다면 함께 만들어가는 당구장이기에 더 애착을 갖지 않을까 합니다.

Q: 쭉쭉 빵빵한 여직원을 채용할거에요. 효과 있겠죠?

A: 글쎄요. 좋은 성공사례들은 많습니다. 다만 높은 인건비와 지속적인 서비스에 대한 부분은 생각해 보아야 할 문제입니다.

Q: 주말 아르바이트는 어떻게 활용하는 것이 좋을까요?

A: 토요일과 일요일 또는 상권에 따라서 가장 한가한 날을 하루 이틀 정도 정하면 무리가 없습니다. 저의 경우, 주말 아르바이트의 근무 시간 보장을 위해서 기존 인력과 함께 토요일을 저녁 근무를, 일요일은 혼자서 FULL근무를 시켰습니다.

Q: 점주인 나는 한 달에 몇 번? 언제 쉬는 게 좋을까요?

A: 일요일 또는 상권에 따라서 가장 한가한 날을 정해서 일주일에 하루 정도는 푹 쉬는 게 좋습니다. 물론 마음은 당구장에 있을 게 분명합니다.

Q: 아르바이트는 당구 잘 치는 사람이 좋을까요?

A: 성실한 사람이면 됩니다. 굳이 당구를 잘 친다거나 할 필요는 없습니다. 저의 경우 당구를 아예 칠 줄 모르는 직원을 채용했습니다. 물론 당구를 잘 친다는 것이 유리한 측면이 없는 것은 아니지만 관리적인 입장에서 보면 그저 선택 사항일 뿐입니다.

4. 매장관리를 위한 각종 매뉴얼 샘플

제공되는 샘플은 10대 이하의 당구장에서 운영하는 기준으로 작성되었으며 점주의 주도적인 운영을 가정하여 작성되었습니다. 다른 운영 방식의 매뉴얼이 필요하신 독자분과 본 매뉴얼의 원본 파일이 필요하신 분은 www.abbi.co.kr의 연구자료실을 이용하여 다운 받아서 참고하시기 바랍니다.

〈표 39〉 시설물 관리 매뉴얼

당구대 관리		
점검 사항	점검 주기	조치 사항
당구대 상부 진공청소는 하였는가?	매일	
당구대 바닥 물걸레 청소는 하였는가?	매일	
당구대 상부 목재부분에 이물질이나 먼지는 없는가?	영업 중 수시로	
당구대 하부에 이물질이나 먼지는 없는가?	주 1회	
당구대 밑 바닥에 이물질이나 먼지는 없는가?	주 1회	
당구대가 시스템에 맞게 공의 구름을 갖는가?	매일	

당구큐 관리		
점검 사항	점검 주기	조치 사항
큐손질 상태는 양호한가?		
큐의 팁 높이는 적당한가?	매일 밤	
상대는 물걸레로 얼룩 없게 잘 닦여 있는가?	손님 사용 직후	
하대는 물걸레로 얼룩 없게 잘 닦여 있는가?	손님 사용 직후	
팁의 상태는 손질된 상태로 양호한가?	손님 사용 직후	
손질되지 않은 큐가 꽂혀 있지는 않는가?	수시	
중골 또는 말골의 파손은 없는가?	오픈 전	
하대의 고무패킹이 빠진 것은 없는가?	오픈 전	

* 당구큐는 손님이 사용후, 점검/조치하는 것을 원칙으로 한다.

쵸크 관리

점검 사항	점검 주기	조치 사항
쵸크의 테두리 종이는 양호하게 붙어 있는가?	오픈 전	
쵸크의 구멍이 깊지는 않은가?	오픈 전	
쵸크가 깨진 것은 없는가?	오픈 전	

세면장 관리

점검 사항	점검 주기	조치 사항
세면기에 물때는 없는가?	수시	
물비누 상태는 30% 이상 채워져 있는가?	근무자 교대시	
고체비누 상태는 50% 이상 남아 있는가?	근무자 교대시	
헨드크림의 양	근무자 교대시	
빗 비치 유무	근무자 교대시	
물은 잘 빠지는가?	근무자 교대시	
거울은 깨끗한가?	근무자 교대시	
세면장 바닥은 깨끗한가?	근무자 교대시	
페이퍼 타월의 양은 양호한가?	근무자 교대시	

주판대 관리

점검 사항	점검 주기	조치 사항
주판대 알 사이의 먼지는 없는가?	오픈 전	
주판대 유리의 얼룩은 없는가?	오픈 전	
주판대에 비치된 홍보물은 제자리에 잘 있는가?	수시	

카운터/바(Bar) 관리

점검 사항	점검 주기	조치 사항
당구장용 컴퓨터의 작동은 원활한가?	오픈 전	
대대용 전자식 주판대는 정상인가?	오픈 전	
카운터 주변에 음식물 및 컵은 없는가?	수시	
카운터 주변에 재떨이는 없는가?	수시	
바 상부에 얼룩이나 먼지는 없는가?	수시	
바 내부에 정리정돈은 양호한가?	수시	
바에 비치된 컵은 먼지가 들어가지 않게 정돈되어 있는가?	수시	

〈표 40〉 근무자 매뉴얼: 주간 근무자 업무

*주간 근무자는 OPEN 이후 기본업무와 함께 손님접객을 동시에 한다.

업무 내용	시간	주기
출근	10시30분	매일
장부 확인/은행입금/잔돈교환	10시30분	매일

출근과 동시에 장부와 시제를 확인하고 서명한다. 오류시 오류내용을 기입한다.

만 원, 천 원, 오백 원권의 잔돈을 교환한다.

매장 OPEN	11시	매일
환풍기 전체가동 (30분)	오전(中)	매일
창문 전체를 개방하고 환기	오전(中)	매일
당구대 상판 물걸레 청소	오전(中)	매일
주판대 물걸레 청소	오전(中)	매일
주판알 정상 셋팅 확인	오전(中)	매일 아침 (및 손님 퇴장 후)
바 및 카운터 정리정돈 확인	오전(中)	10시, 12시, 4시, 퇴근 전 (및 수시 확인)
복도 유리창 닦기	오전(中)	주 2회 (월, 목)
내부 유리 닦기	오전(中)	매일
SELF BAR 비치품, 자판기 점검 및 채우기	오전(中)	10시, 12시, 4시, 퇴근 전 (및 수시 확인)
바닥카펫트 진공 청소	오전(中)	매일
바닥타일 물걸레 청소	오전(中)	매일
냉녹차 물통 만들기(저녁장 사용)	오후 3시~	매일
서비스 음료 재고 확인 및 주문	오후 3시~	월, 수, 금
얼음 만들기(저녁장 사용)	오후 3시~	매일
퇴근 준비	4시 30분	
내부손님 추가음료 주문 확인 및 음료서빙		
싱크대 확인후, 컵 닦기		
주판대 및 바의 정리정돈		
SELF BAR 비치품 점검 및 채우기		
매장 내부 손님께 퇴근 인사	오후 5시	
퇴근	오후 5시	

〈표 41〉 근무자 매뉴얼: 야간 근무자 업무(점주) 1

업무 내용	시간	주기
출근	오후 4시	매일
매장 내 손님에게 인사하기	출근 직후	매일
장부 및 오전 영업매출 확인		매일
오전 근무자 업무 내용의 점검 및 특이사항 확인		매일
간판 불켜기, 외부 X베너 상태 확인	5시	매일
블라인드 오픈	일몰시	매일
영업 중 점주가 해야 할 일		
1. 당구대 초기화 셋팅		
당구공, 당구큐 수거 및 당구대 청소	게임종료 직후	
주판대 정리 (주판알, 쵸크, 메뉴판)	게임종료 직후	
손질된 큐 셋팅	게임종료 직후	
당구대 천 상태 확인	게임종료 직후	
* 손님이 사용한 큐는 반드시 수거하여 큐공방에 보관 후 손질한다.		
2. 고객 배웅		
계산 후, 엘리베이터 배웅 후 인사	계산완료 후	
* 엘리베이터까지 배웅하는 것을 원칙으로 하되, 매장 내 직원이 없는 경우는 현관배웅		
3. 영업 중의 점검 및 조치		
세면장 청결상태 점검 및 조치		수시로
SELF BAR 서비스 품목 확인	5시	수시로
커피자판기 내용물 확인 및 조치	5시	
영업 마감 중 점주가 해야 할 일		
일일정산		
당구대 진공청소	1시 이후	매일
당구대 코팅		주 1회 또는 2회(중대만)
큐 손질		매일
세면장 청소	1시 이후	매일
쓰레기 청소 및 분리수거	1시 이후	매일

* 당구대 진공청소는 새벽 1시를 기준으로 하되, 소님이 있는 경우는 구획을 나누어 손님의 양해를 구하고 진공청소기를 가동한다.

〈표 42〉 근무자 매뉴얼: 야간 근무자 업무(점주) 2

업무 내용	시간	주기
출근	오후 4시	매일
매장 내 손님에게 인사하기	출근 직후	매일
오전 근무자와 카운터 인수인계		매일
타임서비스 준비(과일, 삶은계란, 컵라면)		매일

* 과일과 계란은 적당량을 준비하여 냉장고에 비치하는 것을 원칙으로 한다.

영업 중 점주가 해야 할 일

1. 서비스 음료의 주문 및 서빙

음료 주문접수 및 서빙	게임시작 전	당구공 제공 직후
추가 음료의 권유 및 서빙	게임 중	손님의 컵 상태를 확인 후.

2. 게임비 정산

게임비를 미리 확인 후, 고객의 눈을 보면 금액을 이야기한다.

* 게임비는 500단위로 버림을 사용한다.

* 게임비의 정산은 여직원이 하는 것을 원칙으로 하며, 부재시 점주가 한다.

* 정산 후 고객의 퇴장시, "안녕히 가세요" 또는 "감사합니다. 또 오세요"라는 말을 건넨다.

3. 고객 배웅	계산완료 후	매일

점주 부재시, 현관배웅을 원칙으로 히며, 큰 소리로 "안녕히 가세요" 또는 "또 오세요"라고 인사한다.

4. 설거지 및 주방 정리정돈

컵, 접시, 물통 등의 설거지 및 정리정돈	수시로	매일

* 컵의 설거지는 계산과 겹치지 않도록 가급적 수시로 하며, 설거지 중에는 점주가 계산을 받도록 한다.

5. 주판대 정리정돈

주판알, 메뉴판을 셋팅한다.	게임종료 후	매일

* 게임종료 후와 수시로 주판대의 알판과 메뉴판의 정리정돈 상태를 확인하고, 조치를 취한다.

'가급적'이라는 표현이 맞겠군요. '당구선수, 가급적 관리자로 쓰지 마라'라고 말이죠. 사실 당구선수들 중에서도 아주 성실하게 특출나게 장사를 잘하는 분들이 있습니다. 제가 아는 분들도 몇몇 분 계시군요. 그럼에도 굳이 이렇게 이야기하는 이유는 15대 이하의 중소형 당구장에서는 실제로 '일하는 사람'이 필요한 것이지 '관리자'가 필요한 것이 아니기 때문입니다.

"당구선수 중에 성실한 분, 한 명 추천해 주세요!"

"어디에 쓰게요? 당구대 청소? 아님 당구강의 같은 것을 하려구요?"

"아니 그건 아니고, 당구선수가 일을 하고 있으면 여러모로 좋지 않을까요? 일도 하면서 손님들에게 당구도 가르쳐 주고 말이죠. 그리고 당구장에 대하여 잘 알 테니까 제게도 도움이 되지 않을까요?"

"흠~ 둘 중에 하나는 포기하시는 게 좋을 거에요. 일할 사람을 뽑는다면 그야 당구선수가 아니더라도 성실한 사람을 찾으면 되는 거니까요. 그리고 저는 관리자는 사장님이 되어야 한다고 생각합니다. 당구선수가 관리자로서 능력을 발휘할 만한 규모의 당구장도 아니잖습니까?"

"…"

"우리가 20대 정도 규모의 당구장이라면 찬성합니다. 당구선수가 직원들 관리도 하고 고객 관리도 하면서 전체를 원활하게 이끌어갈 수 있는 장사를 하면 되니까요. 그런데 우리는 10대여요. 그가 능력을 발휘할 규모가 안 됩니다. 사장님이 당구대라도 닦을 때 당구선수인 관리자가 당구치고 있는 편하게 모습을 볼 수 있으시겠어요? 손님과 치던, 혼자 연습을 하던 말이죠!"

　당구선수가 정말 능력을 발휘하는 당구장의 형태를 굳이 정의하자면, 12대 이상의 대형 규모에서 국제경기용 당구대가 최소한 2대 이상 있을 때입니다. 능력을 발휘할 환경이 안 되는 상황에서 채용을 해봐야 오래 버티지도 못합니다. 서로에게 시간 낭비, 능력 낭비일 뿐입니다.

　솔직히, 환경이 된다고 하더라도 저는 반대입니다. 당구장의 최종 관리자가 꼭 당구를 잘 쳐야 한다는 것은 잘못된 생각입니다. 당구장을 장사라는 큰 개념에서 생각하면 분명 이해가 될 것이라 생각합니다.

　장사 잘하는 관리자가 필요한 것이지, 당구 잘 치는 관리자가 필요한 것이 절대 아닙니다.

저녁 6시.

아르바이트 경력 3년차인 난 오늘 당구장으로 첫 출근을 한다. 지금까지 편의점, PC방, 노래방 등등 갖가지 아르바이트를 해 왔기 때문에 당구장 일 정도는 식은 죽 먹기보다 쉽다.

면접을 볼 때 난 당구장을 어느 정도 파악했다.

중대가 10대가 있다. 손님은 그럭저럭 있는 것 같은데 아주 바빠 보이지는 않는다. 주인은 카운터에서 잘 움직이질 않는다. 내가 면접을 본 시간이 8시쯤 되었으니 아마도 하루 종일 서서 일한 탓에 움직임이 꽤나 둔해진 듯했다. 손님이 나갔는데도 당구대를 치우지를 않는다. 이미 한 대의 당구대에는 당구공과 먹다 남은 음료수 잔이 어지럽게 널려 있었다.

"일이 편할지도 모르겠다!"

난 면접을 기다리며 그렇게 생각하고 혼잣말을 했다.

"당구장 일은 해봤어요?"

"아뇨, 처음입니다. 그러나 열심히 잘할 자신이 있습니다."

"그래? 오래 근무할 수 있지요?"

"그럼요!"

그렇게 나의 첫 출근 날이 결정되고 드디어 오늘 난 첫 출근을 했다.

인사를 하고 당구장에 들어서니, 사장님이 반갑게 맞이하며 잠시 앉아서 대기를 지시한다.

"잠깐만 기다려, 내가 천천히 일을 가르쳐 줄게."

"네, 사장님."

잠시 뒤, 초록색 모포와 물걸레를 들고 온 사장님이 당구대 닦는 방법을 가르쳐 준다. 그리고 주방으로 안내를 하더니 음료수의 위치와 컵의 위치를 가르쳐 준다.

"사장님, 제가 할 일은 당구대 닦고, 음료수 가져다 주면 되는 거죠?"

"그래! 맞아! 음~ 그리고 당구장 청소도 간간히 하면 돼~."

"네, 알겠습니다."

그렇게 며칠이 지났다.

오늘따라 손님이 유독 없다. 심심하기 그지없다. 그렇다고 전화기를 만지작거리거나 다리 펴고 소파에 앉아 쉬기는 마음이 불편하다. 그렇다고 내가 할 일이 마땅히 없다. 눈치만 보인다. 사장님은 카운터에서 '퐁퐁'소리를 내며 무언가 게임에 열심이다.

'때구르르~' 난 3구공 하나를 집어 당구대에 굴리고는 당구 큐대를 집어들었다. 그때였다.

"이봐~ 청소 좀 해! 공 굴리지 말고!"

"네."

난 시무룩하게 걸레를 들고 당구대로 향했다. 나의 업무는 당구대를 닦는 것이니까 당구대를 다시 한 번 닦기로 했다. 그런데 저 멀리 카운터에서 짜증스런 목소리가 들린다.

"이봐! 당구대 말고, 바닥이나 좀 물걸레로 닦아. 그리고 주판알 면지도 좀 닦고.”

“예? 어떻게 청소해야 하는지 모르겠는데요.”

“아, 그것도 몰라? 꼭 가르쳐야 하니? 말 안 한 건 할 줄도 몰라?”

“…”

매우 짜증스런 사장님의 잔소리에 이내 화가 난다. ‘좀 가르쳐 주든지, 네가 언제 이런 것까지 하라고 한 적 있니? 괜한 짜증이야’라고 푸념을 했다. 내가 기억하는 건 당구대 닦고, 음료수 주고, 간간히 청소하라는 이야기만 들었을 뿐이다. 그런데 왜? 내게? 화를? 짜증을?

그렇게 시작된 나의 일은 당구대 닦고, 음료수 주고, 설거지 하고, 바닥을 닦고, 주판알의 먼지를 닦고, 저녁에 간판을 켜고, 큐 닦고, 손님에게 계산 받고, 수시로 휴지 줍고, 음료 주문하고, 쓰레기 비우고, 분리 수거 하고 등등. 하도 할 일이 많이 늘어나서 순서도 없다. 그냥 그때그때 사장님이 시키는 대로만 한다.

여전히 지금도 사장님께 욕을 먹는다.

“야, 넌 꼭 시켜야 하니? 알아서 하면 안 되니?”

그럴 때면, 난 늘 혼잣말을 중얼거린다. 사장님이 들리지 않을 정도로.

“저 순서 좀 정해 주시고, 할 일 좀 명확히 해 주세요. 제발 그때그때 말씀하시지 마시고!”

누군가에게 일을 가르친다는 것은 룰(rule)이 정확해야 합니다. 즉, 일 머리가 정확하게 잡혀 있어야 남을 시켜도 정확하게 업무가 완수됩니다. 완수되지 못한 업무에 대하여서는 무어라 질책도 정당하게 할 수가 있습니다. 혹시 당구장을 운영하고 계시는 중이라면 당구장의 업무 전반에 걸친 업무 FLOW(운영 매뉴얼)가 있으신가요? 그냥 머릿속에 있나요? 아니면 없나요?

없다면 지금 당장이라도 만들어보세요. 미처 내가 생각하지 못한 업무들이 있을 것이고, 어느 날 우연히 발견된 그 미비점을 아르바이트의 불성실함으로 돌려버릴지도 모른답니다.

　오늘따라 유독 손님도 없는데, 저기 앉아서 쉬고 있는 아르바이트 녀석이 꼴보기가 싫군요. 아무래도 한 마디 해야겠어요.

　"명진아! 바닥이라도 좀 쓸어라!"

　이 녀석 너무나 해맑은 얼굴로 대답을 합니다.

　"사장님, 좀 전에 깨끗이 쓸고 그리고 물걸레로 빡빡 닦았어요~. 하하하."

　"그래? 흠 그럼 당구대 위에 먼지라도 좀 작은 진공청소기로 빨아내라~."

　오늘은 아무래도 이 녀석 일 좀 많이 시켜야겠어요. 사실 일 하나는 정확하게 잘하는 녀석이라 평소엔 별로 나무랄 일도 없지만, 오늘은 유독 손님이 없으니 내 스트레스라도 이 녀석에게 풀어야겠어요.

　"그리고 말이지, 음료 떨어진 것은 채워 넣었니? 아 참! 출입구 계단도 한번 쓸고 닦도록 해!"

　"네, 사장님."

　여전히 해맑게 웃으며 이것저것 분주하게 움직입니다.

　한참을 땀 흘리게 임무를 완수하고 돌아온 명진이가 이마의 땀을 닦고, 두 손을 공손히 지퍼 앞으로 포개고는 허리를 약간 숙인 자세로 제게 한 마디 합니다.

　"사장님, 이제 잠깐 담배 한 대 피우고 아주 조금만 쉬어도 되죠?"

　"…"

　"사장님, 스트레스 받으실 땐 언제든 제게 푸세요. 하하하."

"이 녀석! 그래 쉬어라 쉬어! 하하하."

녀석을 미워할 수가 없습니다. 늘 자기 할 일 다 하고도 나의 잔소리에 언제나 유쾌한 웃음으로 받아주는 녀석이 오래오래 함께 해 주길 바라는 마음입니다.

"명진아! 오늘 야식은 족발에 소주 한잔 하자! 그리고 휴식시간엔 일 안 시킬게. 하하하."

"네, 하하하. 신경 안 쓰시게 알아서 잘 하겠습니다!"

조언

때로는 함께 일하는 직원에게 말도 안 되는 짜증을 부리기도 하며, 푸념을 늘어놓기도 합니다. 사실 당구장에서는 주인인 '나'와 직원인 '너' 빼면 모두가 손님이기에 둘은 또는 셋은 식구 같은 존재입니다. 함께 기쁘기도 하고 슬프기도 하고 말이죠. 그래서 가끔은 이런 억지가 생기기도 한답니다.

당구장에서 대표적으로 전기를 많이 먹는 것이 환풍기(덕트시설)입니다. 물론 냉난방기와 당구대 등기구도 만만치가 않죠. 다만 당구대 등기구는 최근 LED로 교체가 되는 추세라 전기요금이 많이 절감이 되었습니다.

"실장님, 한달 전기요금이 80만 원이 나왔어요. 이거 아낄 수 있는 방법이 좀 없을까요?"

"음~ 우리 환기시설이 스위치가 배기 2개, 흡기 1개잖아요. 이걸 동시에 하루 종일 틀면 전기세가 어마어마해져요. 그러니 손님의 상황에 맞추어 조절하면서 틀도록 하죠. 그럼 많이 줄어들 거랍니다."

"아, 그래요?"

"네. 그리고 냉난방도 좀 더 효율적으로 활용이 될 거에요."

"…?"

"환풍기 모두 틀고, 에어컨 모두 가동하면 공기가 많이 빨려나가게 되니까 에어컨이 늘 풀로 돌게 되죠."

"아, 그렇겠군요. 그런데 실장님, 손님이 많을 때는 사실 에어컨도 환풍기도 풀로 가동을 해야 할 것 같은데 그때는 어떻게 하는 게 좋을까요?"

"방법 없습니다. 하하하. 다만 한 시간에 한 번 정도 또는 내부 공기의 담배연기를 보고 창문을 잠시 개방하여 환기를 시키는 것도 좋을 것 같아요. 물론 손님에게 환기를 한다고 양해를 구하면 더 좋겠죠~"

실제 당구장 운영 현장에서는 환기 시설의 활용에 많은 고민들을 하게 됩니다. 환기 시설을 모두 가동하자니 냉난방에 문제가 생기고, 그렇다고 환기를 줄이자니 담배연기가 꽉 차고 말이죠. 인공지능 공조 시설이라도 되어 있으면 모를까 환기 시설의 효율적인 가동은 점주인 내가 늘 신경을 쓸 수밖에 없습니다. 아마도 최소한 10%의 전기요금은 절약이 될 것이 분명합니다.

개업을 하고 한 달 만에 M ** 당구장을 방문했습니다.

간간히 점주와의 전화를 통하여 당구장의 소식을 들어왔기 때문에 비교적 편안한 마음으로 방문을 했죠.

"조실장, 오늘은 대낮부터 손님이 들어차네. 이 동네 참 도깨비 같아! 밖에는 아무리 봐도 사람 하나 없는데 말이지. 이 시간에 당구장이 풀로 차니 말이야~."

"신도시가 좀 그래요. 더 지켜봐야 알겠지만 초반 페이스가 좋네요. 하하하."

"그렇지? 좀 더 지켜 봐야겠지? 여하튼 손님이 많으니 좋아. 이 상태로만 계속되면 정말 좋겠어."

이삼 일에 한 번은 이런 식의 통화를 하는데, 주로 낮부터 손님이 들어차는 날이면 전화와 메시지로 당구장의 매출 상황을 알려주곤 한답니다. (사실은 자랑을 하시는 거죠. '나 이렇게 잘하고 있으니 걱정하지마!'라고 말이죠.)

당구장 문을 열고 들어가니 사장님과 아르바이트생이 반갑게 맞이합니다. 유독 밝은 얼굴에 마음에 안도감이 생깁니다.

"안녕하셨어요!"

"아, 조실장 연락도 없이 웬일이야? 지금 한 참 바쁜데. 하하하. 차한 잔 해야지?"

"아, 아니요. 제가 알아서 먹을게요."

그렇게 빨간색 커피자판기의 믹스커피를 한 잔 누르고는 주방을 바라보았습니다. 어, 근데 못 보던 컵들이 즐비하게 있는 겁니다. 당구대의 테이블을 보니 줄무늬가 음양으로 새겨진 크리스털 모양의 플라스틱 컵에 음료들이 따라져 있습니다.

그래도 다행인 건 그 컵이 그다지 싸구려 컵으로 보이진 않았고, 다행스럽게도 얼음이 대여섯 개쯤 들어가도 충분한 음료가 들어갈 만한 큰 컵입니다.

"사장님 컵을 바꾸었네요?"

갑작스런 질문에도 조실장 네가 그 질문을 할 줄 알았다는 듯이 태연하면서도 어색한 눈빛으로 사장님이

"응, 아르바이트가 여자 아이잖아. 너무 무거워하는 것 같아서 지켜보다가 바꾸었어."

"아, 그래도 손님들 불만이 조금은 있을 것 같은데요? 초기 세팅을 한 달도 안 되어서 바꾼다는 것이 조금은 부담스럽기도 합니다. 우리의 초기 모델은 '고급화', '마실 만한 음료의 제공'에 있었으니까요. 보여지는 것도 정말 중요하다고 우리가 의견을 모았기에 불편함을 감수하고 유리컵을 선택했다는 것을 있으셨는지요?"

"그렇지. 그래서 나도 고민을 많이 했어. 그래서 선택한 것이 그나마 우리의 설정을 헤치지 않는 범위에서의 컵을 구비한 거야. 그리고 손님이 많고 설거지가 많다 보니, 조심성이 부족해서인지 잘 깨져서 말이지."

"아, 그랬군요. 그래도 전 좀 반대입니다. 운영은 사장님이 하시는 것

이지만, 최소한 3개월은, 즉 계절이 바뀌기 전까지는 유지를 하면서 계절이 바뀔 때 음료도 바뀌니 자연스럽게 대체하는 것이 어떨까요?”

“음… 생각해 볼게.”

그렇게 간단한 조언과 의견을 나누고 오랜만에 당구 한 게임 하고는 다시 연구실로 돌아왔습니다. 그런데 말이죠. 제 잔소리가 듣기 좀 그러셨는지 제 테이블의 음료는 투명한 유리컵에 얼음을 가득 채우고는 거품이 가득한 시원한 콜라를 주십니다.

“만족해? 조실장님!”

“네, 하하하.”

사실 유리컵이 무겁긴 무겁죠. 그리고 바쁜 와중에 설거지를 한꺼번에 하다 보면 잘 깨지기도 합니다. 당구장에서 음료를 제공하는 방법은 다양합니다. 때로는 커피숍에서 사용하는 테이크 아웃(Take Out)이 가능한 컵을 사용하기도 하며, 때로는 플라스틱 컵을 사용하기도 하며, 때로는 유리컵을 사용하기도 하며, 때로는 캔음료를 제공하기도 하죠.

무엇이 정답이라 할 수 없는 서비스의 방법입니다. 그러나 분명한 것은 ‘내가 먹는다’ 생각하고 그 기준에서 만족도가 높은 방법을 선택한다면 분명 옳은 방법일 것이라 생각합니다.

손님이 저기 8번 당구장에서 나를 봅니다. 한 번 눈을 피해 봅니다. 잠시 뒤 그 눈빛이 마음에 걸려 8번 당구대를 향해 곁눈질을 해 봅니다. 손님도 나를 슬쩍 바라보는 눈길을 느낍니다.

이럴 땐 어떡해야 하지? 고민이다. 계속 쳐다볼 수도 없고, 무시할 수도 없고.

그래서 조실장에게 문자를 보냈다.

"조실장님, 손님이 자꾸 쳐다봐요! 어떻게 해야 하죠?"

그의 답이 너무나 간결하다.

"일단 줄 들고 8번 당구대로 가서, '뭐 필요한 거 있으세요? 손님!' 하세요!"

"줄은 왜?"

"그냥이요. 혹시 큐 팁 손질이 필요할 수도 있으니까요. 음료를 달라는 것일 수도 있고 말이죠. 그냥 들고 가는 거죠. 하하하."

난 줄을 들고 8번으로 향했다. 6번 당구대쯤 도착했을 때, 손님이 말한다.

"저, 사장님. 콜라 한 잔만 더! ~"

"네! 앞으론 눈치보지 말고 주문하세요~. 하하하."

나의 임기 응변이 뛰어났다. 그렇게 콜라 한 잔을 가져다주는 내 왼손의 쟁반 밑에는 줄 칼이 감추어져 있었다. 아까 조실장이 줄 칼 들고 가라고 했던 말이 생각이 났기 때문이다.

조금은 더운 여름 저녁 5시 10분.

5시까지 출근인 직원이 아직 출근을 하지 않는다. 이 녀석 분명 어제 술을 많이 마신 게 분명하다. 아니면 어디 아픈가? 아니면 무슨 사고라도 있나?

이런저런 생각을 하는데 자동문이 스르르 열리고 굵은 종아리에 털 하나 없는 다리와 세 줄의 파란색 슬리퍼가 눈에 들어온다. 고개를 들어 허리쯤을 보니 100kg은 되어 보이는 육중한 허리에 회색의 고무줄 반바지, 그리고 그 위로 김치국물이 살짝 밴 흰색의 티셔츠, 바로 그다.

지각한 직원

"사장님 늦어서 죄송해요!"

"그래. 오느라 고생했다. 퇴근해라!"

"..."

"그 복장으로 무슨 근무니! 오늘은 퇴근해."

"..."

터덜터덜 당구장을 나서는 100kg의 육중한 어깨는 오른발을 디딘 그 다음 계단의 모서리에 걸려 있는 듯하다.

다음날,

"사장님 죄송해요. 어제는 제가 그만 큰 실수를 했습니다. 앞으론 그런 일이 절대 없을 거에요."

"그래, 우리 복장에 기본은 갖추도록 하자."

이 녀석 당구장을 그만 둘 때까지 절대 반바지에 슬리퍼는 신지를 않는다. 오히려 그날 이후로는 긴 바지에 항상 깔끔한 남방을 입고 어디서 구했는지 금장의 이름표까지 달고 일을 한다. '친절 강상수'라고.

02

당구장 서비스

예비창업자와의 상담 및 교육과정에서 "당구장 성공 노하우 좀 알려주세요!"라는 질문을 곧 잘 받습니다. '아마도 어떻게 하면 손님들이 좋아하고, 내 당구장에 손님이 다시 찾아올까요?'라는 질문일 것입니다.

이런 분들에게는 다음과 같은 간략한 조언을 드리고는 합니다만, 무언가 아주 특별한 것이 있을 것이라는 기대감 때문인지 만족스러운 답변은 못 되는 듯 아쉬운 여운을 남기곤 합니다.

- ◆항상 잘 웃는다.
- ◆서비스용 음료를 아끼지 않는다.
- ◆들어올 때나 나갈 때 항상 친절하게 인사한다.
- ◆크고 좋은 컵을 사용한다.
- ◆손님의 부름에(호출에) 빠르게 대응하고 조치를 취한다.
- ◆당구대와 카운터 주변의 정리정돈에 항상 신경을 쓴다.

제가 드리는 조언은 이 정도의 내용입니다. 그 어디에도 당구장이라는 특수성은 찾아볼 수가 없으며 너무나도 일반적인 내용입니다. 그도 그럴 것이 당구장 장사는 '장사'라는 큰 범주에서 적용되어야 하는 것이 맞기 때문이며 여기에 내가 운영할 당구장에서 나만의 특별한 운영 방식을 더 해야 하기 때문입니다. 당구대가 좋아야 하고 큐의 상태가 좋아야 하는 것은 식당에서 음식의 맛과 수저 등의 기구와 밑반찬의 청결한 정돈과도 같은 기본적인 사항이기 때문에 별도의 언급은 불필요한 것입니다. 때문에 이번 장에서는 이러한 기본적인 당구대 관리, 큐 관리 등은 생략하겠습니다.

필자는 당구장 관련 업을 시작하면서 지금까지 장사가 잘된다는 당구장과 망해 가는 수많은 당구장들을 다니면서 그들의 운영 방법과 시설과 고객 접객 방법과 서비스 내용 등을 분석하고 정리하고 있습니다. 간혹 필자가 운영하는 블로그를 통하여 필요한 설문조사를 시행하여 통계를 내어보기도 합니다. 이렇게 취합되고 분석된 자료들을 통하여 얻어진 결론은 '당구장도 서비스업이다'라는 것입니다. 다만 다른 업종과 다른 것은 당구대를 빌려주고 돈을 버는 것이 다를 뿐입니다. 때문에 손님에게 어떠한 환경과 서비스를 제공하느냐가 당구장 장사의 승부를 가름하는 관건임을 확신합니다. 만약 당구장 장사에 있어서 당구장만의 특수성이라 일컬어지는 '당구를 잘 친다는 것(프로 급의)', '큐 관리가 특별하다는 것', '당구대 관리의 특별한 비법이 있다는 것' 등이 당구장 장사의 성패를 좌우한다면 현재 영업적인 성과를 잘 내고 있는 당구장들에 대한 점주의 전직에 대한 통계와 영업 방법의 조사가 모두 잘못된 것일 것입니다. 더군다나 현재 창업자의 90% 이상이 직장생활을 통하여 당구를 접한 비운영자라는 사실을 고려해 볼 때 당구장의 특수성에 영업의 성패를 둔다면 대부분 실패가 예정된 창업이 분명합니다. 그러나 현실에서는 당구장의 특수성에 집중한 영업보다는 장사의 기본에 충실한 당구장이 더 성공 확률이 높다는 것에 집중해야 합니다.

앞에서 이야기한 특수성, 즉 당구를 잘 친다는 것과 당구대와 큐를 잘 관리한다는 것이 부분적인 도움이 되는 것은 확실하지만 그렇다고 절대적인 것은 아닙니다. 관리는 배우면 되는 간단한 기능이며 더 중요한 것은 효율적인 관리의 방법과 운영자의 성실도에 있습니다.

이 시점에 내가 운영할 당구장 서비스의 범주를 어디에서부터 어디까지를 두어야 할 것인지를 생각해 볼 필요가 있으며, 그것들 중 내가 경쟁자들을 압도할 만한 것이 무엇인지 선택하고, 포기할 것은 과감히 포기하고 집중해야 할 것들을 찾아서 창업자의 현실에 적합한 구성과 실행 계획을 세우는 것이 바람직합니다.

- ◆ 당구장의 규모
- ◆ 당구대, 당구 큐의 종류 및 구성
- ◆ 음료 서비스 체계 및 방법
- ◆ 부가 서비스의 구성
- ◆ 점주 또는 직원의 당구 강습 능력
- ◆ 당구대 및 당구 큐의 관리 능력
- ◆ 점주의 서비스 마인드 및 친화력(접객)
- ◆ 체계화된 운영시스템
- ◆ 고객 1:1 당구경기 주선 능력(접객)

1. 당구장 유료서비스의 역할

당구장에서의 유료서비스에는 고객에게 서비스로 제공되는 캔음료와 개인용 소모품인 개인용 큐 팁, 개인 고급 초크, 개인용 그립 정도로 생각하면 큰 무리가 없습니다. 맥주와 담배와 배달음식과 같은 종류의 것들은 원칙적으로 판매불가 상품이기에 이야기에서 제외하겠습니다.

우리가 당구장에서 제공되는 유료서비스를 '수익'을 내기 위한 접근으로 생각하는 것은 현실적으로 큰 무리가 있습니다. 그 판매율이 저조하기 때문에 수익을 기대하기도 어렵습니다. 그럼에도 불구하고 유료서비스에 대한 적절한 활용은 운영자가 어떻게 활용하느냐에 따라서 장사에 큰 도움이 되기도 합니다. 유료서비스를 시행함에 있어서 운영자의 마음가짐은 '돈을 벌겠다'는 목적보다는 '장사에 활용하겠다'는 목적이 바람직합니다. 이번 주제는 필자의 운영 사례를 짧게 이야기하겠습니다.

필자가 운영한 당구장에는 대략 3m 정도의 바(Bar)에 다양한 종류의 캔음료가 준비되어 있고, 카운터의 전면에는 개인용품들이 진열되어 있습니다. 손님이 게임을 시작할 때는 정해진 음료를 제공합니다. 물론 게임 시간과 인원수에 맞추어 무언가 정해진 것들을 제공하기도 합니다. 영업 준비를 하면서 큐 팁과 그립 등의 정비도 완벽히 준비하죠. 예쁘게 유료 음료도 진열을 하고 판매하는 개인 용품들도 진열을 합니다. 이걸 꼭 팔겠다는 의지도 없으면서 말이죠.

이 광경을 지켜보던 직원이 하루는 묻습니다.

"실장님, 이거 어차피 그냥 서비스하시면서 왜 이렇게 정성스럽게 진열을 하세요? 그리고 이 개인용품들도 사 온 가격에 팔잖아요. 조금 마진을 붙여서 팔면 안 되요?"라고 말이죠.

간단히 답변을 했습니다.

"응, 계속 그냥 줄거구. 계속 마진 없이 판매할 거야~. 하하하."

필자의 생각은 그렇습니다. 유료 음료와 개인용품들을 적극적으로 판매를 한다면 한 달에 약 30만 원 정도의 실질 수익이 발생하게 됩니다. 판매의 적극성에 따라서 좀더 큰 매출을 발생시킬 수도 있겠죠. 그러나 실제 소비자 가격으로 판매 행위가 이루어진다면 아마도 거의 판매가 되지 않을 확률이 크죠. 당구장 손님의 입장에서 무료로 제공되는 음료가 있는데 굳이 비싼 캔음료를 사 먹어야 할 이유가 별로 없습니다. 그리고 개인용품의 경우에도 특별한 경우가 아니라면 다양한 용품들을 판매하는 인터넷 매장을 이용하여 구매하게 되겠죠. 결론적으로 서비스적인 차원의 접근을 통하여 내 당구장에 대한 좋은 이미지 심어주기에 활용만 할 뿐입니다.

필자가 당구장 장사를 하면서 유료 음료를 가지고 활용하는 손님과의 대화는 이렇습니다.

"이거 하나 드세요. 오늘은 여자 친구랑 오셨으니 캔음료 서비스 나갑니다~"

"하이고 어르신~ 지고 계시네요. 요거 한 잔 하시고 파이팅!"

"오늘은 저와 간단히 캔음료 내기 어때요? 하하하."

"콜라가 떨어졌어요. 어쩔 수 없이 비싼 캔 콜라 서비스 나갑니다~.^^"

등등 그때그때의 상황에 맞추어 이야기를 하곤 합니다. 간혹 손님들끼리 음료수 내기를 하기라도 할 때면 점주인 필자의 것까지 함께 덤으로 추가하기도 합니다. 이렇듯 유료서비스는 꼭 그것을 팔아서 돈을 벌겠다는 목적보다는 손님과 소통하는 접객의 차원으로 접근하는 것이 바람직합니다.

설명하였듯이 유료 음료를 판매한다거나 개인용품을 판매한다거나 컵라면을 판매한다거나 맥주를 판매한다거나 하는 것들은 궁극적으로 당구매출 이외의 부가 수익으로의 접근은 불가능하다고 보는 것이 맞습니다. 물론 대형의 당구장에서 제대로 된 스낵코너와 Pro-Shop을 구성하여 부가수익의 창출을 꽤 한다면 이는 분명 그 구성의 존재만으로도 '고객 편의성 증대'라는 큰 고객서비스가 될 것이기에 부가 수익의 창출에도 기여할 것이 분명합니다. 그러나 대부분 12대 이하의 중소규모의 당구장에서는 그럴 만한 공간도 인력도 원활치 않습니다.

'장사'의 개념으로 분명히 말씀드리지만, 당구장에서의 유료서비스는 반드시 필요합니다. 그러나 부가 수입의 창출이 아닌 고객서비스의 일환으로 운영하는 것이 맞습니다.

2. 기본 음료 서비스 셋팅 사례

반바지에 슬리퍼차림의 점주가 손님에게 줄 음료쟁반을 들고 걷습니다. 네모난 쟁반 위에는 콜라가 담긴 플라스틱 작은 컵과 2개가 있고, 동그란 재떨이가 있습니다. 그리고 쟁반의 한 켠에는 네모난 휴지가 깔린 재떨이가 자리합니다. 아, 쟁반의 모서리에는 담배에 그을린 누런 자국도 군데군데 있군요. 쟁반을 털썩 내려놓고 돌아서는 점주의 뒤로 손님이 "사장님, 커피 한 잔만 더 부탁 드릴게요~"라고 주문을 합니다. 조금 귀찮지만 가져다 주어야 합니다. 자판기의 밀크커피를 누르고 다시 슬리퍼를 끌고 한 손엔 담배를 한 손엔 커피를 들고 손님에게 전합니다. "맛 있게 드세요." 그리곤 다시 슬리퍼로 바닥을 쓸며 카운터로 돌아와 무거운 다리를 쉽니다.

아마도 아직까지도 '이렇게 서비스를 하는 당구장의 사장님들은 없겠지?'라는 생각을 할지도 모릅니다. 그러나 창업자 여러분이 당구장 창업을 준비하는 예리한 눈으로 직접 시장조사를 해 본다면 쉽게 목격할 수 있는 장면입니다. 당구장이 더 이상 이래서는 안 된다는 생각에 서비스 셋팅에 대한 이야기를 시작합니다. 물론 상황에 따라서 유료서비스를 선택할 수도 있고, 셀프서비스를 시행할 수도 있습니다. 그러나 이러한 경우에도 그에 적합한 정형화된 셋팅을 반드시 필요로 하게 됩니다.

당구장에서 주로 제공되는 음료들은 냉커피, 아이스티, 탄산음료 정도입니다. 조금 더 신경 쓰는 당구장에서는 원두커피와 한방 차, 오렌지 쥬스 또는 감귤 쥬스와 캔 음료를 제공하기도 합니다. 거의 모든 당구장이 비슷하다고 보아도 무방합니다. 그러나 음료 잔을 받아드는 손님의 입장에서는 같은 음료라고 하더라도 직원이 들고 오는 쟁반 위의 셋팅된 형태에 따라서 만족도에 큰 차이를 보이게 됩니다.

필자의 경우 손님에게 처음 제공되는 음료를 담아가는 쟁반 위의 구성에 많은 신경을 쓰는 편입니다. 즉, 쟁반 위에 놓여야 하는 것과 그것들의 품질과 수준에 당구장 서비스에 대한 첫 이미지를 심어주고자 노력합니다. 때문에 쟁반의 데코레이션에 많은 비중을 두고 서비스 음료를 준비하는데, 음료의 종류에 따라서 컵의 종류를 달리하기도 하며 컵의 모양에 따라서 얼음의 숫자까지도 신경을 쓰곤 합니다. 예를 들어 커피는 꽃 그림이 그려진 쟁반이 있는 예쁜 커피잔에, 한방차는 고풍스런 토기에, 캔 콜라는 각얼음 5개가 담긴 투명한 유리컵과 함께 제공하는 것입니다. 이러한 행위는 어디까지나 점주 개개인의 취향에 따른 것이지만 '보기 좋은 떡이 먹기도 좋다'는 말이 있듯이 그 노력은 당구장을 운영하고 장사를 하는 누구나 신경을 써야 할 일입니다. 〈그림 57〉에서와 같이 기본 서비스의 사례를 참고하여 '내가 운영할 당구장'에 적합한 방법을 연구하고 적용하길 바랍니다. 〈표 43〉은 통상적으로 당구장에서 고객에게 제공되는 기본 서비스 품목들입니다.

〈그림 57〉 다양한 셋팅 사례

종류	제공 시기	제공 방법
믹스커피	주문 시	커피잔에 믹스커피를 타서 제공
냉커피	주문 선택	200ml 유리컵에 얼음 3~4개를 넣어서 제공
냉녹차	기본 음료	2인시 500ml, 3인 이상시 900ml 병에 담긴 냉녹차와 종이컵 제공
아이스티	주문 선택	200ml 유리컵에 얼음 3~4개를 넣어서 제공
탄산음료	주문 선택	200ml 유리컵에 얼음 3~4개를 넣어서 제공
오렌지쥬스	주문 선택	200ml 유리컵에 얼음 3~4개를 넣어서 제공
캔콜라	주문 선택	200ml 유리컵에 얼음 3~4개를 넣고, 캔을 개봉 전 상태로 제공
캔사이다	주문 선택	200ml 유리컵에 얼음 3~4개를 넣고, 캔을 개봉 전 상태로 제공
녹차 티백	셀프서비스	셀프바에 정수기 물과 함께 비치하여 제공
동글레 티백	셀프서비스	셀프바에 정수기 물과 함께 비치하여 제공
자판기 커피	셀프서비스	휴게실 및 셀프바에 자판기를 비치하여 제공

3. 국제 규격 당구대 서비스의 사례

국내 규격의 당구대(일반 중대)와는 다르게 국제 규격 당구대(대대)의 경우에는 아래와 같이 별도로 몇 가지 준비하여 할 것들이 있습니다.

-물수건: 땀난 손을 닦거나 개인 큐를 닦는 데 사용

-개인용 큐 손질 도구: 작은 줄, 광 돌이, 팁 픽 등 개인 큐를 간편하게 손질
  할 수 있는 도구

-큐 거치대: 서비스용 테이블에 큐를 거치하는 도구

-사물함: 개인 큐와 큐 가방의 보관을 위한 개인 사물함

-대대전용 점수판: 전자식 점수판 또는 수동식 전용 점수판

이러한 서비스 품목은 대대를 즐기는 손님의 마니아적 성향을 생각하면 간단하게 이해가 될 것입니다. 즉, '나는 남들보다 특별한 수준에서의 당구를 즐긴다'는 마니아적 특수성에 맞게 그들에게 필요한 것들을 제공하는 것입니다. 위에 제시한 품목들 이외에도 대대를 이용하는 손님이 특별함을 가질 수 있는 무언가가 있다면 무엇이든 좋습니다.

실제 사례로 대대를 이용하는 손님과 중대를 이용하는 손님의 기본 음료서비스를 위한 컵과 쟁반의 형태를 달리하는 경우도 있고, 대대를 이용

〈표 44〉 국제경기용 당구대의 비품들

구분	종류	사용용도
필수	개인큐·가방 보관함	개인큐와 큐백을 보관할 수 있는 시건장치가 포함된 사물함
선택	전자식 주판대	개인별 경기 이력 관리 기능이 부여된 전자식 주판시스템
필수	대대전용 점수판	1:1 매치를 위한 수기형 점수판 또는 탁구용 점수판
필수	큐 거치대	서빙용 테이블의 끝에 부착하여 큐를 기대어 놓을 수 있게 하는 도구
필수	리플레이 시스템	플레이어의 경기 영상의 저장 및 리플레이를 위한 카메라 시스템
필수	당구 교본	다양한 3쿠션 당구 교본
필수	물수건	200~250mm의 작은 손수건으로 큐를 닦거나 손의 땀을 닦을 때 사용
필수	큐왁스	개인큐 상대의 손질을 위한 큐왁스
선택	선수용 큐그립	일제 고무 그립 또는 실리콘 그립 등의 개인선수용 큐그립 (판매 또는 서비스)
선택	선수용 쪽립	모리팁, 젠팁 등의 개인선수용 큐팁(판매 또는 서비스)
필수	보조브릿지	큐걸이 연장을 위한 보조용품
선택	익스텐션	개인큐의 하대에 길이 연장을 위하여 끼워서 사용하는 보조용품
필수	개인용 줄칼	개인큐 손질용 줄칼(크기와 거칠기의 종류별 구비)
필수	팁픽	개인큐 팁의 윗면을 날카로운 핀으로 다듬는 도구로 큐미스 방지용품

하는 손님에게만 제공되는 음료서비스를 구성하는 경우도 있습니다. 또한 당구장 공간의 사용에 있어서 전용 휴게실, 클럽 룸을 정해진 사용 원칙에 따라서 대대를 이용하는 고객 또는 동호회가 전용으로 사용하게 함으로써 고객의 만족도를 극대화하는 경우도 있습니다.

4. 당구장의 특별한 서비스

"당구장에서 하는 특별한 서비스가 무엇이 있을까요?"라는 질문을 참 많이 받습니다. 그럴 때마다 필자가 하는 답변은 늘 한결 같습니다. "글쎄요. 특별함이란 것보다는 내 당구장을 이용하는 손님에 대한 지속적인 관심과 작은 실천의 연속 아닐까요?"라고 답변을 드리곤 합니다.

창업자의 입장에서 '특별한 서비스'라는 것은 아마도 내 당구장만의 특별한 서비스를 통하여 한 번 왔던 손님은 꼭 다시 찾는 당구장을 만들기 위한 하나의 적극적인 방법일 것이 분명합니다. 그러나 현실적으로 '이렇게 하면 반드시 손님이 다시 찾아와!' 하는 단 하나의 방법은 없습니다. 다만 우리가 당구장을 운영하면서 고객에게 꾸준하게 제공함으로써 어필할 수 있는 서비스는 분명히 존재합니다. 지금부터 실 사례를 통하여 성공한 당구장 창업자들이 시행하는 그들만의 특별한 서비스를 알아보겠습니다.

저희 당구장은 잘 관리된 큐와 당구대가 있습니다.

성능 좋은 당구대와 품질 좋은 당구 큐는 하나의 시설적인 구성입니다. 다른 곳의 투자비용을 절감하고 최고급 당구대와 큐대에 투자를 했습니다. 그리고 이 시설을 최적의 성능을 내도록 지속적으로 관리하여 손님에게 제공하는 것을 최대의 서비스로 생각하고 있습니다. 당구대의 경우는 매일 출근하자마자 청소와 함께 시스템 트랙 5가지 방법에 의하여 점검을 하고 있습니다. 제 힘으로 조정이 불가능한 문제가 발생되면 당구대 수리기사에게 연락하여 2일 이내에 바로 조치를 취합니다. 물론 당구대 수리기사가 이렇게 시간을 내기 위해서는 출장비가 들지만 '최적화된 당구대 성능을 고객에게 제공하겠다'는 저의 원칙과 고객과의 약속을 지키기 위한 투자라고 생각합니다. 당구 큐의 경우는 약 50자루의 여분의 큐를 활용하고 있습니다. 제 당구장이 10대니까 통상적으로는 60자루의 큐가 필요합니다만 100자루의 큐를 운영하고 있는 셈입니다. 여유 있는 낮 시간에는 여분의 큐가 없더라도 손님이 사용 후 즉시 새 큐로의 교체가 가능하지만, 10대의 당구대가 풀로 돌아가는 저녁시간에는 거의 불가능하죠. 때문에 손질 된 큐를 미리 준비하고 게임 종료 후 즉시 교체를 합니다. 손님이 늘 새 큐와 같이 잘 정비된 큐를 사용하게 하겠다는 저의 원칙입니다.

잘 정비된 당구대와 큐의 제공이 가장 기본적인 서비스이면서 저만의 특별한 서비스입니다.

혼자 와서 그냥 가도 되는 당구장을 만들었습니다.

우리 당구장은 동네의 작은 당구장입니다. 70평에 당구대 7대 그리고 넓은 휴게실과 작은 바(bar)가 있죠. 처음엔 다들 "이 휴게실과 바에 당구대 1대라도 더 놓지!"라고 이야기하시는 분들이 많았습니다. 그런데 제 생각은 '사랑방 같은 좋은 당구장을 만들자'라는 생각이었기에 뜻을 굽히지 않았죠. 제 특별한 서비스요? 당구를 치지 않더라도 그저 편하게 들려서 차 한잔 또는 이야기를 늘어 놓을 수 있는 공간의 제공에 있습니다. 요즘 성인 남자들이 편하게 앉아 있을 수 있는 곳이 별로 없잖아요. 퇴근길에 또는 늦은 저녁시간 잠시 들려서 저와 차 한 잔 해도 좋고, 그냥 안마기에 잠시 몸을 맡기고 쉬었다 가도 좋은 당구장입니다. 장사요? 잘 됩니다.

처음엔 안마기를 이용하는 것도 눈치를 보던 분들이 점차 자연스럽게 이용하고, 혼자 온 손님도 바에도 털썩 앉아서 차 한 잔과 함께 잠시의 수다를 떨고는 "일단 집에 들어갈게요~ 이따 봬요~" 하곤 사라지기도 합니다. 이렇게 저희 당구장은 퇴근길 참새방앗간처럼 되었고 이분들이 단골이기도 합니다. 굳이 당구를 치라고 하지도 않습니다. 자연스럽게 바에서 모르는 손님들끼리 인사를 시키고 친해진 탓에 혼자 와서 당구 책을 보다가 1:1 게임을 즐기기도 하고, 지인들과의 방문에서는 팀 게임을 즐기기도 합니다.

저희 당구장의 특별한 서비스요? 자유분방하게? 꼭 당구를 안 쳐도 이용할 수 있는 편안한 공간이라고 해도 좋을 것 같습니다. 사실 이 아이디어는 커피체인점에서 얻었죠. 커피 안 마셔도 그냥 자리에 앉아서 책을 봐도 되고, 누굴 기다려도 되고, 흡연실에서 담배 한 대 피우고 와도 되죠. 누구도 뭐라고 하지는 않지만 언젠가부터 자연스럽게 커피 한 잔 사들고 나오게 되더군요.

음, 수시로 사다 나르는 과일 서비스? 10시쯤 주는 라면?
뭐, 이런 것 같아요!

5시가 되면 당구장 앞 과일가게에 들려서 떨이로 파는 과일을 만 원 어치 삽니다. 이 한 봉지면 지금쯤 당구장에 있는 손님과 8시 전에 오는 손님들이 나누어 먹기에 딱 좋은 양이죠. 어떤 날은 사과, 어떤 날은 참외, 어떤 날은 자두 뭐 특별한 건 없지만 그날그날 저렴한 것으로 사서 손님과 나누어 먹으며 담소를 나누기도 하고 그냥 서비스만 하기도 합니다. 처음엔 "제주도 집에서 귤이 왔어요. 같이 조금씩 나누어 드시죠!"라는 명분으로 말문을 텄지만 그것도 하루 이틀이지 자두 농장을 할 수도 없고, 사과 농장을 할 수도 없는 것이기에 손님들에게도 사실을 이야기했죠. 제가 일부러 앞 가게에서 사온다는 것을요.

사실 제 속내는 5~7시 사이에 손님들을 좀 더 빨리 오게 하는 방법을 찾아서 실행한 거죠. 그래서 그 시간대에 손님이 늘었냐고요? 아뇨. 큰 변동은 없습니다. 퇴근하고 빨리 당구장에 와도 7~8시는 되는 동네다 보니 큰 변동은 없지만, 그 이후 시간대에 손님이 빠르게 차기 시작했고 손님들의 만족도도 높아졌죠. 전체적인 매출은 만족할 만한 성장을 이루었습니다. 아참! 밤 10시에는 컵라면을 무료로 주는군요^^ 이외의 시간에는 1,000원씩 받고 팔고 있습니다. 이게 별 것 아닌 것 같아도 손님들은 꽤나 좋아합니다. 당구 치다 보면 딱 배고플 시간이지요.

수시로 하는 이벤트가 제 장사 노하우에요.

달력에 보면 예비군의 날, 주부의 날 이런 거 있잖아요.

블랙데이, 발렌타인데이, 화이트데이도 제가 하는 이벤트 날이군요!

당구장 창업을 계획하고 여러 곳을 알아보던 중, 커피숍의 카운터에 각종 이벤트가 나열된 출력물들을 보았습니다. 유심히 보니 본사에서 정해 준 각종 이벤트들을 걸어놓고 시행하는 듯 보였습니다. 그래서 생각했죠. '무언가 지속적인 정기적인 이벤트를 하자'라고 말이죠. 이벤트라는 것이 하다 말다 하면서 지속적이 못하면 그 효과가 없을 듯했습니다. 그래서 생각한 것이 달력의 day 표기에 따른 이벤트를 생각했습니다. 달력 속에는 각가지 날들이 많죠. 예비군의 날도 있고, 철도의 날도 있고, 체육의 날도 있고, 저축의 날도 있죠. 저는 이런 날들을 해당하는 손님에게 특별한 서비스를 합니다. 뭐, 요금 할인을 해 주고 음료수 한 잔 좋은 것으로 대접하는 정도입니다.

이런 날들마다 출력을 해서 공지를 하는 것이 조금은 번거롭기도 하지만 손님과 한 번 크게 웃을 수 있는 것만으로 좋습니다. 어쩔 때는 "사장님, 저 오늘 생일입니다. 할인해 주세요!"라고 주민등록증을 내미는 손님도 있습니다. "그래요? 한 시간 무료! 하하하." 좀 퍼주기인가요? 그런데 말이죠. 손님이 점점 늘고 한 사람씩 이벤트 해당자들과 친해지다 보니 그분들이 모두 단골이 되고 장사도 많이 안정이 되었습니다.

우리가 경쟁력이라는 측면에서 하드웨어적(시설) 경쟁력과 소프트웨어적(서비스, 영업 방법 등) 경쟁력을 생각한다면 특별한 서비스는 어찌 보면 이 두 가지 측면 모두를 생각하고 실행해야 하는데, 특별한 서비스란 소프트웨어적 경쟁력의 강화에 초점이 맞추어진 것입니다. 즉, 내 당구장의 환경에서 실행할 수 있는, 효과가 있는 서비스의 구성이 필수적입니다. 아무리 좋은 의도와 함께 구성된 서비스라고 하더라도 내 당구장의 환경에 맞지 않는다면 무용지물이 될 확률이 높습니다.

물론 아무것도 안 하는 것보다는 좋을 수도 있겠지만 꼭 그런 것만은 아닙니다. 예를 들어 우리 당구장에서는 당구 강습을 정기적으로 시행하여 하점자들을 위한 서비스와 함께 좀 더 고급화된 스포츠 당구 공간을 만들겠다는 계획을 세웠다면, 이러한 서비스를 시행할 수 있는 강습 선생님, 강습 및 연습을 할 수 있는 당구대의 시간적 배려, 당구 교본 및 기자재의 준비를 반드시 필요로 합니다. 그런데 내 당구장이 이러한 강습을 진행 정도의 규모와 영업적인 환경이 바쳐주지 못한다면 그야말로 있으나마나 한 서비스가 되어 버리고 맙니다.

또 하나의 예로, 우리 당구장에서는 손님에게 고급화된 음료서비스를 제공하겠다는 계획을 세웠다면 그 음료를 제공할 특별한 컵과 쟁반을 필요로 하게 됩니다. 더불어 그것을 제공하는 방법과 직원의 태도까지도 교육이 되어야 함은 당연합니다.

목덜미쯤 솟아 있는 네모난 블록으로 쌓여진 담을 넘고, 그 뒤로 난 작은 주택가의 골목을 빠져나가면 저기 당구장이 있다. 오늘은 오후 실기수업이 있는 수요일이다. 1시 수업종이 치자마자 난 담벼락 끝에 얼굴을 반쯤 내밀고는 팔을 쭉 뻗어 담을 넘는다. 가끔은 가랑이 사이에 혈기 왕성한 고3의 그것이 끼어 낭패를 겪기도 하지만 그래도 그 아픔쯤은 견딜 만한 보상이 늘 따르곤 한다.

녹색의 천이 마음을 흥분시키는 '진 당구장'. 나와 친구들은 늘 이곳에 오면 흥분되곤 한다. 곧 적색의 당구공 2개와 흰색의 당구공 2개가 우리를 환상의 세계로 인도할 것이 분명하기 때문이다. 실습장 조교의 잔소리와 선생님의 호통 따위는 충분히 감내할 만하다.

'딸랑딸랑' 당구장의 문을 열고 들어서자 머리가 살짝 벗겨진 사장님이 반갑게 우리를 맞이 한다.

"어서와! 오늘은 안 걸리고 잘 나왔네?"

"한두 번인가요~. 이제 3학년이라고 조교가 뭐라고 하지도 않아요. 그리고 이미 제출할 실습 결과물은 다 만들어 놨어요. 여기 공 주세요!"

"그래, 하하하."

웃음을 짓긴 했지만 사장님의 표정엔 약간은 걱정스럽다는 듯이 찡그린 표정이다. 그리고 늘 그랬듯이 요구르트 1병씩을 건네준다.

"일단 이거 먹어! 그리고 저기 냉장고에 잔뜩 있으니 먹을 만큼 마셔~."

"네, 사장님. 그런데 진짜 그래도 돼요?"

너희들이 먹으면 얼마나 먹겠냐며 씩 웃으며 카운터로 가버린다.

사실 유산균 음료인 요구르트를 3병 이상 마신 적이 없다. 한 주먹도 안 되는 그 작은 병을 두 개만 마셔도 이상하게 속이 더부룩해졌다. 그리고 자유롭게 마시라고 하니 더 먹고 싶은 욕심이 없었다.

"야! 너희들 점심은 먹었냐? 라면이라도 줄까? 게임 끝나고 이리로 와서 같이 먹자!"

"정말요? 고맙습니다. 하하하."

뒤돌아서면 배고픈 고3의 허기진 배는 채워도 채워도 늘 배가 고팠다. 하긴 100kg에 육박하는 나의 체구를 유지하려면 영양분이 많이도 필요했다. 나와 친구들은 늘 이렇게 실습날이면 '진 당구장'에서 3~4시간을 당구공과 라면과 요구르트와 함께 했다.

그러던 고3 중반 쯤이었나?

갑작스럽게 당구장의 사장님이 바뀌는 사건이 터지고 말았다. 당구장에는 여전히 녹색의 파라다이스가 펼쳐져 있고 요구르트도 한 병씩 그대로다.

참, 요구르트는 뚜껑의 은박지를 까고 마시는 것보다는, 뒷부분의 동그란 모서리를 이로 살짝 깨물어 작은 구멍을 내어 마시는 것이 최고다. 한 손은 바닥에 큐 고리를 만들고 한 손은 큐를 꽉 부여잡고, 허리를 당구대에 숙인 채로 요구르트 병의 뒷부분을 입에 모두 넣고는 '쪽'하고 빨 때, 그 흡입력에 의하여 혀와 입술을 자극할 만큼의 조금씩 흘러나오는 맛을 느끼는 것이 매력이다. 동시에 가격한 백색의 당구공이 돌고 돌아 득점이 되는 순간 고개를 뒤로 젖일 때 턱을 타고 흘러내리는 요구르트를 닦아 먹는 맛이란 정말 환상적이다.

그런데, 그 환상적인 순간을 즐길 기회가 한 시간에 한두 번으로 줄 어들어 버렸다.

여느 때와 같이 태연하게

"사장님, 요구르트 한 병만 더 주세요!"

"또? 이제 한 시간에 한 개야!"

"네? 네."

나와 친구들은 두 말을 할 수도 없었다. 왜 안 주냐고 할 수도 없었 다. 그냥 그저 새로운 주인과 새로운 룰에 수긍하고 입맛을 다실 수 밖에는.

"야, 우리 이젠 딴 데 가자!"

같이 담을 넘는 친구 중 한 명이 씩씩거리며 우리를 선동한다.

"저기 밑에 프로선수가 운영하는 당구장이 있는데, 거기 가서 당구도 배우고 그러자~."

나는 녀석의 말에 일리가 있다고 생각했다. 왜냐하면 내가 이 당구 장에 오는 가장 큰 이유는 '언제나 편하게 마실 수 있는 요구르트' 때 문이었다. 그런데 이제 그러지 못하니 말이다. 어디 가서 당구를 치던 상관이 없어졌다.

"그래, 그러자! 거긴 그래도 더 달라면 더 주지?"

"응, 그럴지도 몰라. 하하하."

03

당구장 고객 관리

1. 고객 관리 방법

고객 관리의 사전적 의미는 '이용자의 이용 상황이나 기호(嗜好) 등의 정보를 모아서 관리하고, 여러 가지의 서비스의 실현이나 마케팅에 이용하는 것'입니다. 사전적 의미에서의 당구장에서의 고객 관리는 내 당구장을 이용하는 고객이 당구장을 이용하는 상황과 이용 형태와 이용 방식을 파악하여 그에 적합한 마케팅 방법을 구상하고 실현하여 영업적인 성과를 올리는 것입니다. 이는 '당구장 자리 찾기' 방법 1, 2, 3, 4 중 방법 1과 4에(2부, 05 당구장자리찾기)의하여 큰 틀에서 이용자의 이용 상황과 기호가 파악이 될 것이며 마케팅의 지표로 실행 방안을 구성하기에 충분합니다.

당구장 영업을 시작하고 실전에 돌입한 이후의 고객 관리는, 방법 1과 방법 4에 의한 기본 방안을 기초로 하여 실제 '내' 당구장을 이용하는 고객에 대한 세부적인 마케팅 활동을 펼치기 위한 정보의 수집에 주요한 목적이 있습니다. 방법 1과 방법 4에서는 상권을 예측하고 주변 당구장의 상황을 파악한 이후 '이 자리에서의 고객은 어떨 것이다'라는 가정에서 출발하여 '여기에서의 내 당구장 고객은 어떤 손님들로 채우겠다'라는 대상 고객의 목표 설정입니다. 영업 개시 이후에 우리가 수집해야 할 정보의 내용은 손님 개개인에 대한 구체적이고 실제적이고 세부적인 정보의 취득을 통하여 영업에 활용하는 데 그 주된 목적이 있습니다.

실전에서 우리가 수집해야 할 정보의 내용은 〈표 45〉와 같이 어느 정도

〈표 45〉 고객 관리를 위해 수집해야 할 정보

이름	홍길동	전화번호	010-3000-3000	근무처	인근 빌딩	직업	회사원
주소		경기도 안양시 동안구		당구지점	400점	대대사용	yes
특이 사항 및 이력 관리							
방문 인원	2인 방문	주요 당구경기		중대 3큐션 및 국제식 대대			
특이 사항	원두커피 좋아함. 믹스커피는 마시지 않음. 국제식 대대 2~3명이 팀을 이뤄 자주 이용 게임에 지면 마무리 연습구를 30분 이상함. 매너는 좋음.						

10월 09일	첫 방문, 국제식 대대를 3시간 정도 이용. 원두커피를 찾음.
10월 10일	국제식 대대를 2시간 정도 이용 후 중대에서 한게임함. 당구대 상태가 조금 짧다고 이야기함.
10월 12일	바뀐 맴버와 함께 국제식 대대를 3시간 정도 이용. 혼자와도 게임할 사람이 있냐고 물어봄.
10월 15일	일행보다 30분 정도 미리 와서 연습을 함. 2시간 정도 대대에서 게임을 함.

기본틀을 정할 수 있으나, 수집의 방법은 점주의 성향과 적극성에 따라서 다양한 방법이 구사되는 것이 맞습니다. 어떤 점주는 암기력이 좋아서 한 번 온 손님을 잊지 않고 기억했다가 4구를 치는지, 음료는 무엇을 마시는지, 성격은 어떤지, 친구들 몇 명과 오는지 등등의 정보를 취득하고 기록하기도 하며, 어떤 점주는 넉살이 좋아서 손님 한명 한명 일일이 지속적인 대화를 통하여 커피를 좋아하는지, 당구대는 긴 상태를 좋아하는지, 게임 중 약간의 부추김을 좋아하는지, 카드 계산인지 등등 손님에 대한 정보를 취득하기도 합니다. 어떠한 방법이던 점주인 나의 방식에 적합한 방법을 통하여 정보를 취득하여 그에 맞는 고객맞춤형 타깃 마케팅 방법을 찾고 실천하면 되는 것입니다.

2. 고객 응대

실전에서는 사전적 의미에서 조금 벗어나 '고객 응대'의 방법이 중요한 당구장 고객 관리의 한 부분으로 인식되고 있습니다. 즉, 당구장 운영 중에 발생할 수 있는 특정 상황에 대한 적절한 대처와 고객 불만에 대한 대처 방법에 그 중요성이 있습니다. 창업자가 장사의 경험이 많아 능수능란하다면 장사하는 사람의 빠른 직감과 융통성을 발휘하여 적절한 대처를 하겠지만, 장사의 경험이 없는 창업자의 경우는 상황 상황이 매우 난감하기만 하게 됩니다.

"손님이 당구대 찢어졌다고 뭐라고 하는데, 어떻게 해야 하죠?"
"당구대가 짧데요(길데요), 아후~어찌해야 할까요?"

"9,700원 나왔어요. 700원을 할인해줘야 하나요? 다 받아야 하나요? 아니면 200원만 할인해 줄까요?"

"애들인데, 음료는 콜라를 잔으로 줄까요? 병으로 줄까요?"

등등 아주 통상적인 질문을 많이 받습니다. 한두 달만 당구장을 운영해 보면 이에 대한 해답은 너무나 뻔하지만 개업 초기에는 사소한 것 하나 하나가 모두 당황스럽기만 합니다.

다음은 당구장에서 흔하게 일어나는 상황과 고객의 불만에 대한 것들을 정리하였으며, 초보자 창업자가 무난하게 대처할 수 있는 방법을 제시하였습니다. 참고하여 자신만의 적절한 고객 응대를 위한 상황별 대처 방안을 세워 당황하는 일이 없이 능숙한 고객 응대를 실현해 보길 권합니다.

Q: 당구대가 짧아요! (길어요!)

A: 실제 관리자가 정상적으로 청소를 하였다면 당구공의 흐름이 관리 기준에서 길거나 짧거나 하는 경우는 거의 없습니다. 통상적으로는 손님의 게임 승패의 결과에 의한 '기분'이 많이 좌우합니다.

실제로 당구공의 구름이 짧아지는 경우는 청소 상태가 불량한 경우와 게임 지속시간이 길어졌을 경우입니다. 이럴 경우 영업 중에 손님의 잘못을 지적하다가는 자칫 기분을 상하게 할 수도 있으며 다툼의 원인이 되기도 합니다.

실제로 당구공의 구름이 길어지는 경우는 공을 닦을 때 왁스를 많이 사용했거나 코팅 상태가 평소보다 많이 되었을 경우입니다.

이럴 경우는 "손님 오늘 당구대 상태가 좀 짧아지네요. 또는 길어지네요. 내

일은 조금 더 신경 써서 정비해 놓겠습니다!"라는 형태의 대응이 가장 좋은 방법입니다. 손님이 잘못 쳐서 또는 원래 그런 거라는 식의 대응은 바람직하지 못합니다.

Q: 당구대가 잘 안 굴러요!

A: 개업 초기 또는 천갈이를 했을 때 많이 나오는 고객 불만 사례입니다. 당구대 천을 처음 씌우게 되면 새 천에 코팅 성분이 남아 있기에 미끄러지는 현상이 발생되며, 바닥과 천의 밀착이 약하기 때문에 당구대 천 교체 이후 1~2주의 상태보다 당구공이 조금 덜 구르게 됩니다. 이를 손님에게 설명해 줄 필요가 있습니다.

"당구공이 평소보다 좀 덜 구르죠? 이게 새 것이라서 천과 바닥 돌이 밀착되는 시간이 필요합니다. 며칠만 지나면 정상적으로 구를 거예요."

Q: 공이 흐르는 것 같아요!

A: 개업 초기 또는 천갈이를 했을 때 많이 나오는 고객 불만 사례입니다. 간혹 정상 운영 중에 이러한 불만의 소리에는 당구공이 흐르는 현상을 듣고 확인하고 '심각한 표정'의 빠른 대처가 필요합니다.

"흘러요? 당구대 수리할 때가 되었나 봐요. 미리 조치를 취하지 못해서 죄송합니다. 당장 수리기사 불러서 수리해 놓겠습니다!"

실제 당구공이 흐르는 현상은 당구대의 수평이 틀어졌거나 돌의 이음매가 깨졌을 경우입니다.

이 경우가 아니라면 고객의 당구공에 대한 이해의 부족과 당구공에 이물질이 묻어 있는 경우입니다. 당구공은 기본적으로 '구'이고 '회전체'입니다. 회전하는 구와 당구대 바닥 천과의 마찰에 의하여 회전이 많을 경우 한쪽 방향으로 휘어지는 현상이 발생되게 되는데 이 현상을 '공이 흐른다'라고도 표현합니다. 또한 당구공에 큐 미스 등으로 인하여 작은 이물질이 묻어 있는 경우 저속에서 당구공이 예상된 진로와는 다르게 진행하는 경우가 있습니다. 앞에서 설명한 당구대의 수평이 틀어졌거나 이음매의 돌이 깨진 경우가 아니라면 당구대를 닦고 공을 교체해 주는 것만으로 충분합니다.

"손님 시간이 오래 되어서 이물질이 많은 것 같아요. 당구대 한 번 닦고 공 바꾸어 드릴게요~."라는 적극적인 대처도 좋은 방법입니다. 그래도 공의 흐름에 문제가 지속적으로 발생되면 당구대 수리를 해야 합니다.

Q: 공이 자꾸 튀어나가요. 그리고 쿠션에 맞을 때 소리도 좀 나는 것 같아요.

A: 쿠션에서 공이 튀거나 소리가 나는 현상은 대부분 쿠션의 청소 불량일 경우가 많습니다. 간혹 고무쿠션 조립부의 볼트가 미세하게 풀려서 소리가 나는 경우가 있습니다.

이럴 경우에는 고무쿠션을 한 번 닦아주는 것도 좋은 방법이며 그래도 같은 현상이 지속되면 수리기사를 불러 볼트를 조여주어야 합니다.

"손님 볼트가 약간 풀린 것 같아요. 바로 수리기사 불러서 조치를 취하겠습니다. 오늘은 죄송하지만 3번 당구대로 옮겨서 게임을 해 주세요!"

이처럼 다음에 올 때는 수리가 되어 있을 것이라는 적극적인 대처 방안을 제시하는 것으로 충분합니다.

Q: 공이 안 닦인 것 같은데요?

A: 손님이 입장하고 공을 당구대에 뿌려준 이후 당구공에 이물질이 있는 경

우입니다. 이 경우 지체 없이 다른 공으로 교환해 주는 것이 좋습니다. 실제 이물질이 있건 없건 말이죠.

Q: 당구대에 먼지가 너무 많아요.
A: 손님이 입장하고 당구대를 선택하여 자리를 잡은 이후에 이후 당구대에 이물질이 있는 것을 손님이 발견하였을 경우입니다
"죄송합니다. 금새 먼지가 앉았네요. 바로 닦아드릴게요. 아니면 옆 테이블에서 치시겠어요?"
운영자의 실수를 인정하고 빠르게 대처하면 됩니다.

Q: 큐 분 주세요!
A: 요즘은 큐 분을 당구장에 비치하지 않은 경우가 많습니다. 실제로 큐 분을 많이 사용하면 당구대도 지저분해지고 손님의 건강에도 좋지 않기 때문입니다. 때문에 꽉 짠 물수건을 비치하거나 장갑을 비치합니다.
"죄송합니다. 저희 당구장은 큐 분이 없습니다. 장갑을 사용하시거나 물수건을 사용해 보세요. 장갑을 끼는 게 답답하시면 물수건을 사용해 보세요. 큐 분보다 분명히 좋으실 거에요"

Q: 큐에서 자꾸 틱틱 소리가 나요.
A: 당구 큐의 하대 밑 고무를 떼어내면 볼트가 있습니다. 이 볼트가 풀려 있는 경우 타구 시에 틱틱 소리가 나게 됩니다. 볼트를 꽉 조여주면 문제는 간단히 해결 됩니다. 간혹 선골(팁이 붙어 있는 하얀색 플라스틱)이 깨지거나 연결된 상대가 금이 가 있는 경우에도 미세하게 소리가 납니다.

Q: 큐가 휜 것 같아요.

A: 실제 휜 경우가 많습니다. 바로 큐를 푸르고 다른 큐를 사용할 것을 권하는 것이 바람직합니다. 큐를 손님 앞에서 바로 푸는 이유는 손님에게 다시는 휘어진 큐를 사용하게 하는 일이 없도록 운영하겠다는 의지의 표현입니다.

Q: 큐 미스가 잘나요.

A: 손님의 타구 특성과 큐 팁의 모양에 따라서 발생될 수 있습니다. 실제는 손님의 큐 질과 회전을 주는 부분에 미스가 있는 경우가 많습니다. 그러나 장사를 하는 입장에서 그러한 손님의 실수를 지적하기란 여간 어렵고 번거로운 일이 아닙니다.

"아, 모서리 라운드가 조금 달았군요. 손질해 드릴게요~."

또는 "개인 큐를 만들어서 사용해 보시겠어요? 여러 사람이 사용하는 큐이다 보니 손님의 특성에 제가 손질한 모양이 잘 안 맞는 것 같습니다. 손님에게 맞추어서 관리해드리겠습니다."

이 정도의 적극성이면 큰 무리가 없을 것입니다.

더불어 큐의 관리 상태를 점검해 볼 것을 권합니다. 손님이 사용한 뒤 그때그때 큐 손질이 이루어졌다면 손님의 큐에 대한 불만은 거의 없을 것이지만 그렇지 않을 경우에는 팁이 깨지거나 팁의 모서리가 달아서 큐 미스가 발생하는 경우가 매우 많습니다.

Q: 무거운 큐가 어떤 건가요? (또는 가벼운 큐를 찾는 손님)

A: 무거운 큐와 가벼운 큐를 미리 구분지어 놓고 손님이 선택할 수 있게 한다면 이런 질문을 받을 일이 없겠지만 실상은 그렇지 못하죠. 때문에 운영

의 묘를 살려 몇 개 정도의 큐를 잘 손질해서 카운터에 비치해 놓으면 쉽게 해결됩니다.

"가벼운 큐요? 이거 제가 따로 관리하는 큐인데요. 이것으로 사용해 보세요. 손에 잘 맞으시면 이걸 개인 큐로 만드셔도 좋습니다."

Q: 담배연기가 너무 심해요.

A: 환기 시설을 아무리 잘해 놓아도 4~5대의 당구대에서 동시에 피워대는 담배연기를 감당하기가 어렵습니다.

"담배 연기가 자욱하죠? 환풍기를 풀 가동했는데도 이러네요. 바로 창 열고 환기 좀 시킬게요. 죄송합니다."

사실 죄송할 것까지는 없습니다. 현실적으로 환기시설을 아무리 잘해도 실내에서 피워대는 담배연기를 쾌적한 공기로 바꾼다는 것은 불가능합니다. 손님의 양해를 구하고 자주 환기를 시도하는 수밖에는 없습니다.

"손님 환기를 위해서 잠시 창을 좀 열게요. 조금 추워도 5분만 참아주세요~."

당구장을 운영하다 보면 이외에도 수많은 사람들의 수많은 요구와 불만들이 있게 됩니다. 손님의 이유 있는 불만도 있고 억지스런 불만도 있습니다. 모든 것을 만족시킬 수는 없지만 가급적 '내가 개선을 하겠다'라는 적극적인 의지의 표현만 있다면 큰 무리 없이 운영이 될 것입니다.

정기방문으로 경기도의 한 당구장에 들렀을 때입니다. 점주님과 차한 잔을 마시며 이런저런 이야기들을 나눕니다. 평소의 대화에도 서론이 길기로 유명한 분이기에 '무언가 내게 이야기할 본론이 나올 거야!'라는 기대와 불안함으로 뒷산의 이야기와 건물에 새로 들어온 미용실 이야기들을 나눕니다. '스르륵 스르륵' 당구장 현관의 두꺼운 유리문이 열리고 별이 달린 갈색 작업화 차림의 남자 셋이 들어옵니다.

"어서오세요! 오늘은 평소보다 조금 늦으셨네요~"

"아~ 네, 현장에 일이 좀 있었어요. 하하하."

"3구죠? 음료는 커피 한 잔, 얼음 넣은 녹차 한 잔 그리고? 이 손님은 처음 뵙는데 음료는 무엇으로 준비해드릴까요?"

그러자 당구장에 처음 모습을 드러낸 젊은 남자는 일행을 보며 큰 눈을 한 번 더 크게 뜨고는 이야기합니다.

"대리님, 여기 자주 오시나 봐요. 전 지금까지 앞에 있는 'ㅁ' 당구장만 다녔는데 이제 보니 여기가 대리님 아지트군요. 하하하. 오늘은 아무래도 이기기 힘들겠는 걸요."

"이봐, 그래도 실력 차이가 워낙 있으니 네가 유리할 거야."

그들의 이야기를 듣고 있던 점주는 어느 타이밍에 음료를 물을지 끼어 타이밍을 보고 그들 앞에 대기하고 있습니다. 뭐라 특별히 말을 하는 것도 아니고 그들의 대화에 웃음만을 지을 뿐이죠. 3구를 정해진 초구 포지션에 놓자, 큐를 하나씩 들어 한 손에 쥐고 어깨로 동그라미를 그리며 풉니다. 그리곤 게임에서의 승리에 대한 굳은 결의를 다집니다.

"저, 손님, 음료는 무엇으로 드릴까요? 여기 메뉴판에 보시면 준비된 음료들이 있습니다. 우선 하나만 골라주세요^^"

"아, 사장님. 음… 저는 냉커피로 주세요!"

"우리 집 냉커피 맛있는 거 어찌 아셨어요? 탁월한 선택입니다."

잠시 후 사탕과 함께 음료가 테이블에 놓여지고 어울리지는 않지만 수줍고 다소곳하게 "맛있게 드세요, 필요한 것 있으시면 말씀하시구요."

점주는 그렇게 카운터로 돌아가 무언가 장부 같은 것을 꺼내어 적기 시작합니다. 자세히 들여다보니 좀 전에 들어온 팀(일행)의 고객카드 같은 것이 있고, 거기에 새로 온 일행의 카드를 적어가기 시작합니다.

'2월 15일(수) 방문시간 6시, 당구 실력은 대대 24점이며 기존 ○○팀의 부하직원임. 앞 ○○당구장에서 주로 대대를 쳤으며 처음 음료로 냉커피를 주문하였음.'

점주가 기록하는 것을 지켜보던 필자는 넌지시 물었습니다.

"아니 저분, 또 언제 올 줄 알고 카드까지 만들어 놓으세요?"

"오게 되어 있어요. 그때를 준비하는 거죠, 하하하. 조실장 선수가 왜 그런걸 물어요. 뻔히 알면서."

"그런가요? 사장님은 저를 너무 잘 알아요. 저분 꼭 다시 올 거에요. 왜냐하면 들어오면서 우리 당구장의 환경에 놀라는 것을 봤고, 큐를 집어 들면서 개인 큐 장이 어디 있는지 유심히 둘러보는 것을 보았죠. 다시 올 사람이 아니라면 그깟 거 별로 중요한 게 아니거든요."

"응, 나도 봤어. 그런데 난 사실 그게 중요한 건 아니야. 언제 또 올지 모르지만 한 번 온 손님에 대한 기록을 하면서 그 손님에 대한 최선을 다 하는 거고, 그때를 대비하는 것일 뿐이지. 난 이거 조실장한테 배웠는 걸. 하하하."

"예? 제가 언제요? 전 가르쳐 드린 적 없는데요."

"기억 안 나? 언젠가 그랬잖아. '전 그저 할 도리를 다할 뿐입니다. 제 고객이 되고 안 되고는, 인연이 되면 되는 거고 아니면 할 수 없는 거죠.' 그렇게 말했어. 그리고 언젠가 조실장 책상에서 내 파일을 보았어. 내가 언제 와서 언제 갔고 통화는 언제 했고, 무슨 내용이었는지 등등이 기록된 파일을 말이야."

"아, 그러셨군요."

"근데 그것보다 100여 개쯤은 되어 보이는 고객 파일이 눈에 들어왔어. 슬쩍 들쳐보니 고객들 개개인의 파일이더군. 그 사람들이 모두 조실장 고객일 리는 없고 방문자 또는 상담자들의 파일이라는 것을 난 알았어."

점주의 이야기에 필자는 그저 머리를 긁적일 뿐입니다. 사실 그 파일들 속 주인공들은 한 번쯤 필자와 통화를 했거나 방문했던 분들의 기록이죠. 워낙 많은 분들과 이야기를 하다 보니 일일이 상담 상황을 외우지 못하기에 편의상 기록을 해둔 파일이죠.

"그러셨군요, 제 편의상 정리해둔 것인데~."

"응, 내가 조실장과 계약까지 가는데 아마 6개월이 걸렸지? 중간에 연락이 안 된 적도 있었고. 그때 난 배웠어, 하하하. 내가 장사를 시작하면 꼭 매장에 들른 고객들의 카드를 만들어 기록하겠다고 말이야."

"아이고, 그거 대외비인데. 그것을 보셨군요."

"걱정하지마, 그 파일을 모두 열어본 것은 아니니. 그저 슬쩍 봤어. 빼곡히 기록된 소소한 것들을 말이지, 하하하."

잠시 점주와 과거의 대화가 오가고 카운터에 펼쳐진 고객카드를 보곤 미소를 지었습니다. 그리고 말은 하지 않지만 '저 손님도 분명 단골이 될 거야. 아니 그렇게 만들 거야'라는 믿음을 갖습니다.

언젠가 지금 당구를 치고 있는 저 세 사람이 같이 또 오는 날에는 "3구죠? 음료는 커피 한 잔, 얼음 넣은 녹차 한 잔, 그리고 냉커피 한 잔이죠? 아 오늘은 다른 것을 한 번 드셔보는 건 어때요? 오늘은 제가 특별한 원두를 내렸거든요. 하하하" 하고 손님을 맞이할지도 모릅니다.

오래 전 신문스크랩을 해서 고객 관리를 했던 제 아침 업무를 당구장에 적용해 봤더니 도움이 되더군요.

손님들 중에는 저를 찾아 와서 이제 문자 안 보내셔도 돼요! 이미 단골인 걸요!"라고 정중히 문자를 거절하시는 분들도 있고, 문자 자체를 귀찮아 하는 고객도 있습니다. 그럴 경우 아주 간혹 당구장의 특별한 행사가 있거나 사회적으로 이슈가 되는 사항들만을 보내드리곤 합니다.

고객이 우리 당구장을 잊지 않을 정도로만 그리고 당구를 쳐야 할 상황에서 우리 당구장이 생각이 난다면 그것으로 목적은 달성된 것 같습니다.

04

홍보 및 이벤트

전단을 뿌릴까? 지역 방송국에 홍보영상 광고를 해 볼까? 아니면 당구장 주변의 상가 또는 사무실 등을 직접 다니면서 인사를 할까? 등등 개업일이 임박하게 되면 '내 당구장'의 홍보를 위한 여러 가지 생각들을 하게 됩니다. 그러다 결국은 인테리어 끝나고, 당구대 설치하고, TV, 냉장고, 의자 등의 비품들을 구매하고 설치하면서 바쁜 일정들이 지나가면 개업을 하기에 바쁘게 되죠. 결국 개업일에 임박하여 외부 창문에 현수막 하나 걸고 자연스럽게 오는 손님 받는 것으로 만족하는 경우가 많습니다. 이러한 결과의 원인으로 장사의 경험이 없기에 홍보물을 제작하고, 주문하고, 실행하는 준비 과정의 시점에 대한 문제가 가장 크며, 창업 과정의 막바지에 바닥을 드러내는 예산의 소요로 인한 비용적인 측면의 압박도 무시할 수 없는 원인이 됩니다.

"실장님, 당구장의 사진을 찍고, 홍보 전단을 만들어서 주변의 사무실과 술집과 식당을 다니면서 일일이 당구장을 알릴 생각입니다. 실장님 생각은 어때요? 효과는 있겠죠?"

"네, 당연히 효과 있죠. 일일이 인사를 다니는 것만으로도 초반의 효과는 분명 있을 거에요."

그리고 필자는 노파심에 한 마디를 더 덧붙여 조언을 합니다.

"사장님, 홍보물을 어떤 것을 가지고 어떻게 이야기를 건네는 것은 사실상 크게 중요하지 않은 것 같습니다. 실제는 그것을 할 수 있는 하고자 하는 '의지'에 있습니다."

"제가 못할 것 같으세요?"

"사장님은 꼭 실행에 옮기실 수 있다고 믿어요."

개업을 앞둔 사장님이 반드시 실행에 옮긴다는 보장은 없지만 그래도 용기를 북돋우는 이야기를 해야 하는 것이 옳다는 생각으로 '사장님을 믿습니다'라는 이야기를 늘 하곤 합니다. 그러나 현실에서의 불안함은 어쩔 수가 없습니다.

"그렇죠? 하하하. 전 꼭 할 거에요."

"사장님, 노파심에 한 말씀만 드릴게요. 보통 개업을 하고 나면 전단을 뿌려주는 아르바이트를 고용하거나 직원을 내보내 홍보하는 쉬운 방법을 선택하곤 합니다. 그리고 부끄럽고 낯뜨거워서 직접 다니지를 못한다거나 하죠. 결국 당구장을 비울 수 없다는 이유를 들어 홍보 활동을 미루다 미루다가 그냥 넘어가곤 한답니다."

"…"

"실제로 그래요. '꼭 한 번 들려주세요~'라는 인사 한 마디면 되는 건데, 그게 쉽지가 않습니다. 저 역시도 홍보 전단을 들고 일면식도 없는 사람들을 만나서 당구장을 홍보하는 활동이 절대 마음처럼 쉽지만은 않습니다."

"정말요? 실장님도 그래요?"

경험 많고 장사에 자신 있어 하는 필자의 이러한 태도에 창업자는 늘 의아해 하며 난색을 표합니다.

"네, 심장이 콩닥콩닥 뛰고, 얼굴이 붉어지곤 합니다. 입이 굳어버리곤 하죠! 전단을 건네는 손이 부들부들 떨릴 지경이랍니다. 상대의 눈을 쳐다보지도 못해요."

"에이, 설마. 하하하."

필자의 말을 믿지 못하겠다는 듯이 웃곤 합니다.

"참 이야기가 나온 김에 한 가지만 더 말씀드릴게요."

"네?"

"초반 홍보활동도 매우 중요합니다. 그러나 그 이후의 단골을 만드는 이벤트 방법이 더 중요합니다. 한 번 오고 손님이 다시는 당구장에 안 오면 아무런 의미가 없죠. 그에 대한 준비도 철저해야 합니다."

"아 그렇죠. 왔다 안 온다면 분명 무언가 문제가 있다는 이야기겠죠?"

현실에서는 계획보다는 실행이 중요합니다. 그리고 굳은 의지가 더 중요함을 알고 지금부터 홍보와 이벤트의 목적과 방법을 알아보도록 하겠습니다.

홍보와 이벤트는 내 당구장을 알리고, 다시 올 수 있는 명분을 만들어 주는 데 그 목적이 있습니다.

집중 상권과 유흥 상권과 같이 비단골 고객이 많은 특정한 상권을 제외하고는 대부분 내 당구장이 위치한 상권을 이용하는 대상 고객이 일정한 범위에서 정해져 있습니다. 즉, '내 당구장'이 위치한 상권을 당구가 아닌

우리 당구장이라도 해 볼까?

'특정한 이유'에 의하여 이용하게 되는 대상 고객이 일정하게 정해져 있게 됩니다. 그 특정한 이유가 순수하게 '당구를 치자'라는 목적일 수도 있고, 단순히 퇴근길의 동선에 있을 수도 있고, 회식을 위한 중요한 위치일 수도 있습니다. 어떠한 이유에서건 1차적으로 "여기 당구장이 새로 생겼네?"라는 것을 알려주어야 하는 것입니다. 그리고 내 당구장이 위치한 하나의 상권 내에 위치한 당구장들을 선택할 권리는 고객에게 있으며, 그들의 선택을 위한 당위성을 부여하는 것이 보다 적극적인 홍보와 이벤트의 목적이 됩니다. 즉, "저 당구장보다, 새로 생긴 당구장에 한 번 가보자!"에서 "새로 생긴 ○○당구장이 정말 좋은 것 같아. 앞으로 여기로 다니도록 하자"라는 정확한 명분을 만들어 주어야 합니다.

1. 홍보 및 이벤트 사례

전단지 홍보

길거리 홍보

현수막 홍보: 인테리어 공사를 시작하면서 건물의 외벽에 '당구장 open'에 대한 내용을 넣어 사전 공지에 주로 사용되며, 지역의 대로변 또는 홍보 위치에 합법적인 위치에 현수막을 설치하는 방법입니다.

도우미 이벤트: 주로 오픈행사에 많이 활용합니다. 최근에는 주변 상가와 주민들의 민원으로 인하여 많이 사용하지 않는 방법입니다.

할인 쿠폰 행사: 개업 이후 1개월 이내의 기간을 두고 사용하는 방법으로 20~30%의 할인율을 적용하는 것이 일반적이며, 당구장 주변의 식당, 술집, ATM기기에 비치합니다.

전단과 라이터 돌리기: 당구장에서의 대표적인 홍보의 방법으로 전단 뿌리기, 라이터 뿌리기, 지역 케이블방송에 홍보 영상 광고하기, 일일 홍보 도우미 이벤트 등을 대표적으로 들 수 있습니다. 전단의 경우는 당구장의 내부 사진과 함께 각종 홍보 문구를 삽입하여 제작하는 것이 일반적이며, 라이터의 경우는 당구장 이름과 전화번호와 위치를 가늠할 수 있는 간략한 내용이 들어갑니다. 전단과 라이터는 오픈 당시를 비롯하여 지속적인 홍보 활동을 하는 것이 매우 효과적입니다.

제휴 이벤트: 주변의 술집, 커피숍, 식당 등과의 제휴를 통한 홍보 방법으로 상호 이용의 원칙에 따라서 5~10%의 할인을 적용하거나 별도의 혜택을 주는 방법입니다. 현실적으로 제휴된 업체와의 상호 혜택을 주는 경우 보다는 일방적으로 당구장에서의 혜택이 주어지는 것이 일반적입니다. 그럼에도 불구하고 처음 생긴 생소한 '내 당구장을 한 번쯤 이용하게 하는 이유'를 만들어주는 매우 좋은 방법입니다.

온라인 홍보: 인터넷 카페 또는 밴드, 블로그를 활용하여 당구장의 특장점 및 서비스를 알려주는 홍보의 방법입니다. 이 방법의 핵심은 '지속적인

관리'에 있습니다. 초기에 개설만 해놓고 내버려두기보다는 개설의 목적에 맞게 당구장에서의 일상과 시기별 당구장의 작은 변화를 지속적으로 게시함으로써 연속성을 유지하는 것이 바람직합니다.

길거리 홍보: 직접 홍보용 전단을 들고 당구장 주변의 직접 이용이 가능한 고객을 대상으로 하는 홍보 방법입니다. 이 방법으로 당구 탈 인형을 쓰거나 가슴에 커다란 리본을 두르기도 합니다. 이 홍보의 핵심은 대상 고객과 1:1로 내 당구장을 알리고자 하는 점주의 적극성에 있습니다.

이외에도 많은 홍보의 방법이 있습니다. 타업종의 좋은 사례를 응용할 수도 있을 것입니다. 어떠한 방법이든 대상 고객에게 '내 당구장'을 알리고 한 번쯤 반드시 이용하게 하는 데 그 주목적이 있습니다. 일단 '와야' 그 다음이 있습니다.

다음의 사례는 필자의 실제 홍보마케팅 사례입니다. 참고하여 실행해 본다면 고객과의 친밀감 있는 당구장을 만들기에 충분합니다.

 Club day

매월 마지막 목요일 당구장을 이용하는 고객에 대한 감사의 날로 정합니다. 이날은 예약 참석자에게 5,000원의 참가비를 받고, 다과와 식사가 무료로 제공됩니다. 당구 게임비는 50% 할인입니다. 예약 없이 오신 분 또는 일반 방문자에게는 간단한 다과와 함께 다음 행사에 참여할 것을 공지합니다.

이 클럽데이 이벤트로 손님들끼리 인사하고 안면을 틀 수 있는 기회가 제공되며 그들끼리의 게임도 자연스럽게 이루어지게 됩니다. 더불어 클럽데이 이외의 평일에도 자연스럽게 당구 친구가 되는 좋은 효과가 있습니다.

사례 2 가위바위보 이벤트

게임비 계산 시에 매니저와 가위바위보를 해서 손님이 이기면 게임비의 30%를 할인해 주는 이벤트입니다. 매일 하는 이벤트는 아니구요. 비정기적으로 시행합니다. 혹시나 매니저가 져서 30%나 할인해 주면 너무 아깝지 안냐구요? 음~ 그냥 손님도 주인도 한바탕 재미있게 웃었으면 그것으로 된 거라 생각합니다. 당구장에 대한 유쾌한 인상을 주기에 충분하니까요.

사례 3 점주와 다이-다이 이벤트

간혹 비정기적으로 필자가 당구장에서 동호회 회원들을 대상으로 했던 이벤트입니다. 저보다 고점자이건 하점자이건 무조건 같은 점수를 놓고, 단판 승부를 펼치죠. 하점자는 게임비 부담 때문에 잘 안 덤빌 것 같은가요? 그게 또 안 그런 것이 어차피 한 번 즐기는 것이기에 재미있는 승부가 펼쳐진답니다. 그런데 참 재미있는 것은 하점자와의 승부에서 저의 승률은 30% 내외, 고점자와의 승부에서는 70% 내외라는 것입니다. 여기에 이벤트 운영의 작은 비밀이 숨겨져 있죠.

사례 4 복날 이벤트

초복, 중복, 말복이 있습니다.

초복과 중복에는 수박을 제공하고 이벤트 추첨통에 명함을 받아 놓습니다. 이 기간 동안에는 추첨통에 늘 명함을 받아놓고 공지를 하죠.

"방문하실 때마다 명함 또는 전화번호 쪽지를 넣어주세요! 말복에 당구장에서 거하게 한 번 쏩니다!"

말복 일주일 전 추첨을 통해서 바로 당구장 위에 있는 식당에서 보신탕 또는 삼계탕을 먹을 수 있는 쿠폰을 20분에게 제공을 했습니다. 중복당첨이 가능하기에 일행들과 함께할 수도 있죠.

사례 5 달력 이벤트

달력에 보면 예비군의 날, 어버이의 날 등 다양한 날들이 있습니다. 이 달력의 이벤트에 해당하는 손님에게는 당일 게임비를 30% 할인해 주는 행사를 했습니다. 실질적으로 많은 사람들이 활용하지는 않았지만 재미난 일도 많은 이벤트였습니다.

하루는 예비군복을 입은 청년들이 들어와서 놀다가고, 쵸콜릿을 한바구니 받아든 커플이 오기도 하고, 부모님을 모시고 와서는 가족이 함께 당구를 즐기고 가기도 합니다.

사례 6 정기 할인 이벤트(커플, 시니어, 가족)

커플, 60세 이상 어르신, 아버지와 아들이 함께 당구장에 방문하면 늘 30%를 할인해 주는 행사입니다. 이 고객들의 장점은 당구장의 분위기를 매우 아름답게 만들어준다는 것에 있습니다. 상상해 보세요. 아들과 아버지, 사랑하는 여자 친구와 포켓볼, 엄마와 딸과 함께 가족이 웃으며 즐기는 당구, 아름답지 않은가요? 그것으로 할인을 해 주는 이유는 충분합니다.

명절 양말 이벤트

추석과 설 명절이 되면 양말을 약 200켤레 정도 준비합니다.

명절 약 열흘 전부터 오시는 단골 손님들에게 양말 한 켤레씩을 건네며 이야기합니다.

"덕분에 명절 잘 보낼 수 있게 장사가 잘 되었습니다. 귀향길 안전하게 잘 다녀오세요~. 감사합니다."

그동안 이용해 준 감사의 표시이기도 하며, 앞으로도 꾸준히 이용해 달라는 표현이기도 합니다. 그리고 명절의 오가는 정이기도 하죠. 장사! 먼저 주어야 되돌아옵니다.

2. 쿠폰, 전단 꾸준해야 효과 있다

개업 초기 홍보전단 3,000장을 만들고 한 달이 지난 후에도 카운터 어딘가에 홍보전단이 그대로 있다면 실질적인 홍보활동을 중단한 것으로 보아야 합니다. 당구장의 홍보전단을 들고 거리를 나서는 심정은 흡사 신입사원이 밥솥 하나를 들고 방문 판매를 시도하는 심정과도 비슷합니다. 일면식도 없는 누군가에게 홍보전단을 건넨다는 것 자체가 두렵고 떨리는 것이 당연합니다. '전단을 저 사람이 받을까?', '그냥 무시하고 지나가면 어떻게 하지?' 등등의 생각이 머리를 짓누르고 얼굴엔 웃음기가 사라지게 됩니다. 그러나 겁내지 말고 도전해야 합니다. '한 번 들려주세요. 최선을 다하겠습니다. 하하하'라는 말 한 마디 건넬 수 있는 용기를 가지기 바랍니다.

조실장 "사장님, 전단지가 그대로 있네요?"

점주 "효과 없는 것 같아요. 제가 뿌린 전단과 쿠폰을 들고 방문하는 분은 하루 한 명 있을까 말까 합니다."

조실장 "그래요? 그래도 있긴 있네요. 하하하."

점주 "괜히 고생만 한 것 같습니다. 쿠폰은 회수 자체가 안 되니까요. 효과 없는 것 같습니다."

생각해 보죠.

아파트 쿠폰북에 할인쿠폰을 정성스럽게 오려서 배달을 시키는 사람이 몇 명이나 될까요? 인터넷에서 할인쿠폰을 출력해서 식당을 방문하는 사람이 몇 명이나 될까요? 특별히 신경써서 준비하지 않는 이상에는 매우 드문 일이 됩니다. 길거리에서 받아 든 쿠폰을 들고 당구장을 방문하는 사람도 극히 드뭅니다. 그럼에도 우리가 홍보전단과 쿠폰의 배포에 게을리하지 말아야 하는 이유는 있습니다.

뿌려진 전단과 쿠폰은 분명 손님의 눈에 들어왔을 것이고 그것을 기억하고 있을 것이 분명합니다. '여기에 새로운 당구장이 생겼구나. 다음에 한 번 가봐야지!' 하고 말이죠. 언젠가 당구를 칠 일이 생기면 분명 기억 속에서 떠올리게 되고 한 번쯤 방문하게 됩니다. 지금 당장에 전단을 들고 쿠폰을 들고 당구장을 방문하는 손님이 없다고 하여 낙담할 일이 아닙니다. 한 동네에는 수천 가구에서 수만 명의 사람이 거주하게 되는데 하루이틀 홍보활동을 한다고 해서 이들이 모두 새로 생겨난 당구장을 알 수는 없습니다. 때로는 1년이 지났음에도 언제 당구장이 생겼냐고 물어보는 일도 비일비재합니다.

홍보전단과 쿠폰을 통하여 당구장을 알리는 홍보활동은 꾸준한 인내심이 필요합니다. 오픈 행사에 뿌려진 홍보전단은 그저 그날의 행사일 뿐입니다. 개업을 한 지 1년쯤 된 당구장 사장님의 이야기입니다.

점주 "저는 하루에 딱 50장씩만 꾸준히 배포하고 있어요. 출근길 하루 30분이요."

조실장 "대단하세요. 1년 동안 그렇게 하실 수 있다는 게…."

점주 "하하하, 뭘요. 그 시간 동안 당구장 앞을 지나다니는 사람도 보고, 주변 상가의 사장님들과 인사도 나누는 걸요. 재미있는 시간입니다. 그런데 말이죠. 참 이상한 것이 1년이 지난 지금도 전단을 보고 처음 오시는 분이 많아요. 여기가 시내 중심가도 아닌데 말이죠. 하하하."

조실장 "그렇죠? 누군가 새로 이사라도 왔나 봐요~."

점주 "그러게 말입니다. 매일매일이 개업일 같은 마음입니다. 처음과 다른 것은 단골손님이 많이 늘었다는 것 외에는 없죠. 지금은 제가 밖에 홍보를 다녀오면 손님이 저를 기다린다는 것이죠. 처음엔 제가 손님을 기다렸는데 말이죠. 하하."

홍보를 지속적으로 해야 하는 이유는 신규 고객의 창출에 있습니다. 개업과 동시에 처음 며칠 동안 홍보활동을 한다고 해서 새로 생긴 내 당구장을 모두가 알 수 있을 것이라는 생각은 절대 금물입니다.

개업을 하고 한 달이 지나고 당구대회를 개최하고자 하는 사장님과의 일화입니다. 단골을 만들기 위해서건 당구를 좋아해서든 무엇이든 간에 우리는 내 당구장의 이름을 내건 당구대회를 한 번쯤 개최할 생각을 합니다.

"실장님, 당구대회 한 번 개최할까 합니다."

"아, 좋죠. 여러 가지 측면에서 효과적이고 좋은 생각입니다!"

"그럼 어떻게 해야 하는 건지 알려주실 거죠?"

"네, 하하하. 당연히 그래야죠."

그렇게 대회 요강과 함께 포스터와 진행 방법 등에 대한 준비를 합니다.

"실장님, 참가비는 얼마로 해야 할까요?"

"처음이니까, 그냥 참가비 없이 진행하시죠!"

"그럼 상금은요?"

"1등 10만 원이면 충분합니다. 그리고 사장님께서 조금 보태어 회식도 하구요."

"네? 그날 장사도 못하는데 상금에 회식까지요?"

"…"

이럴 때면 답답한 마음에 점주에게 당구대회의 실질적인 취지에 대한 몇 가지 설명을 합니다. 현금만으로 셈을 한다면 당연히 손해입니다.

"사장님 당구대회는 첫째, 그동안 당구장을 이용해 준 손님들에 대한 감사의 표시입니다. 둘째, 손님과 손님이 함께 어울리는 계기를 마련하는 것입니다."

시합 당일에 참여하는 사람은 10명 내외입니다. 그보다 적을 확률도 많습니다. 둘셋이 시합을 해야 할 수도 있습니다. 이날의 시합은 무료로 진행되지만 일찌감치 떨어진 참가자들은 그들끼리 또는 다른 게임을 할 것이 분명합니다. 이 부분까지 무료로 하자는 것은 절대 아닙니다. 자연스럽게 여러 사람이 어울려져 게임을 하게 되고, 시합이 끝난 어느 날, 그날의 인연으로 함께 어울려 당구를 즐기게 됩니다.

대회가 일주일 정도 남았을 무렵 실망한 듯한 점주의 전화가 걸려옵니다.

"실장님, 참가자가 3명뿐입니다. 아무래도 대회를 취소해야 할 것 같습니다."

"그냥 강행하죠. 처음에 다섯 명 오면 성공입니다. 1회, 2회, 회를 거듭할수록 참가자는 많아질 거니까요. 부담 없이 하시죠."

"그래도 사람이 너무 없어요. 다음달로 미루어야겠습니다."

"…"

더 이상 점주에게 강행을 우길 수도 밀어붙일 수도 없습니다.

많은 분들이 일주일을 남겨 놓고 계획된 대회를 취소해 버리곤 합니다. 필자가 당구장을 운영할 때에도 처음 시합은 6명이 함께 했습니다. 처음부터 많은 사람이 오리라고 기대하는 것은 분명 잘못된 생각입니다. 개업한 지 한 달 남짓된 당구장에 단골이 있으면 얼마나 많이 있겠습니까? 또 누가 황금 같은 주말을 포기하면서까지 상금 10만 원의 하우스배 당구대회에 시간을 투자하겠습니까!

처음은 다 그렇다고 생각해야 합니다. 회차를 늘려가면서 하나둘 참가자가 늘고 정기적인 이벤트가 될 때 참가자는 자연스럽게 늘어나게 됩니다. 언제나 처음은 두렵고 어렵습니다. 1회가 없으면 100회의 전통도 없습니다.

당구장에서 마련한 당구대회를 비롯한 많은 이벤트는 내 당구장을 이용하는 손님을 위한 감사의 표시로 여기고 함께 즐긴다는 생각으로 임해야 합니다. 당장의 금전적인 욕심과 규모에 대한 욕심을 버린다면, 작지만 알찬 이벤트를 만들고 함께 즐기는 좋은 시간이 될 것을 확신합니다. 그러다 보면 자연스럽게 당구장의 전통이 되고 문화가 되고, 매출로 이어집니다.

　　필자가 운영하던 체인점은 정기적인 홍보를 하는 지원 이벤트가 있었습니다. 이날은 필자와 직원 그리고 점주가 당구장 밖으로 나가서 당구공 모양의 탈 인형을 쓰고 홍보 전단을 배포했죠.

　　"사장님, 직원 한 명 붙여주세요! 같이 홍보 다녀올게요."

　　"하하하, 제가 나갈게요. 애들이 뭘 하겠습니까? 제가 나가서 한 바퀴 휙 돌죠."

　　"역시 사장님은 적극적이시군요."

　　"제 당구장입니다. 당연히 제가 하는 게 맞습니다!"

　　그렇게 밖으로 나선 점주는 정말이지 혀를 내두를 정도의 홍보실력을 보였습니다. 깍듯한 인사와 함께 당구장을 꼭 방문할 것을 당부하는 것은 물론이거니와 오늘 행사의 취지까지 설명해 가면서 당구장 홍보전단을 함께 돌렸죠. 옆에서 지켜보던 필자가 창피할 정도였습니다.

　　밖으로 전단을 들고 홍보를 나설 때면 늘 재미난 일이 참 많습니다. 처음 보는 사람에게 홍보물을 건네는 것은 조금은 창피하고 두려운 일이지만, 탈 인형을 보면서 즐거워하는 아이들과 사진을 찍고 사람들의 관심을 볼 때면 매우 즐거운 시간임에 분명합니다.

　　한참을 거리를 돌아다니는 중에 점주가 한 마디 건넵니다.

　　"실장님, 오늘은 평소보다 거리에 사람이 별로 없네요."

　　"요즘 경기가 어렵긴 어렵나 봐요. 더군다나 지금 축구하잖아요."

　　점주가 씩 웃더니 다시 한 마디를 건넵니다.

"하하하, 저희 당구장에는 지금쯤이면 손님이 꽉 차 있을 겁니다. 항상 그래요. 딴 집은 없어도 저희 집은 꽉 차요!"

"네? 그럴 리가요~."

다시 들어간 당구장 안에는 이미 대기 손님들이 커피 한 잔을 하며 축구를 보고 있었습니다. 그리곤 한 명 한 명 손님과 떠들썩한 인사를 나눕니다.

몇 년의 시간이 지났지만, 능숙하게 전단을 돌리며 주변 상가의 점주와 친근한 웃음을 주고받던 점주의 표정과 길거리에서 마주친 사람들과의 친근한 대화가 떠오릅니다. 그리고 적극적이던 사장님이 많이 생각이 납니다.

"사장님, 아까 보니 호프집 사장님과 꽤나 친하신 것 같던데요?"

"아, 자주 홍보를 나오다 보니 자연스럽게 친해지더군요. 저분들이 우리 당구장에 손님 많이 보내줘요. 우리 홍보전단과 라이터도 가게에 비치해 주시고요. 저, 사장님도 저희 집 단골입니다."

"역시 사장님 넉살이 효과가 있군요. 처음엔 어색하지 않던가요?"

"저같이 외향적인 성격에도 사실은 어렵더군요. 처음엔 어색해서 전단을 뿌리는 아르바이트를 고용했었어요. 그런데 어느 날 직접 해봐야겠다는 생각을 하고 마음 굳게 먹고 밖으로 나갔죠."

잠시 그때의 두려움이 생각났는지 담배 하나를 집어 물고는 담배연기 속으로 이야기를 합니다.

"역시 남 시키는 것보다는 제가 하길 잘했다는 판단입니다. 그 덕에 동네 마당발이 되었죠. 이 동네에서 저 모르면 간첩이죠. 제가 직접 하니까 주변에서 평판도 좋아지고 전에 없던 단골도 자연스럽게 많이 늘었습니다. 말 한마디를 해도 제가 낫죠. 남 시켜서 될 일이 절대 아닙니다. 그들은 정해진 수량만큼만 소진하면 그만이니까요. 그리고 우리 당구장의 홍보물 이외에도 이 길에 버려지는 홍보전단은 정말 많습니다."

그리고 비장한 마지막 한 마디를 제게 말을 합니다.

"이 당구장은 제것입니다!"

한 남자가 핸드폰 매장을 향해 걸어간다. 매장의 점원과의 짧은 눈빛이 교차하고 점원에게 다가선다.

남자는 지금 핸드폰 충전기를 파는지 문의하기 위해서 매장을 향해 걸어가고 있다. 남자의 전화기 배터리는 지금 5%다.

저기 한 남자가 걸어온다. 난 오늘의 실적을 채우지 못했다. 저기 저 남자와 마침 눈빛이 교환되었다. '여기 좋은 전화기가 있을 거야'라는 믿음과 기대의 눈빛이 보인다. 저기 남자가 저벅저벅 큰 보폭으로 내게 다가온다.

"어서 오세요."

"저, 핸드폰…!!"

남자는 핸드폰 충전기가 있느냐고 묻기 위해 조심스럽게 말문을 열었다. 사실 핸드폰 충전기는 편의점에 가서 사야 하는 것이 맞는 것 같은데, 남자는 자꾸만 쉽게 망가지는 편의점 싸구려 충전기보다는 정품 충전기가 필요했다. 그리고 지금 바로 5% 남은 전화기를 급하게 충전을 해야만 한다.

"최신 기종 싸게 드릴게요! 손님."

점원은 공손하고 친절하게 남자에게 말을 건넸다.

"저, 그게 아니라 충전기를 사려고 합니다. 정품 충전기 있나요?"

"그런 거는 없는데요. 서비스센터 가보세요!"

이전과는 다른 경직된 표정의 퉁명스럽고 단호한 말투에 남자는 이

내 당황했다.

"아. 여기는 없나요?"

"네. 없어요! 가보세요!"

"그럼 이 근처에 서비스센터는 어디 있는지 아시나요?"

"그딴 걸 제가 어떻게 알아요! 전화해 보세요!"

나의 매장에 오는 사람이 꼭 모두 나에게 금전적인 이익을 주는 고객은 아니다. 우리는 서로의 입장에 따라서 서로 다른 생각을 한다.

남자는 정품충전기가 필요했고, 점원은 핸드폰을 사러 왔을 것이라 생각한다. 당구장에 당구를 치러 올 수도 있고, 그냥 친구를 찾아 올 수도 있고, 그저 어쩔 수 없이 따라올 수도 있다. 남자는 충전기를 구매하지는 못하는 상황에 처했더라도 만약 친절한 점원의 응대와 서비스가 있었다면 감동까지는 아니더라도 그 점원의 행동에 점원과 그 매장에 대한 고마운 마음을 가졌을 것이 분명하다.

만약 누군가가 핸드폰 이야기를 한다면 ○○매장을 유쾌하게 소개했을 수도 있고 취급하는 브랜드의 핸드폰을 추천했을 수도 있다. 우리 당구장에서도 이러한 일들이 실제 일어나고 있다. 길을 묻는 사람도 있고, 배달을 오는 사람도 있고, 그저 따라와서 음료수만 먹고 가는 사람들도 있다. 친절은 곧 내 당구장의 얼굴이며 잠재 고객의 유치를 위한 최소한의 수단이다.

우리는 너무나도 많은 기회를 포기하고 있다.

누가 뭐라고 해도 당구장에서의 가장 중요한 것은 당구대와 당구 큐의 컨디션이다. 우리는 가장 기본적인 것에서부터 서비스의 의미를 되새겨 볼 필요가 있다. 아무리 훌륭한 서비스와 시설이 갖추어져 있다고 하더라도 막상 당구를 치기 위한 당구대와 당구 큐의 상태가 나쁘다면 다시는 손님이 찾지 않을지도 모른다. 상태 좋은 당구대와 당구 큐의 제공은 당구장을 운영하는 점주가 해야 하는 기본적인 서비스이자 의무이다. 이를 위한 특별한 기술이나 노하우는 사실상 없다. 단지 기능적인 방법의 숙달과 의지와 노력만 있으면 되는 것이다.

"실장님, 당구대 관리의 노하우 좀 알려주세요!"

개업에 임박한 창업자가 다급하게 내게 묻는다. 어쩌면 지금 시점에 당구대 관리에 대한 노하우를 묻는 창업자는 많이 참고 있다가 질문하는 것이다. 실상 창업자의 대부분이 개업이 임박해서가 아닌 당구장 창업을 고민하는 시기부터 당구대 관리와 당구 큐 관리에 대한 두려움이 있는 것이 현실이기 때문이다.

"사장님, 노하우 따위는 없어요. 그러나 걱정하지 마세요. 단순 기능일 뿐이고 저와 두 시간이면 모든 기능을 익히는데 아무런 무리가 없어요. 그 다음은 부지런을 떠는 것뿐입니다."

"정말이요?"

"네, 정말 무슨 특별한 노하우가 있는 건 아니랍니다!"

청소를 하고 음료수를 들여놓고 등등 나머지 개업 준비를 모두 마치고 20페이지 정도의 매뉴얼 북을 들고 창업자와 마주합니다.

"자, 사장님, 여기 보시면 우리가 당구대 관리를 위해서 해야 할 것들이 순서대로 나열이 되어 있습니다. 일단 한 번 보세요~"

한참을 읽어내려 가던 창업자가 의아하게 묻습니다.

"실장님, 거의 모두가 청소네요."

"네, 그렇죠? 이게 흔히 말하는 노하우입니다. 여기에 나와 있는 대로만 꾸준히 하시면 당구대 관리에는 별 다른 것이 없습니다. 분명 관리 잘된 당구대라는 이야기를 들을 거랍니다!"

"그런데 실장님, 이 관리를 위한 당구시스템은 어떻게 하죠? 전 당구를 전혀 못쳐서 이 시스템을 익히는 데 어려움이 있을 것 같습니다."

"그렇죠? 그것은 당분간 무시하여도 좋습니다. 요즘 당구대의 성능이 워낙 좋아져서 우리가 정해 놓은 관리 매뉴얼에 따른 청소만 제대로 한다면 시스템의 기준에서 벗어나는 일이 거의 없답니다."

"정말이요?"

"네, 저를 믿으셔도 좋습니다!"

좀 더 고급스러운 당구대의 관리를 위해서는 왁스의 역할을 이해하고 당구대의 미세한 공 흐름에 따른 적절한 조절이 필요하다. 그러나 일반 당구장에서의 장사를 위한 관리에 있어서 굳이 당구공의 미세한 미끄러짐과 짧아짐의 현상까지 파악할 필요는 없다.

현업에서 당구장을 운영하는 누구에게든 물어보라.

당구대가 짧아질 때 왁스를 얼마만큼 섞어서 공을 닦고 당구대에 뿌리는지? 그 해답은 '적당히'다. 당구대가 조금 짧아지면 왁스를 뿌리거나 바르고, 당구대가 조금 길어졌다면 왁스를 빼고 당구대 청소를 하는 정도다. 물론 당구대 천을 오래 사용하여 천갈이를 해야 하는 경우도 있지만 특별한 경우다. 우리가 영업의 과정에 별다른 특별한 노하우 따위는 없다.

당구 큐 역시도 마찬가지다. 특별한 관리 노하우라기보다는 당구 큐를 늘 새 것과 같이 깨끗이 관리하고 팁의 모양을 유지하는 것만으로 충분하다. 그러나 '깨끗이' 관리하는 창업자의 부지런함이 참 어렵고 힘들 뿐이다.

분명 잘 관리된 당구대와 당구 큐가 당구장의 기본 서비스이자 최고의 서비스다. 다른 시설과 서비스가 아무리 좋아도 당구장에서 칠 만한 당구대와 손에 쥘 만한 당구 큐가 준비 되지 못한다면 기본을 포기한 것이나 마찬가지이다.

"어서 오세요. 4구 점이 있는 공으로 치시죠?"

"네, 맞아요."

"4구를 점이 있는 공으로 치시는 분이 흔치가 않죠~ 음료는 어제와 마찬가지로 얼음과 콜라로 드릴까요?"

당구장 주인은 어제 왔던 손님이 당구장으로 들어서자마자 어제의 기억을 더듬어 미리 말을 건넨다.

"오늘은 냉커피 한 잔 주세요~"

"네, 하하하. 마침 오늘, 냉커피가 아주 맛있게 타졌는데, 어떻게 아셨어요, 하하하. 탁월한 선택입니다."

어제와 다른 손님의 주문에 너스레를 떤다.

우리는 보통 당구장에 손님이 들어오면 짧게 인사하고 당구공을 무엇으로 줄지를 물어보고 당구공을 당구대에 뿌리고는 카운터로 돌아오기 바쁘다. 그런데 생각해 보자. 손님과 잠시 잠깐 대화를 하고 그들을 알 수 있는 시간은 손님이 당구장에 들어와 잠시 당구대 주위를 맴도는 때와 계산을 하기 위해 카운터에 왔을 때뿐이다. 장사를 하는 우리는 이 시간을 충분히 활용해야 한다. 어쩌면 별 것 아닌 짧은 대화에 손님과 주인의 알 수 없는 유대감이 생기고 믿음이 생긴다.

배달음식점에 주문할 때의 일이다. 벨이 울리고 수화기 너머에서 점원의 목소리가 들린다.

"이번에도 뼈 없는 양념이시죠?"

"네? 네 맞아요."

어떻게 알았는지 내가 주로 먹는 메뉴와 집주소까지 정확하게 이야기하면서 주문을 받는다. 때론 새로 나온 메뉴를 설명해 주기도 한다. 내가 이 집을 주로 애용하는 이유는 주문하기 편하고 내 취향 따위를 따로 일일이 설명할 필요가 없기 때문이다.

"야 너 자꾸 뽀록 칠래?"

"하하하, 미안! 여기 당구대가 좀 짧아서, 이게 들어가네~ 당구대가 좀 튀는 것 같아, 한 번 닦아 달라고 할까?"

이 장면을 지켜본 주인이 걸레를 들고 다가와 슬쩍 말을 건넨다.

"한 번 닦아 줄까요? 시간상 공도 교체를 하는 것이 당구치기에 더 좋을 것 같아요. 하하하."

당구장 카운터에서 가만히 손님들의 이야기를 들어보면 그들끼리의 재미난 이야기와 함께 당구장에 대한 불만의 소리들도 들리곤 한다. 점주는 항상 손님의 게임 장면과 대화에 눈과 귀를 열어두어야 하는데, 그 이유는 손님의 불만에 빠른 대처를 하는 것이 중요하기 때문이다.

당구장의 손님은 주인에게 직접적으로 불만과 칭찬에 대하여 이야기하는 경우가 매우 드물다. 그저 자기들끼리 당구대에 대한 불만, 서비스에 대한 불만 등에 대하여 푸념을 늘어놓고는 한다.

지인의 소개로 시흥에 있는 당구장을 방문했을 때의 일이다.

지인의 이야기로는 당구장을 처음 인수한 분이라서 아무것도 모른다는 것이다. 자신이 자주 이 당구장을 방문하는데, 주인이 자주 큐와 당구대의 관리에 대하여 질문을 한다는 것이다. 그래서 안타까운 마음에 필자를 소개해 주기로 한 것이다.

상황을 듣고 당구장을 방문해 보았다. 물론 내가 누구이며, 누구의 소개로 왔다는 이야기는 뒤로 하고 당구를 치기 시작했다.

"삑!~"

옆 당구대에서 큐 미스가 나는 경음과 함께 큐 옆으로 공이 비실비실 굴러가고 있었다.

바로 그때, 저기 카운터에서 줄과 사포를 든 주인이 급하게 걸어오고 있다.

"손님! 큐가 손질이 덜 됐나 봐요. 죄송합니다."

"아, 그래요? 전 제가 잘못 친 줄 알았는데~."

손님이 머쓱해하며 큐대에 초크 칠을 하는데, 주인이 큐를 보면서

"제가 다시 다듬어 드릴게요. 어떤 모양을 좋아하세요? 동그랗게? 날카롭게? 제가 손님들의 취향을 다는 모르고, 어떤 형태가 진짜 좋은 건지도 몰라서 제 기준으로 손질을 하다 보니 이런 일이 생기네요. 원하시는 모양이 있으시면 말씀해 주세요. 제가 장사 처음 해봐서 잘 몰라요. ^^"

주인의 적극적인? 약간은 지나칠 정도의 대처에 손님은 웃으며,

"하하하 ,괜찮아요. 음료수나 한 잔 더 주세요~"

잠시 후, 주인은 능숙한 솜씨로 큐를 손질하고는 손님에게 건네면서 한 마디를 한다.

"제 실력은 이 정도밖에는 안 돼요. 혹시 다니시던 당구장 중에서 정말 큐 관리가 잘 되는 곳이 있으면 알려주세요. 제가 직접 배워서라

도 만들어 드릴게요."

옆 테이블에서 이 광경을 지켜본 나는 생각했다. '이 사람이 정말 초
보일까?' 이후로도 주인은 당구대마다 돌아다니면서 큐 손질과 함께
손님들과의 대화에 여념이 없다. 망해 가던 당구장을 인수하여 장사
를 시작한 젊은 사장은 3개월도 안 돼서 '장사 잘되는 1등 당구장'으
로 만들어냈다.

성공포인트는 손님의 불만에 빠르고 적절하게 대처하고, 한껏 낮춘
자세로 손님과의 관계 형성에 집중한 것이다. 필자의 지인도 어쩌면
주인과의 대화 속에서 필자를 소개하여 작은 도움을 주고 싶은 마음
이었을 것이다. 필자가 이날 당구장을 방문하여 한 일이라고는 현재
와 같은 접객과 서비스 방법에서의 장단점에 대한 짧은 이야기를 나
눈 것이 전부다.

05

손익 관리

당구장 사업을 하는 주목적이 무엇일까요? 어릴 적 한 번쯤 가졌을 법한 '당구장 주인'의 꿈을 이루는 것일까요? 아마도 이렇게 생각하는 창업자는 분명 없을 것입니다. 우리가 당구장 장사를 통하여 궁극적으로 얻고자 하는 것은 '안정적인 수입'입니다. 현실적으로 당구장하면서 재벌이 될것을 생각하지는 않습니다. 그렇다고 그저 먹고 사는 것만을 바라지만도 않습니다. 지금의 당구장 창업이 오래 전처럼 소규모 창업의 규모에서 벗어났기에 투자 규모의 증가에 따른 '적절한 매출의 규모와 기대 수익'도 높아진 것이 사실입니다.

불과 2012년 이전만 하더라도 7~8천만 원으로 7~8대의 당구장을 창업하는 것도 가능한 시절이었습니다. 당시 당구장의 호황기로 건물마다당구장이 있다고 해도 과언이 아닐 정도였죠. 당시 사회적 분위기가 당구의 활성화와 함께 마침 빈 상가가 많았고, 성인오락실이 철퇴를 맞던 시절이었습니다. 때문에 큰돈 안 들이고 간단하게 업종을 변경하기에 당구장만한 것이 없었습니다. 당시에는 최소한의 창업비용으로 당구장을 만들어내기에 급급했죠. 지금 그 당구장들이 존재할까요? 거의 대부분 없어졌거나 헐값의 매물로 나와 있습니다. 그 이유는 명백하게 '자리'와 '당구장의 구성'이 적절하지 못했기 때문입니다. 필자가 굳이 과거의 이야기를 들먹이는 이유는 현재 창업자의 창업비용과 수익률의 산정 기준이 당시의 기준에 있기 때문입니다. 실제적인 장사를 하기 위한 적절한 유효한 구성에서 벗어난 형태의 창업비용과 손익의 산출이 기준이 되고 있기에 현재의 상황과는 너무나도 동떨어진 이야기입니다.

정확한 손익 분석을 위해서는 실제적인 창업 투자 비용의 산출과 운영 비용의 산출이 필수적입니다. 여기에 예상 매출 또는 목표 매출의 산정을 통하여 하나의 손익 분석(안)이 도출되게 됩니다. 현실적으로 경험이 없는 창업자가 예측을 한다는 것은 불가능할지도 모릅니다. 특히나 새로이 생길 내 당구장의 매출을 예상한다는 것은 더 어려움이 있습니다.

이 책에서 제시하는 손익분석표는 8~10대 규모에서 적용이 가능한 표준 예시입니다. 초보 창업자의 경우 내가 하고자 당구장의 임대 조건과 서비스와 시설의 구성에 맞추어 하나하나 현실적으로 대입해 본다면 그 오차가 비교적 적은 판단 기준이 마련될 것입니다.

예상 매출의 경우는 '매출의 예상'이라는 개념에서 거꾸로 목표 매출을 세우는 것이 바람직합니다. 〈표 46〉에서 보듯이 손익분기점과 이윤을 낼 수 있는 매출을 설정하는 것입니다. 이 기준을 갖고 '이곳에서' 내가 올릴 수 있는 매출을 가정하는 것입니다. 〈표 46〉에서와 같이 하루 매출 40만 원을 올릴 수 있는 곳인지? 그럴 수 없는 곳인지? 당구장의 규모는 매출 규모에 맞는지? 등등을 객관적으로 판단해야 합니다. 특히 이 과정에서는 경험이 많은 전문가의 상권 분석, 경쟁 분석을 통한 실질적이고 현실적

우리 당구장이라도 해 볼까?

인 도움을 받는 것도 매우 좋습니다.

<표 46> 목표 매출의 산정 (단위: 원)

	예상 매출			예상 손익		투자수익율
	일 평균 매출	월 평균 매출	연 매출	손익(월)	손익(년)	(연%)
ex1	200,000	6,000,000	72,000,000	– 845,000	– 10,140,000	– 9.0%
ex2	250,000	7,500,000	90,000,000	655,000	7,860,000	7.0%
ex3	300,000	9,000,000	108,000,000	2,155,000	25,860,000	23.0%
ex4	350,000	10,500,000	126,000,000	3,655,000	43,860,000	39.0%
ex5	▲ 400,000	12,000,000	144,000,000	5,155,000	61,860,000	55.0%
ex6	450,000	13,500,000	162,000,000	6,655,000	79,860,000	71.0%
ex7	500,000	15,000,000	180,000,000	8,155,000	97,860,000	86.9%
ex8	550,000	16,500,000	198,000,000	9,655,000	115,860,000	102.9%
ex9	600,000	18,000,000	216,000,000	11,155,000	133,860,000	118.9%

목표 매출

조언

신규 창업이건 인수 창업이건 모두가 손익 분석을 명확하게 해야 합니다. 특히 인수 창업의 경우 인수 비용(권리금+보증금)과 함께 리모델링, 당구대 수리, 간판 교체 비용 등의 추가적인 투자 항목에 대한 세부적인 산정의 추가 투자가 반드시 필요하게 됩니다. 더불어 예상 매출의 산정에 있어서도 기존 매출의 60~70%를 인수 후 초기 매출을 기준으로 하는 것이 바람직합니다. 그러한 이유를 간략히 설명하면 인수 창업 시에 매출을 판단할 때, 고정 매출(특수한 목적이 없는 단순 거주민 고객)과 변동 매출(점주의 지인, 즉석당구, 동호인)로 구분지을 수 있게 되는데, 인수 시에 변동 매출은 없어질 수 있는 매출로 간주해야 하기 때문입니다. 또 한 가지 주인이 바뀌게 되면 고정 매출 고객 중에서도 다양한 이유로 이탈 현상이 발생하게 됩니다. 그러나 이는 타 당구장을 이용하던 고객 중에서 부분적으로 유입된다고 보기 때문에 상호 '0'로 보는 것이 타당합니다. 참고로 우리가 인수 후 또는 신설 후에 '0'의 상태를 '+'로 만드느냐 못 만드느냐가 장사의 매우 중요한 성패를 가르게 되는 핵심이 되기도 합니다.

〈표 47〉 당구장 손익분석표

1. 창업 투자비 산정

(단위: 원)

초기 투자 비용				
NO	항목	금액	투자 비중	비고
1	임대보증금	40,000,000	35.5%	80평
2	인테리어	25,000,000	22.2%	
3	익스테리어	3,000,000	2.7%	
4	당구대시설	35,753,500	31.8%	
5	중개수수료	–	0.0%	
6	냉온방시설	6,000,000	5.3%	
7	환기시설	3,000,000	0.7%	공조시설
8	기타비품	2,000,000	1.8%	컵, 쟁반 등의 비품
9	권리금	–	0.0%	영업+시설권리금
투자비 합계		114,753,500	100%	

2. 고정비 지출 항목 산정

(단위: 원)

NO	항목	소요비용			비고
		(1개월)	(1년)	지출 비중	
1	건물임대료	3,000,000	36,000,000	43.8%	월 고정비(부가세 포함)
2	건물관리비	500,000	6,000,000	7.3%	월 고정비
3	인건비(1)	1,200,000	14,400,000	17.5%	월 고정비(파트타임 낮 8시간)
4	인건비(2)	–	–	0.0%	월 고정비 (파트타임 저녁 10시간)
5	인건비(3)		–	0.0%	
6	직원 식대	300,000	3,600,000	4.4%	주·야 식대 지출
7	전기세	600,000	7,200,000	8.8%	봄, 여름, 가을, 겨울 평균 전기세
8	통신비	45,000	540,000	0.7%	
9	수도세	–	–	0.0%	관리비 포함
10	음료비	500,000	6,000,000	7.3%	기본 제공 음료서비스 비용

11	기타 서비스	200,000	2,400,000	2.9%	과일, 간식류 등의 서비스 비용
12	당구 재료비	50,000	600,000	0.7%	쵸크, 팁, 장갑 등 년간 소요비용의 월 평균
13	당구대 수리비	150,000	1,800,000	2.2%	천갈이, 수리 등 년간 소요비용의 월 평균
14	상대 교체비	–	–	0.0%	상대 교체 소요비용의 월 평균
15	기타 잡비	300,000	3,600,000	4.4%	간식, 교통비 등
16			–	0.0%	
17			–	0.0%	
18			–	0.0%	
합계		6,845,000	82,140,000	100.0%	

3. 매출단계별 추정 손익

(단위 : 원)

	예상 매출			예상 손익		투자수익율
	일 평균 매출	월 평균 매출	연 매출	손익(월)	손익(년)	(연%)
ex1	200,000	6,000,000	72,000,000	845,000	10,140,000	-9.0%
ex2	250,000	7,500,000	90,000,000	655,000	7,860,000	7.0%
ex3	300,000	9,000,000	108,000,000	2,155,000	25,860,000	23.0%
ex4	350,000	10,500,000	126,000,000	3,655,000	43,860,000	39.0%
ex5	400,000	12,000,000	144,000,000	5,155,000	61,860,000	55.0%
ex6	450,000	13,500,000	162,000,000	6,655,000	79,860,000	71.0%
ex7	500,000	15,000,000	180,000,000	8,155,000	97,860,000	86.9%
ex8	550,000	16,500,000	198,000,000	9,655,000	115,860,000	102.9%
ex9	600,000	18,000,000	216,000,000	11,155,000	133,860,000	118.9%

4. 추정 손익 분석

월		단계	시기	매출 내역		예상 지출	예상 손익
				월 평균	월 총 매출		
M1	6월	진입기	준성수기	200,000	6,000,000	6,845,000	-845,000
M2	7월	진입기	준성수기	200,000	6,000,000	6,845,000	-845,000
M3	8월	안착기	준성수기	250,000	7,500,000	6,845,000	655,000
M4	9월	안착기	비수기	350,000	10,500,000	6,845,000	3,655,000
M5	10월	안정기	비수기	350,000	10,500,000	6,845,000	3,655,000
M6	11월		극성수기	500,000	15,000,000	6,845,000	8,155,000
M7	12월		극성수기	500,000	15,000,000	6,845,000	8,155,000
M8	1월		극성수기	500,000	15,000,000	6,845,000	8,155,000
M9	2월		극성수기	500,000	15,000,000	6,845,000	8,155,000
M10	3월		성수기	400,000	12,000,000	6,845,000	5,155,000
M11	4월		성수기	400,000	12,000,000	6,845,000	5,155,000
M12	5월		비수기	300,000	9,000,000	6,845,000	2,155,000

일(평균 매출)	예상 매출 합계	예상 지출 합계	년간 순수익	수익률(년)
365,753	133,500,000	82,140,000	51,360,000	46%

우리 당구장이라도 해 볼까?

장사를 하다 보면 여러 가지 원인으로 매출이 춤을 추게 됩니다. 그 원인이 월드컵 경기 또는 중요한 야구경기가 퇴근시간과 겹칠 때도 있고, 명절 등 휴일이 있을 때도 있고, 사회적으로 암울한 사고로 인할 때도 있습니다. 실제 세월호 사고의 여파로 인하여 당구장의 매출이 반토막이 나기도 했었죠. 이러한 특수한 상황을 제외한다면, 비교적 안정적인 당구장의 경우 참 희한하게도 한 달의 매출이 평균을 유지합니다.

어느 날 갑자기 매출이 확 오르면, "오늘 100만 원을 했네! 하하하. 앞으로 남은 2주간 장사 잘하면 이번 달에는 평균이 90만 원을 넘겠지? 하하하."

며칠 후, "아~ 오늘은 50만 원을 했네, 왜 이러지?"

이런 기대에 찬 희망과 실망이 하루하루를 지배하게 됩니다.

그러나 너무 큰 기대와 너무 큰 낙담을 하지 말길 당부합니다.

왜냐하면, 우리 당구장을 찾는 손님은 늘 일정하고 그들의 당구장 방문 횟수가 거의 변화 없이 일정하기 때문입니다. 오늘 안 왔다면 내일 올 것이고, 내일도 안 왔다면 다음 주에 분명히 올 것입니다. 반대로 이번 주에 예상과 달리 세 번 방문을 했다면 다음 주에 오지 않을 확률이 큽니다.

그들이 당구장에서 지출해야 하는 예산과 방문 횟수는 늘 정해져 있습니다.

"손님 9,000원 나왔습니다."

"사장님, 죄송한데 오늘은 외상을 좀 해 주시면 안 될까요?"

평소와는 다르게 머리를 긁적이며 단골손님이 작은 소리로 이야기를 합니다.

"..."

"제가 오늘 지갑을 놓고 와서요. 안 될까요?"

"하하하, 그러세요. 근데 오늘은 제가 시원하게 서비스하겠습니다. 외상은 무슨 외상이요. 오늘은 무료입니다. 하하하."

"에이, 그래도 그러시면 안 되죠. 내일 드릴게요."

"아닙니다. 오늘 무료는 단골손님 특별 이벤트 정도로 하죠. 하하하."

며칠 후, 손님은 사과를 한 봉지 사들고 왔습니다.

"이거 별거 아닌데요, 요 앞 트럭에서 싸게 팔던데요~."

"아이고 감사해요. 손님들과 같이 나누어 먹죠~."

간혹, 당구장에서 외상을 해 줄 것을 요청하는 경우가 있습니다. 개업 초기에는 카드결제기가 설치되지 않아서 현금이 없는 손님이 요청하는 경우도 있고, 단골 손님 중에 간혹 지갑을 놓고 와서 외상을 요청하는 경우도 있고, 처음 본 손님이 뜬금없이 외상을 요청하는 경우도 있습니다.

모두가 그런 것은 아니지만, 외상이 깔리면 다시는 내 당구장을 방문하지 않는 경우가 있습니다. 바빠서 잊어버리는 경우도 있고, 어쩌다 보니 그냥 잊어버리는 경우가 있는데 문득 생각난 외상값 만 원에 발길을 옆 당구장으로 돌려버리기 일쑤입니다.

그냥 시원하게 서비스하는 것이 만 원을 받을 수 있는 가장 적극적인 방법 일 수도, 단골을 만드는 비결일지도 모릅니다.

창업을 준비하는 여러분께

한적한 커피숍의 테라스에서 출력된 원고를 펼치고 담배 한 대를 물었습니다. 한 글자 한 글자를 넘기며 오타를 보기도 하고 문맥을 보기도 하면서 훅~ 하고 담배연기를 내뿜었습니다. 뿌옇게 가려진 원고의 글자들 사이로 알 수 없는 의문과 혼돈이 뿜어져 하얗게 퍼집니다.

과연 나는 무엇을 위해서 이 집필을 시작하였는가? 그리고 무엇을 얻을 수 있을 것인가? 그리고 과연 펼쳐지고 다시 모아진 이 글들이 과연 누구에게 도움이 될 것인가? 그리고 이 글들이 당구장 창업자에게 어떤 도움이 될 것인가 하는 아주 원초적인 의문과 혼돈입니다.

잠시 원고에 샤프를 던져놓고는, 작은 물방울들이 맺힌 플라스틱 아이스아메리카노 잔을 손바닥으로 붙잡고는 이내 빨강색 빨대를 앞니로 살짝 깨물어봅니다. 이리저리 깨물고 펴기를 반복합니다. 그리곤 꽉 깨물고는 슬쩍 입술에 힘주어 목으로 넘겨보려 하지만 커피는 목으로 넘어오지 않습니다. 다시 몇 번을 깨물어 일그러진 빨대를 네모난 모양으로 만들고 는 쪽~ 하고 빨아봅니다. 순식간에 차가운 커피가 입 안쪽을 통과하고 입 속을 모두 적신 후에야 그 차갑고 쓴 맛이 혀끝으로 전해져 옵니다.

커피의 잔향이 혀 끝에 맴돌아 적셔질 때쯤, '아! 그래!' 하고는 원고와 테이블 사이에 던져진 샤프를 다시 잡았습니다. 무엇을 바라고 무엇을 해 주는 것 따위는 중요하지 않음을 알았습니다. 혀 끝으로 전해지는 커피의 쓰디쓴 맛과 달콤한 향을 느끼기 위해서는 먼저 입 속에 가득 차야 하듯 이 말이죠. 그 가득한 커피 원래의 향과 맛을 느끼기 위해서는 내가 혀를 슬쩍 움직여 한 방울 한 방울 느껴야 한다는 것을 말이죠. 목을 타고 넘겨 버린 커피는 그저 차가운 무엇에 지나지 않으니 말이죠.

당구장 창업에 관한 이 글에, 필자는 사실에 대한 정보의 제공과 필자 의 사심 없는 당구장 창업에 대한 바른 의견의 피력에 충실한 것으로 만 족하면 된다는 생각입니다. 필자의 이 글들이 어떤 이에게는 창업을 위한 절대적인 길잡이가 되기도 하고, 어떤 이에게는 좋은 정보로써 활용이 되 기도 할 것이며, 어떤 이에게는 창업을 포기하게 되는 명분이 되기도 할 것입니다. 그렇게 이 글을 접하는 각자의 상황에 따라서 받아들여지는 의 미 또한 달라지게 될 것이라 생각합니다. 창업의 성공 의지를 불태우는 계기가 될 수도, 창업을 포기해야 하는 현실적인 조언이 될 수도 있겠죠.

이것이 바로 이 글의 목적이자 의미인 것 같습니다.

그것으로 충분합니다.

저 멀리 붉은 노을이, 양손에 받쳐져 반쯤 남은 아이스아메리카노 잔에 걸쳐져 떠오릅니다. 검디 검은 한 모금 한 모금이 입 속으로 가득 찰수록 붉은색 석양의 노을이 점점 붉어져 가득 찹니다.

지금 누군가는 노을을 보며 당구장 창업을 생각하고 있겠죠?

노을빛 가득한 평촌의 한 커피숍 테라스에서…

우리 당구장이라도 해 볼까?

(개정) 우리 당구장이라도 해 볼까?

© 조창현, 2016

1판 1쇄 인쇄__ 2016년 06월 05일
1판 1쇄 발행__ 2016년 06월 15일

지은이__ 조창현
펴낸이__ 홍정표

펴낸곳__ 글로벌콘텐츠
　　　　등록__ 제 25100-2008-24호

공급처__ (주)글로벌콘텐츠출판그룹
　　　　대표__ 홍정표 **이사__** 양정섭 **디자인__** 김미미 **편집__** 송은주 **기획·마케팅__** 노경민 **경영지원__** 안선영
　　　　주소__ 서울특별시 강동구 천중로 196 정일빌딩 401호 **전화__** 02-488-3280 **팩스__** 02-488-3281
　　　　홈페이지__ www.gcbook.co.kr

값 15,000원
ISBN 979-11-5852-096-0 13320

·이 도서의 국립중앙도서관 출판예정도서목록(CIP)은 서지정보유통지원시스템 홈페이지(http://seoji.nl.go.kr)와
　국가자료공동목록시스템(http://www.nl.go.kr/kolisnet)에서 이용하실 수 있습니다. (CIP제어번호: CIP2016012944)
·이 책은 본사와 저자의 허락 없이는 내용의 일부 또는 전체를 무단 전재나 복제, 광전자 매체 수록 등을 금합니다.
·잘못된 책은 구입처에서 바꾸어 드립니다.